Reihe

medien
SKRIPTEN

D1941731

Beiträge zur Medien- und Kommunikationswissenschaft
Herausgeber: Michael Schenk

Band 22

Frank Stahmer

Ökonomie des Presseverlages

Verlag Reinhard Fischer
MÜNCHEN

Die Deutsche Bibliothek - CIP-Einheitsaufnahme

Stahmer, Frank
Ökonomie des Presseverlages / Frank Stahmer. -
München : R. Fischer, 1995
(Reihe Medien-Skripten; Bd. 22)
Zugl.: Hohenheim, Univ., Diss., 1995
ISBN 3-88927-156-1
NE: GT

Redaktion **medien** SKRIPTEN
Prof. Dr. Dr. Michael Schenk
Universität Hohenheim
Lehrstuhl für Kommunikationswissenschaft
Postfach 70 05 62
70593 Stuttgart

Für

Tatjana - sie weiß warum -

und

meinen Vater - er weiß nicht warum.

ISSN 0939-9712

ISBN 3-88927-156-1

© Verlag Reinhard Fischer 1995, Weltistr. 34, 81477 München
Ohne Genehmigung des Verlages ist es nicht gestattet, Seiten auf irgendeine Weise zu vervielfältigen. Genehmigungen erteilt der Verlag auf Anfrage.
Druck und Bindung: Novotny, Söcking

Gliederung

„Das Volk hat die Presse, die es verdient,
das ist die Presse, die an ihm verdient."

Röpke (1970), S. 179

Einleitung

Auf den ersten Blick scheint der Presseverlag ein Unternehmen zu sein, wie jedes andere auch, für das damit die Ausführungen mikroökonomischer Lehrbücher zutreffen. So fragt der Verlag Produktionsfaktoren und Vorprodukte nach und erstellt damit seine Güter, die er dann auf dem Markt den Konsumenten anbietet. Die dabei entstandene Wertschöpfung fließt in Form von Einkommen an die Produktionsfaktoren. Die ökonomische Analyse des Presseverlages läßt aber schnell deutlich werden, daß die herkömmliche Unternehmenstheorie einer Ergänzung bedarf, da Presseverlage eine zentrale Besonderheit aufweisen: zum einen erstellen sie eine Zeitung oder Zeitschrift, die sie den Lesern zum Kauf anbieten, und zum anderen bieten sie dieses Interesse, das ihr Blatt durch die Leser erfährt, am Anzeigenmarkt den Werbungtreibenden an. Der besondere Aspekt besteht jedoch nicht einfach in der Tatsache, daß Verlage an zwei Märkten gleichzeitig auftreten, sondern vielmehr darin, daß diese beiden Märkte nicht unabhängig voneinander sind. Leser- und Anzeigenmarkt beeinflussen sich wechselseitig, und diese Interdependenz gilt es, bei allen marktmäßigen Entscheidungen des Verlages zu berücksichtigen.

Die deutschsprachige Volkswirtsschaftslehre hat dem Pressemarkt und dem Presseverlag traditionell relativ wenig Beachtung geschenkt. Ob dies daran liegt, daß dieser Sektor lange Zeit wettbewerblich zufriedenstellend funktionierte und/oder wegen möglicher Berührungsängste der Ökonomen mit anderen Disziplinen, da das Pressewesen auch Untersuchungsgegenstand anderer Wissenschaften wie der Kommunikationswissenschaft, Politologie oder Soziologie ist,[1] sei dahingestellt. Feststeht, daß es keine allgemeine ökonomische Theorie des Presseverlages gibt und daß bestehende ökonomische Untersuchungen sich zumeist nur mit einzelnen Aspekten des Verlagsgeschäftes be-

---

1 Vgl. ZOHLNHÖFER (1987), S. 45f.

schäftigen oder sich darauf beschränken, die Besonderheiten der Verlage und der Märkte, an denen sie auftreten, anzudeuten.

Der Verfasser möchte sich jedoch nicht anmaßen, mit der vorliegenden Arbeit das thematische Gebiet der Presse ökonomisch allumfassend und vollständig darlegen zu wollen und zu können. Ein solches Vorhaben würde den Rahmen der Arbeit deutlich sprengen. Statt dessen sollen einige grundlegende Aspekte, Fragen, Probleme und Besonderheiten des Presseverlages bzw. des Leser- und Anzeigenmarktes erörtert werden, um so einen Beitrag zu einer allgemeinen ökonomischen Theorie zu leisten.

Um diesem Vorhaben nachzukommen wurde die Arbeit in vier Kapitel gegliedert. Im ersten Kapitel werden einige Punkte, insbesondere die Kostensituation behandelt, die für die nachfolgenden Kapitel übergreifend von Bedeutung sind. Im zweiten und dritten Kapitel sollen dann der Leser- bzw. der Anzeigenmarkt im einzelnen näher untersucht werden, bevor im letzten Kapitel besondere, sich aus der Interdependenz der beiden Märkte ergebende Sachverhalte dargelegt werden.

Wie üblich an einer solchen Stelle, möchte auch dieser Verfasser es nicht versäumen, einige Danksagungen auszusprechen: Mein besonderer Dank gilt Renate Kruse, Silke Beckmann und den anderen Damen um Harald Künzer in der Anzeigenabteilung BRIGITTE sowie Andreas Jastrau aus der Vertriebsleitung II der Gruner + Jahr AG & Co. Alle haben mir sehr geholfen, und sei es durch die Beantwortung meiner zahlreichen Fragen. Ferner möchte ich Dr. Günter Rose danken, der immer ein offenes Ohr hatte und mir mit erfahrenem Rat zur Seite stand, und Thomas Ilka, dem ich nicht nur einige Anregungen verdanke, sondern insbesondere auch moralische Unterstützung. Mein Dank gilt selbstverständlich auch meinem Doktorvater Prof. Dr. Jörn Kruse, Universität Hohenheim.

1. Kapitel:

Der Presseverlag

Bevor die einzelnen Märkte, auf denen Presseverlage auftreten, und deren Marktbeziehungen näher untersucht und dargelegt werden, sollen vorab einige einführende, grundlegende Sachverhalte erörtert werden. Dafür wird zunächst ein Modell des Veröffentlichungsprozeß entwickelt, welches eine funktionale Gliederung des Verlages ermöglicht. Aufbauend auf dieses Modell wird dann die Kostensituation im Pressewesen dargestellt, wobei insbesondere die Skaleneffekte, d.h. Betriebsgrößenersparnisse sehr ausführlich behandelt werden. Im Anschluß daran wird die Motivation von Verlagen im Spannungsfeld von publizistischen Engagement und Gewinnorientierung dargelegt.

I. Der Veröffentlichungsprozeß

Unter dem Begriff der Presse sollen in Anlehnung an den "engen" Pressebegriff der Rechtswissenschaft[1] und an die pressestatistische Begriffsfassung[2] nur die periodischen Druckschriften, d.h. Zeitungen und Zeitschriften verstanden werden. Dementsprechend ist ein Presseverlag ein Unternehmen, das auf das Herausgeben von Zeitungen und/oder Zeitschriften ausgerichtet ist. Das heißt, das Ziel des Verlages ist es Zeitungen oder Zeitschriften bzw. die darin enthaltenen Informationen oder Mitteilungen (redaktionelle Beiträge und Anzeigen) zu veröffentlichen.
Dieser Prozeß der Veröffentlichung läßt sich funktional als ein 3-stufiges Modell darstellen (s. Abb. 1). Zunächst müssen die Mitteilungen, d.h. die Inputs[3] hergestellt und zur Zeitung oder Zeitschrift verarbeitet werden (Stufe 1). Danach bedarf es der Vervielfältigung derselben (Stufe 2) und zuletzt ihrer Verbreitung (Stufe 3). Erst nach diesen drei Stufen ist der Prozeß der Veröffentlichung abgeschlossen und sind die Nachrichten, Kommentare, Fotos, Anzeigen

---

1 Vgl. BRUMMUND/SCHWINDT (1982), S. 18.

2 Vgl. WEISBROD (1990), S. 650; PRESSESTATISTIK-GESETZ (1975), § 1.

3 Der Begriff Input wird im folgenden nicht im üblichen ökonomischen Sinne eines Produktionsfaktores verwandt, sondern als Bezeichnung der inhaltlichen Komponenten der Zeitungen und Zeitschriften.

etc. in dem betreffenden Zeitungs- oder Zeitschriftenexemplar von den Lesern konsumierbar.

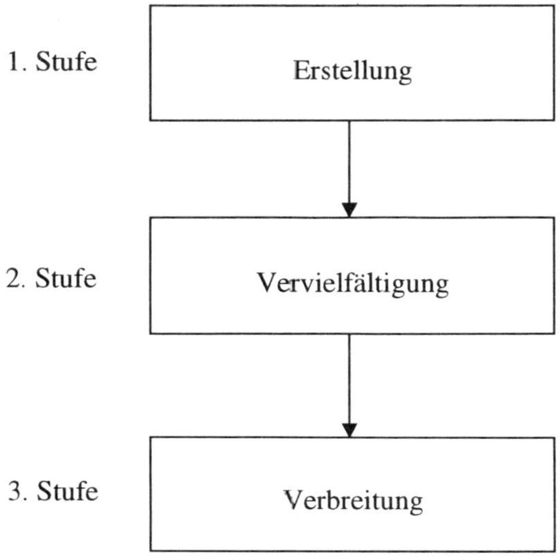

Abb. 1: Modell des Veröffentlichungsprozesses

Auf der 1. Stufe werden zunächst die Redaktions- und Anzeigeninputs beschafft bzw. die eingegangenen Inputs ausgewertet. Dann werden sie bearbeitet, um schließlich zusammengefaßt und grafisch zur Zeitung oder Zeitschrift aufbereitet zu werden.[1]
Der redaktionelle Teil besteht aus Nachrichten, Reportagen, Interviews, Kommentaren, Kritiken, Rezensionen, unterhaltenden Beiträgen, Leserbriefen, Fotos, Zeichnungen u.dgl.[2] Daneben beinhalten Zeitungen und Zeitschriften üblicherweise auch Anzeigen, z.B. Markenartikel- oder Kleinanzeigen. Presseerzeugnisse setzen sich folglich aus Inputs unterschiedlichster Art zusammen. Die Inputs sind aber nicht nur von ihrer Art her, sondern auch von ihrer Herkunft äußerst unterschiedlich. Die redaktionellen Inputs können von Nachrichtenagenturen, Informations- und Pressediensten, Korrespondenten, freien Journalisten, Fotografen, Lesern, Künstlern und anderen Externen geschaffen werden. Üblicherweise werden sie aber durch die verlagseigenen Redakteure selbst erstellt. In der Regel sind Informationen von Außenstehenden zwar der

---

1 Vgl. DOVIFAT (1976), Bd. 2, S. 8ff.

2 Vgl. von LaROCHE (1991), S 61ff.

Anstoß für eine Recherche, eine Reportage, einen Kommentar oder ganz allgemein für einen redaktionellen Beitrag, aber solche Informationen stellen eher selten schon einen Input an sich dar. Dies resultiert daraus, daß ein redaktioneller Input erst dann geschaffen bzw. erstellt worden ist, wenn z.B. die Nachricht, der Artikel oder die Reportage geschrieben wurde.
Der Entwurf von Anzeigen und damit die Erstellung der Anzeigeninputs erfolgt üblicherweise durch externe Werbeagenturen oder durch die Inserenten selbst, letzteres insbesondere bei Kleinanzeigen.
Ob die Redaktions- und Anzeigeninputs von Außenstehenden geschaffen werden oder nicht, in jedem Fall müssen sie in der Redaktion bzw. in der Anzeigenabteilung bearbeitet werden. Die von Nachrichtenagenturen, freien Journalisten, Fotografen etc. angekauften, von eigenen Redakteuren oder Korrespondenten erstellten, sowie von anderen Außenstehenden unaufgefordert angelieferten redaktionellen Inputs werden zunächst ausgewertet und dann bzw. gleich in den entsprechenden Ressorts bearbeitet. Gleiches gilt für den Anzeigenbereich: die postalisch, per Boten oder telefonisch eingehenden Anzeigen werden für den Satz aufbereitet. Anschließend werden die fertig redigierten Textbeiträge mit den Fotos, Abbildungen u.dgl. sowie den Anzeigen nach Maßgabe der grafischen Vorgaben (Layouts) zu ganzen Seiten umbrochen, d.h. montiert. Auf diese Weise erhalten die Seiten ihre druckreife Form.

Am Ende dieser ersten Produktionsstufe ist das Unikat der betreffenden Ausgabe der Zeitung oder Zeitschrift fertiggestellt. Damit ist der Produktionsprozeß aber noch nicht abgeschlossen, denn zur Veröffentlichung bedarf es noch zweier weiterer Schritte. Das fertige Zeitungs- bzw. Zeitschriftenunikat gilt es als nächstes zu vervielfältigen, damit die Voraussetzung geschaffen wird, daß es einer breiten Öffentlichkeit zugänglich gemacht werden kann. Die Vervielfältigung erfolgt in der Druckerei.
Unabhängig davon welches Verfahren zur Satzherstellung Anwendung findet, müssen die umbrochenen Seiten auf Druckformen übertragen werden. Hierbei ist es im wesentlichen unerheblich, ob dies über eine Mater erfolgt, die zur Druckform ausgegossen wird, oder über Negativfilme bzw. lichtempfindliches Positivmaterial, das auf fotografischen Wege auf die Druckformen kopiert wird.[1]

---

[1] Zu den verschiedenen Setz- und Druckverfahren vgl. MUNDHENKE (1991), S. 408ff.; FAZ (1990; Hrsg.), S. 231ff. und 247ff.; SCHULZE (1982c), S. 108ff.; UENK/LAARMANN (1992), S. 172f.

Der Druck erfolgt letztlich im Hoch-, Tief- oder Offsetdruck.[1] Der lange Zeit im Zeitungsbereich und bei zeitungsähnlich aufgemachten Zeitschriften vorherrschende Hochdruck hat mehr und mehr dem moderneren Offsetdruck weichen müssen. Dies resultiert zum einen daraus, daß der Offsetdruck die konsequente Fortsetzung des modernen Fotosatzes ist, und zum anderen daraus, daß er die Verwendung von qualitativ einfacheren und damit billigerem Papier ermöglicht, ohne daß die Druckqualität darunter leidet.[2] Ferner eignet sich der Hochdruck zwar gut für den Druck von einfachen Schwarz-Weiß-Kontrasten (Text), gleichzeitig ist er aber dem Offsetdruck bei der Wiedergabe von Fotos und insbesondere von Farbanzeigen qualitativ unterlegen. Gegenüber dem Tiefdruck ist der Offsetdruck einerseits kostengünstiger und andererseits ist er flexibler, da die Druckformherstellung wesentlich weniger Zeit erfordert, was gerade für die Aktualität von Tageszeitungen von besonderer Bedeutung ist. Den Bereich der Zeitschriften dominieren der Tief- und der Offsetdruck, wobei der Tiefdruck gerade im Bereich farbiger Reproduktionen die größte Qualität gewährt.[3] Wegen der höheren Kosten lohnt sich der Tiefdruck aber normalerweise erst bei relativ großen Auflagen.

Nach dem Druck der Zeitung oder Zeitschrift erfolgt als dritter und letzter Produktionsschritt die Verbreitung, d.h. der Beförderung der einzelnen Exemplare zu den Käufern und Lesern bzw. zu den Abgabeorten. Hierbei lassen sich grundsätzlich entgeltliche und unentgeltliche Verbreitungsformen unterscheiden (s. Abb. 2).[4]

---

[1] In Zukunft wird jedoch der Digitaldruck an Bedeutung gewinnen (vgl. hierzu WENKE (1994), S. 42f.).

[2] Vgl. MONOPOLKOMMISSION (1986), S. 263.

[3] Vgl. MUNDHENKE (1991), S. 415ff.

[4] In diesem Zusammenhang sind auch die Begriffe Verbreitung und Vertrieb auseinander zu halten. Der Vertrieb bezeichnet den (entgeltlichen) Absatz und die hiermit in Verbindung stehenden Aufgaben und Maßnahmen. Für die Verbreitung spielt es demgegenüber keine Rolle, ob die Exemplare entgeltlich abgesetzt oder kostenlos abgegeben werden.

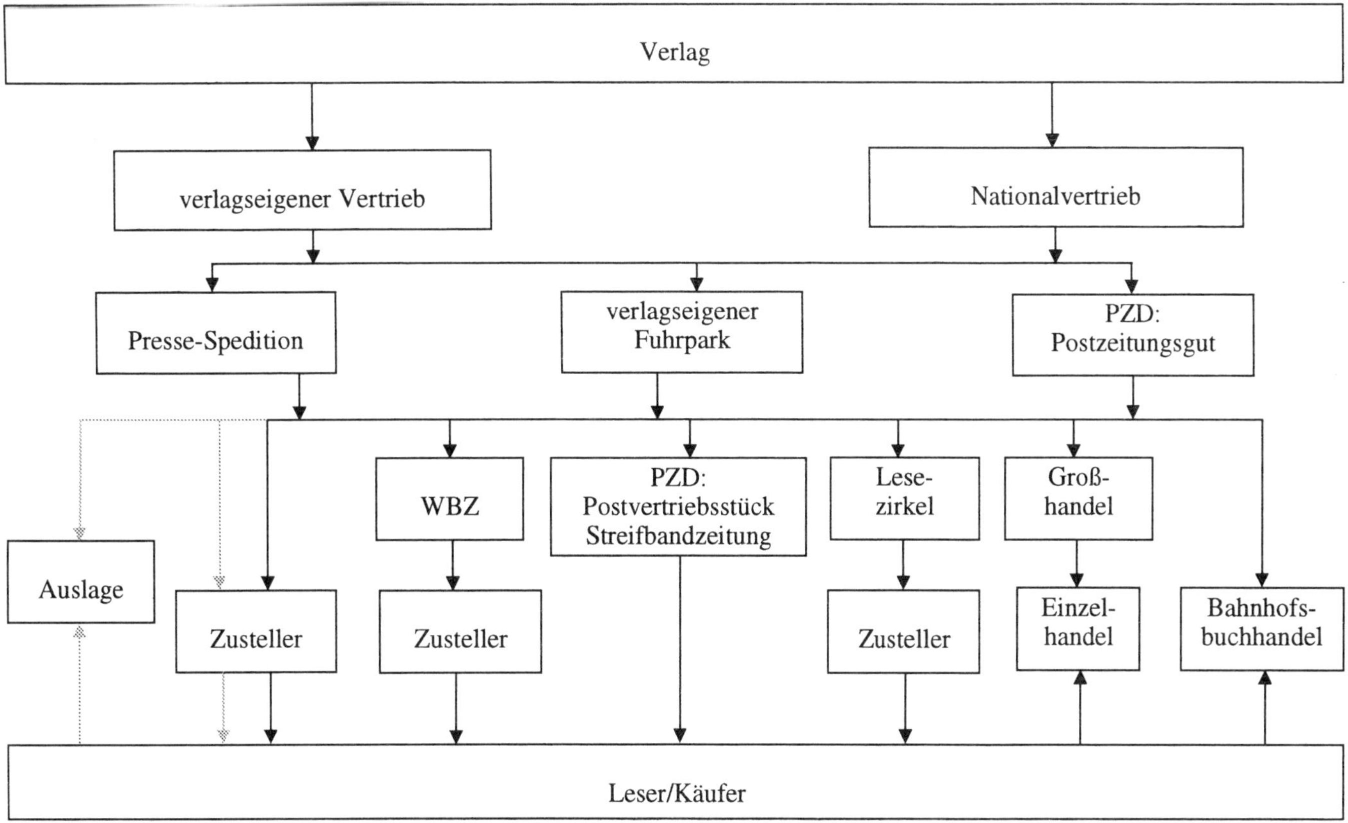

Abb. 2: Vertriebssystem und Verbreitungswege
(vgl. auch BRUMMUND (1985), S. 50; KNOCHE/ZERDICK (1992), S. 8)

:= unentgeltliche Verbreitung

Zu den entgeltlichen Formen gehören das Abonnement (Verlag und Werbender Buch- und Zeitschriftenhandel (WBZ)), der Einzelnummernverkauf und die Vermietung über die Lesezirkel (LZ). Die Verlagsabonnements werden direkt vom Verlag über den Postzeitungsdienst (PZD), eigene Zusteller oder fremde Zustellagenturen verbreitet. Die Abonnementsexemplare des WBZ werden fast vollständig vom Verlag selbst, direkt über den Postwege zugestellt. Nur ein kleiner Teil wird über Zusteller des WBZ verbreitet.[1] Die Lesezirkel werden vom Verlag beliefert und verbreiten die Exemplare dann über eigene Zusteller.[2] Der Einzelverkauf erfolgt üblicherweise indirekt über die Einschaltung von Groß- und Einzelhandel bzw. Bahnhofsbuchhandel.[3]
Unentgeltliche Verbreitungsformen zeichnen sich dadurch aus, daß die Verbreitung, d.h. die Abgabe der einzelnen Exemplare kostenlos erfolgt. Dies wird im wesentlichen durch die Auslage zum Mitnehmen oder die unaufgeforderte Zustellung realisiert. Bei Letzterem kann die Zustellung wiederum über eine verlagseigene oder -fremde Organisation sowie den Postzeitungsdienst erfolgen.
Sind die einzelnen Exemplare beim Leser bzw. an den öffentlichen Verkaufs- und Abgabeorten angelangt, ist der Prozeß der Veröffentlichung abgeschlossen. Zwar ist hiermit noch nicht gesichert, daß das betreffende Blatt eine Resonanz in der Öffentlichkeit erfährt, doch besteht die grundsätzliche Möglichkeit der Beachtung durch den Käufer bzw. Leser. Letztlich bleibt es jedoch seine eigene Entscheidung, ob er Geld und/oder Zeit aufwendet und die betreffende Zeitung oder Zeitschrift beachtet oder nicht.

---

1 1992 wurden von den rund 4 Mio. Exemplaren der WBZ-Auflage in den alten Ländern 94,3% über die Post und 5,7% über Agenturen zugestellt (vgl. BWBZ (1992), S. 2).

2 Das Lesezirkelprogramm umfaßte in IV/92 (4. Quartal 1992) 134 Zeitschriften mit einer LZ-Auflage von 3,3 Mio. Exemplaren (vgl. VDLZ (1993), S. 16).,

3 In Abb. 2 wurde auf die Darstellung der Einzelverkaufsformen des Sonder- und Zustellhandels sowie der "stummen Verkäufer" verzichtet. Zu den Vertriebsarten und -wegen vgl. BRUMMUND (1985), S. 24ff.; KNOCHE/ZERDICK (1992), S. 4ff. Allgemein zum Pressevertrieb vgl. insbes. BRUMMUND (1985); SCHWINDT (1985).

II. Zur Kostensituation des Verlages

1. Die Auflagenabhängigkeit einzelner Kosten[1]

Die redaktionellen Leistungen, d.h. das Erstellen von Textbeiträgen, das Korrigieren und Redigieren fertiger Beiträge und der Umbruch sind von ihrem Umfang her grundsätzlich unabhängig von der Auflage der betreffenden Zeitung oder Zeitschrift. Sie dienen der Erstellung des Zeitungs- bzw. Zeitschriftenunikats, unabhängig davon, ob dieses Unikat letztlich 10.000 mal oder 1.000.000 mal vervielfältigt und verbreitet wird. Dementsprechend sind die Kosten der Redaktion per se unabhängig von der Auflagenhöhe. Statt dessen sind sie im wesentlichen abhängig von der Anzahl und dem Umfang der redaktionellen Beiträge. Eine Zunahme der redaktionellen Inputs erfordert eine vermehrte redaktionsinterne Erstellung oder einen vermehrten Zukauf von außen. Beides bedingt ebenso höhere Kosten wie die Zunahme der Umbrucharbeiten.

Die Abwicklung der Anzeigenaufträge sowie deren Aufbereitung und Zusammenfassung zu ganzen Seiten ist abhängig vom Anzeigenaufkommen, und hierbei von der Art und Anzahl der zu bearbeitenden Anzeigenaufträge. Für die hierdurch entstehenden Kosten spielt es wiederum grundsätzlich keine Rolle, wie häufig das fertige Zeitungs- bzw. Zeitschriftenunikat später vervielfältigt wird. Mit anderen Worten, auch die Kosten der Anzeigenabteilung sind grundsätzlich unabhängig von der Auflagenhöhe.

Es steht allerdings zu erwarten, daß mit steigender Auflage auch das Anzeigenvolumen zunimmt, so daß die Kosten der Anzeigenabteilung ebenfalls steigen, vice versa. Ein steigendes Anzeigenvolumen könnte dazu führen, daß Leser sich von dem Blatt abwenden, weil sie sich durch die vermehrten Anzeigen belästigt fühlen, so daß der Verlag es für angebracht halten mag, den steigenden Anzeigenumfang durch vermehrte redaktionelle Beiträge zu kompensieren. Auf diese Weise würden mit zunehmender Auflage auch die redaktionellen Kosten steigen. Diese mögliche Abhängigkeit der Kosten für Redaktions- und Anzeigenbeiträge von der Auflage ist aber nicht zwingend in dem Sinne, daß es automatisch zur Ausdehnung des Anzeigen- und Redaktions-

---

1 Allgemein zur Struktur der Kosten und ihrer Abhängigkeit von der Auflage vgl. PESCH (1960), S. 28ff.; HAUSER (1955), S. 118; DUNNETT (1988), S. 44ff.; NUSSBERGER (1966a), S. 22; ROYAL COMMISSION ON THE PRESS (1962), S. 25ff. und 184f.; J. NOLL (1977), S. 30ff.; KELLER (1986), S. 105ff.; DOVIFAT (1976), Bd. 2, S. 151ff.; SCHÜTZ (1989), S. 313.

volumens kommen muß. Statt dessen unterliegt es der individuellen Entscheidung des Verlages, ob zusätzliche Anzeigen oder auch Textbeiträge aufgenommen werden sollen oder nicht. Das heißt, es besteht nur eine gewisse mittelbare Abhängigkeit der Redaktions- und Anzeigenkosten von der Auflage, die hier bei der allgemeinen Analyse der Kostenstruktur vernachlässigt werden soll.

Auf der Stufe der Vervielfältigung fallen sowohl umfangs- als auch auflagenabhängige Kosten an. So sind alle Verrichtungen, die Voraussetzung für den Druck sind, im wesentlichen abhängig vom Umfang der zu druckenden Zeitung oder Zeitschrift. Diese Kosten des Satzes, der Druckformherstellung, der Rotationseinrichtung und des Andruckes variieren folglich nicht mit der Auflagenhöhe.[1] Demgegenüber sind die Kosten des Fortdruckes, die sich im wesentlichen aus dem Papier- und Farbverbrauch ergeben, sowohl umfangs- als auch auflagenvariabel. Der Bedarf an Papier und Farbe ergibt sich aus der insgesamt zu druckenden Seitenzahl, welche das Produkt von Umfang und Auflage ist.

Die Aufgabe der Verbreitung ist es, zu gewährleisten, daß die einzelnen Exemplare der Zeitung oder Zeitschrift an die allgemeinen Verkaufsorte bzw. zu den Käufern oder Lesern gelangen. Die auf dieser Stufe entstehenden Kosten sind überwiegend abhängig von der Auflage der Zeitung oder Zeitschrift. Die Kosten für den Transport vom Druckort zu den Zustellern, den Händlern, der Post etc. sind in größerem Maße abhängig von der Auflage als vom Umfang des Blattes. Dies ergibt sich daraus, daß ein Anstieg der Auflage schneller eine Erweiterung der Transportkapazitäten nötig macht als eine Zunahme des Seitenumfanges.

Die Vergütung des Handels, sowie der eigenen oder fremden Zusteller erfolgt nach der Stückzahl und nicht nach dem Umfang, so daß diese Verbreitungskosten nur mit der Auflage variieren. Die Kosten des Postzeitungsdienstes richten sich hingegen nach dem Gewicht des einzelnen Exemplares bzw. der Sendung sowie nach der Erscheinungsweise des betreffenden Titels. Das heißt, bei allen drei Beförderungsarten des PZD (Postvertriebsstück, Postzeitungsgut und Streifbandzeitung) beeinflussen die Anzahl der versendeten Exemplare und der Umfang des einzelnen Exemplares die anfallenden Kosten.

Inwiefern die einzelnen Kosten mit einer Veränderung der Auflage oder einer Veränderung des Seitenumfanges variieren, ist noch einmal überblicksartig in Abb. 3 dargestellt.[2]

---

1 Die Kosten der Druckvorbereitungen fallen pro Maschine an, auf der gedruckt wird, und größere, aktuelle Titel drucken oftmals auf mehreren Maschinen gleichzeitig.

2 Angaben zur Kostenstruktur regionaler Abonnementszeitungen finden sich im Anhang A9.

Abb. 3: Kostenverhalten bei Variation von Auflage und Umfang

Kosten der ...	bei Variation der /des Auflage	Umfanges
Erstellung		
- Redaktion	fix	variabel
- Anzeigenabteilung	fix	variabel
Vervielfältigung		
- Satz, Druckformen, Rotationseinrichtung, Andruck	fix	variabel
- Fortdruck	variabel	variabel
Verbreitung		
- Spedition	variabel	variabel
- Handel, Zusteller	variabel	fix
- Postzeitungsdienst	variabel	variabel

Quelle: In Anlehnung an J. NOLL (1977), S. 32; KELLER (1986), S. 112.

2. Skaleneffekte

2.1. Das Konzept der langfristigen Durchschnittskostenkurve

Bei der Analyse der Kosten muß zwischen kurzfristigen und langfristigen Kostenbedingungen unterschieden werden. Beide Fristen sind dabei aber nicht im Sinne gleichbleibender, universell definierter Zeitintervalle zu verstehen, sondern beziehen sich vielmehr auf die Möglichkeit der Variation der verschiedenen Produktionsfaktoren. Kurzfristig stellt die Betriebsgröße (Kapazität) einen fixen Faktor dar, der nur in seinem Auslastungsgrad variiert werden kann. Langfristig gibt es hingegen keine Kapazitätsbegrenzung, sondern ist die Betriebsgröße ebenso variabel wie die anderen Faktoren.[1]
Dementsprechend zeigt die langfristige Durchschnittskostenkurve (LDK) die niedrigstmöglichen Produktionskosten verschiedener Betriebsgrößen an. Hierbei stellt sie aber nur auf die erwarteten Kosten für eine bestimmte Kapa-

1 Vgl. VINER (1932), S. 202 und 205; BAIN (1952), S. 80.

zität ab, so daß sie im Gegensatz zur im jeweiligen Betrieb bestehenden kurzfristigen DK-Kurve eine Plankurve ist, die ihre Bedeutung bei Entscheidungen über Kapazitätserweiterungen gewinnt.[1]
Skaleneffekte oder auch (Betriebs-)Größenersparnisse liegen vor, wenn die LDK-Kurve mit steigender Ausbringungsmenge fällt, d.h. die langfristigen Stückkosten sinken. Sie reflektieren damit (langfristige) Kostenvorteile großer Betriebe gegenüber kleineren. Die Kapazität, von der an keine weiteren Größenersparnisse mehr realisiert werden, die langfristigen Stückkosten also nicht weiter sinken, wird als mindesteffiziente oder mindestoptimale Betriebsgröße (MOG) bezeichnet (s. Abb. 4).

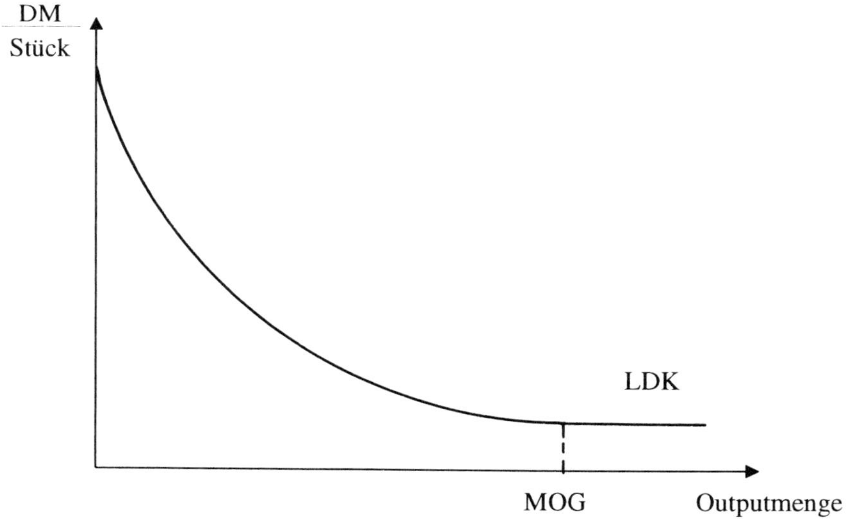

Abb. 4: Skaleneffekte und mindestoptimale Betriebsgröße

1 Vgl. MONOPOLKOMMISSION (1986), Tz. 592; PRATTEN (1975), S. 4; KAUFER (1980), S. 59.

Das Konzept der LDK-Kurve, die auch als Betriebsgrößen- oder Skalenkurve bezeichnet wird, impliziert einige Annahmen.[1] So werden in ihr nur technische Skaleneffekte abgebildet und mögliche pekuniäre Größenersparnisse ebenso vernachlässigt wie Lerneffekte und X-Ineffizienzen.[2] Letzteres unterstellt, daß für jede Kapazität der Ressourceneinsatz immer in effizienter Weise erfolgt. Die Skalenkurve ist zudem statischer Natur, d.h. sie inkorporiert ein gegebenes technisches Wissen. Zwar mag eine große Kapazität eine andere Technik erfordern als eine kleine, aber diese Technik ist bekannt und wird im Fall der kleinen Kapazität nur aus ökonomischen Erwägungen heraus nicht angewandt.[3] Ein im Zeitablauf möglicher technischer Fortschritt führt zur Verschiebung der Kurve nach unten bzw. nach links. Ferner impliziert sie konstante Faktorpreisrelationen und basiert auf einer bestimmten, gegebenen Fertigungstiefe, d.h. vertikalen Integration der verschiedenen Produktionsstufen.

Für die nachfolgenden Ausführungen wird unterstellt, daß der Seitenumfang sowie die Anzeigen-Text-Relation des bzw. der betreffenden Blätter konstant bleibt, so daß die Kosten von dieser Seite keine Variation erfahren. Zunächst sollen sich die Ausführungen zu den Größenersparnissen im Presseverlag dabei nur auf Einproduktunternehmen beziehen, d.h. auf Verlage, die nur eine Zeitung oder Zeitschrift verlegen. Erst danach sollen mögliche Vorteile von Mehrproduktverlagen erörtert und die Annahmen der LDK-Kurve z.T. aufgegeben werden.

2.2. First Copy Costs und Skaleneffekte in der Vervielfältigung

Die für den Pressebereich bedeutendste Ursache der Skaleneffekte liegt in der unvollständigen Teilbarkeit bestimmter Inputs. Wie oben dargelegt wurde, gehen viele der zur Herstellung und zur Vervielfältigung der Zeitung oder Zeitschrift notwendigen Inputs in vollem Umfang in die betreffende Ausgabe ein und zwar unabhängig von der letztlich gedruckten Auflage. Dementsprechend sind auch die damit verbundenen Kosten unabhängig von der Auflage.

---

1 Zu den Annahmen vgl. SILBERSTON (1972), S. 369ff.; MONOPOLKOMMISSION (1986), Tz. 593; PRATTEN (1975), S. 6f.; KAUFER (1980), S. 60.

2 Das Konzept der X-Ineffizienz geht auf LEIBENSTEIN (1966), S. 392ff., zurück und bezeichnet die Differenz zwischen den tatsächlichen und den minimal erforderlichen Kosten für eine bestimmte Outputmenge (vgl. auch SCHERER/ROSS (1990), S. 667ff.).

3 Vgl. SILBERSTON (1972), S. 369.

Diese auflagefixen Kosten werden auch als "First Copy Costs" (FCC) bezeichnet:

"The first-copy costs are those incurred on producing one - the first - copy of the newspaper or periodical. Their amount is not affected by the number of copies printed."[1]

Unter die First Copy Costs fallen demnach alle Kosten, die durch die Herstellung des Zeitungs- bzw. Zeitschriftenunikats und die Vorarbeiten für den eigentlichen Druck, also im wesentlichen durch Redaktion, Anzeigenabteilung und Druckvorbereitungen entstehen. Sie machen den Großteil der gesamten Kosten aus.[2] Demgegenüber bestehen die Kosten des Druckes jedes weiteren Exemplares, d.h. die Grenzkosten im wesentlichen nur aus den Kosten des benötigten Papiers und der benötigten Farbe und sind mithin als gering und eher konstant zu erachten.[3]
Die hohen First Copy Costs werden mit zunehmender Auflage auf immer mehr Exemplare verteilt, so daß die FCC pro Stück und wegen der geringen, konstanten Grenzkosten auch die gesamten Durchschnittskosten abnehmen. Da die sinkenden Stückkosten nicht negativ werden können, müssen sie mit abnehmender Rate sinken,[4] wobei sie sich asymptotisch den Grenzkosten nähern.

Die Skaleneffekte auf den Ebenen der Erstellung und der Vervielfältigung ergeben sich also durch die sehr hohen First Copy Costs oder anders formuliert, durch die Unteilbarkeit der Redaktions- und Anzeigeninputs sowie gewisser Inputs bei der technischen Herstellung in bezug auf die Auflage. Daneben können auf der Stufe der Vervielfältigung weitere Größenersparnisse auftreten, z.B. aufgrund von unvollkommenen Teilbarkeiten anderer Produktionsfaktoren, die nur in vorgegebenen Mindestgrößen zu haben sind (z.B. Druckmaschinen) und bei Unterauslastung relativ höhere Stückkosten bedingen, von Spezialisierung oder von zentraler

---

1 Vgl. ROYAL COMMISSION ON THE PRESS (1962), S. 25.

2 Siehe Anhang A9.

3 Vgl. auch ROSSE (1978), S. 14ff. Offset-Druckplatten haben eine Druckkapazität von etwa 200.000 Exemplaren, bevor sie abgenutzt sind und ausgetauscht werden müssen. Die Kapazität von Tiefdruck-Zylindern liegt bei 4 bis 5 Mio. Drucken. Die Kosten für neue Offset-Druckplatten sind so gering, daß die Kosten des Austausches nicht ins Gewicht fallen. Für den Bereich des Tiefdruckes gilt, daß nur die allerwenigsten Titel eine Druckauflage von über 4 bis 5 Mio. Exemplaren haben, so daß auch hier die Kosten eines Zylinderwechsels nicht weiter berücksichtigt werden brauchen.

4 Vgl. ROSSE (1978), S. 30.

Reservehaltung.[1] Diese Ersparnisse sind aber eher nur als durchschnittlich zu betrachten.[2]

Hinsichtlich möglicher Skaleneffekte im Pressebereich kann festgehalten werden:

> "Newspaper production has historically been a prototype of mass production. High set-up or first-copy costs exist. ... Subsequent copies may be produced at very low marginal costs."[3]

Die Existenz der sehr hohen First Copy Costs in Verbindung mit den niedrigen Grenzkosten bedingt eine ausgeprägte Kostendegression, d.h. deutlich abnehmende Stückkosten bei steigender Auflage. Diese technischen Skaleneffekte können aber möglicherweise dadurch konterkariert werden, daß der steigende Output über einen größer werdenden Raum verteilt werden müßte. Ob und in wieweit mit der Verbreitung der Zeitungs- und Zeitschriftenexemplare steigende durchschnittliche Transportkosten verbunden sind, gilt es im folgenden Abschnitt zu untersuchen.

2.3. Skaleneffekte in der Verbreitung

Weitere Ersparnisse können sich auf der Stufe der Verbreitung ergeben. Je nachdem, ob hier sinkende, steigende oder konstante Stückkosten der Verbreitung vorliegen, ergibt sich ein verstärkender, gegenläufiger bzw. kein Effekt auf die oben ausgeführten technischen Größenersparnisse.
Gewisse Skaleneffekte mögen bei der Verbreitung z.B. aufgrund von Unteilbarkeiten in den Transportkapazitäten entstehen, so daß sich bei zunehmender Auflage eine bessere Kapazitätsauslastung in Verbindung mit relativ niedrigeren durchschnittlichen Transportkosten ergibt. Diese Ersparnisse fallen unabhängig von der Vertriebsart an, da gewisse Transporte, sei es von der Druckerei zu den Grossisten, den Einzelhändlern, den Zustellorganisationen, den Postämtern etc. immer notwendig sind. Auf dieser Ebene konkurrieren im we-

---

1 Zu den Ursachen von Skaleneffekten vgl. MONOPOLKOMMISSION (1986), Tz. 594ff.; PRATTEN (1975), S. 10ff.; SILBERSTON (1972), S. 373ff.; BAIN (1952), S. 115ff.; MACHLUP (1966), S. 314ff.; KAUFER (1980), S. 58ff; SCHERER/ROSS (1990), S. 97ff.

2 Vgl. auch HEINRICH (1984), S. 79.

3 Vgl. NORTON/NORTON (1986), S. 66. Vgl. ferner WAGNER (1981), S. 189.

sentlichen (Presse-)Speditionen, verlagseigene Fahrzeuge und der Postzeitungsdienst - mit dem Angebot des Postzeitungsgutes - miteinander.[1]
Mögliche Größenersparnisse, die auf dieser Ebene anfallen, dürften allerdings nicht übermäßig relevant sein. Bedeutender ist hingegen die zu überbrückende Entfernung, d.h. genauer, die durchschnittliche Entfernung im Mittelpunkt stehen, da es relevant ist, wohin die zusätzlichen Exemplare einer steigenden Auflage geliefert werden müssen.[2]
Für die tatsächliche Wahl unter den vielfältigen Verbreitungsformen, d.h. die konkrete Ausgestaltung des Verbreitungs-Mix ist zu beachten, daß sie zwar im wesentlichen durch die jeweiligen Kosten bestimmt wird, welche z.T. politisch motiviert sind (Postzeitungsdienst). Gleichzeitig spielen aber auch marketingstrategische Überlegungen eine bedeutende Rolle und bestehen historisch gewachsene Schwerpunkte.[3]

2.3.1. Verbreitung über Groß- und Einzelhandel und Postzeitungsdienst

Gegenüber der Verbreitung über Zusteller läßt sich die Verbreitung über den Großhandel (Grosso), welcher dann den allgemeinen Einzelhandel beliefert, den direkt belieferten Einzelhandel und den Postzeitungsdienst abgrenzen. Ihnen allen ist gemeinsam, daß der Verlag einen Punkt im Raum mit i.d.R. mehreren Exemplaren einer bestimmten Ausgabe beliefert.[4]

Groß- und Einzelhandel

Bei gleichbleibender Anzahl der zu beliefernden Einzelhändler resultiert aus der steigenden Auflage eine größere Anzahl von Exemplaren pro Lieferung. Für die durchschnittlichen Transportkosten ist es dann von Bedeutung, wie sich

---

1 Siehe oben Abb. 2.

2 Vgl. auch PRATTEN (1975), S. 16.

3 Die relative Bedeutung der einzelnen Verbreitungsformen kann dem Anhängen A10 und A11 entnommen werden.

4 Allerdings gilt es zu berücksichtigen, daß dem LZ und dem WBZ aufgrund der abonnementsähnlichen Verhältnisse grundsätzlich kein Remissionsrecht zusteht (vgl. GRUNER + JAHR (1985; Hrsg.), S. 47f.; MUNDHENKE (1991), S. 104).

die durchschnittliche Wegstrecke pro Exemplar verändert. Eine abnehmende Lieferentfernung pro Exemplar bedingt i.d.R. sinkende Transportstückkosten.[1] Größenersparnisse ergeben sich hier möglicherweise auch durch Unteilbarkeiten in der Transportkapazität und durch Spezialisierung. Das heißt, die Transportkapazität könnte eventuell besser genutzt werden, da z.B. das Fahrzeug und der Fahrer zwar die gleiche Zeit für die Lieferung gebunden sind, aber in dieser Zeit mehr Exemplare zustellen, und dadurch, daß eine größere Spezialisierung im Transport möglich wird.

Für die Verbreitung über den Groß- und Einzelhandel ist ferner von Bedeutung, ob und wie sich die Remissionshöhe im Zuge des Auflagenzuwachses verändert.[2] Remittenden verursachen im Gegensatz zu verkauften Exemplaren vermehrte Transportkosten, da sie vom Grosso wieder eingesammelt und der Altpapierverwertung zugeführt werden.[3] Auch steht den unmittelbaren Druckkosten in diesem Fall kein Erlös außer gegebenenfalls dem des Altpapiers, der jedoch vernachlässigbar gering und zum Teil sogar negativ ist, entgegen. Hinzukommen noch die abrechnungstechnischen Kosten durch die Remission, so daß Remittenden absolut höhere Kosten bedingen. In bezug auf die Skaleneffekte ist jedoch nicht die absolute Remission, sondern die Remissionsquote, d.h. der Anteil der Remittenden an der an den Grosso gelieferten Menge von Exemplaren, von Bedeutung. Eine steigende Remissionsquote würde höhere Stückkosten bedingen und müßte dem Grosso tendenziell in Form von höheren Handelsspannen entgolten werden.

Notwendige Bedingung für eine zunehmende Remissionsquote bei steigender Auflage wäre, daß der Auflagenzuwachs sich nicht ausschließlich auf den Bereich der Abonnements beschränkt, d.h. die über den Grosso und Einzelhandel abgesetzte Auflage müßte zunehmen. Dies wäre aber noch keine hinreichende Bedingung, denn es müßte ferner die Anzahl der Remittenden relativ stärker zunehmen als die an den Grosso gelieferte Auflage. Es steht allerdings eher zu vermuten, daß die Remissionsquote mit steigender Auflage zurückgeht, welches an einem stark vereinfachten Beispiel erläutert werden soll.

---

1 Die Veränderung der durchschnittlichen Entfernung wird ausführlich im nächsten Abschnitt behandelt.

2 Die vom Handel bezogenen Exemplare sind grundsätzlich mit einem Recht zur Rückgabe (Remission) ausgestattet, falls sie unverkauft bleiben sollten. 1991 hatten 90% aller Titel des Grosso eine Remissionsquote von über 50%; insgesamt betrug die wertmäßige Remissionsquote 38,9% (vgl. PRESSE-GROSSO (1992), S. 6 und 163ff.). Bei einem Einzelhandelsjahresumsatz von DM 7,059 Mrd. (ebd., S. 167) ergibt sich daraus eine wertmäßige Gesamtremission von DM 4,494 Mrd.

3 Die Remission kann grundsätzlich in ganzen Stücken, Titelseiten, Kopfleisten oder körperlos erfolgen (vgl. GRUNER + JAHR (1985; Hrsg.), S. 47f.). Überwiegend wird jedoch körperlos remittiert. Zum Verfahren der körperlosen Remission vgl. KR (1991).

Unterstellt sei eine gleichbleibende Aversion des Verlages gegen Ausverkäufe, und zwar dergestalt, daß den Einzelhändlern zu der üblicherweise verkauften Anzahl eine Verkaufsreserve von einem Exemplar zugeteilt würde, und daß durchschnittlich jeder genau dieses eine Exemplar remittiert. Ferner sei unterstellt, daß die Zahl der belieferten Einzelhändler 10.000 betrage und konstant bleibe. Die Grosso-Auflage betrage X_0=20.000 bzw. X_1=100.000. Hieraus würden sich bei einer Remission von einem Exemplar pro Einzelhändler (= Verkaufsreserve) folgende Remissionsquoten (r) ergeben: im Fall der kleineren Auflage (X_0) betrüge die Remissionsquote r_0=50% und im Fall der größeren Auflage r_1=10%. Selbst wenn im Zuge der Auflagenausdehnung die Anzahl der belieferten Einzelhändler auf 20.000 verdoppelt würde,[1] würde die Remissionsquote c.p. nur 20% betragen.

Trotz der gemachten vereinfachenden Annahmen legen die Ausführungen den Schluß nahe, daß die Remissionsquote mit steigender Auflage eher zurückgeht als daß sie steigt.[2] Dies resultiert aus der unvollständigen Teilbarkeit der Presseerzeugnisse, die zur Folge hat, daß Blätter mit höherer Auflage wegen der größeren Zahl von Exemplaren pro Einzelhändler besser, d.h. feiner disponierbar sind zur Erreichung einer gegebenen Ausverkaufsvermeidungswahrscheinlichkeit bzw. daß sie nicht so anfällig auf Remittenden reagieren.

Mögliche Größenersparnisse, die die belieferten Handelsstufen realisieren, werden aber nicht automatisch an den Verlag weitergegeben. Im Falle des Groß- und Einzelhandels ist der Verlag in der Lage, mögliche Ersparnisse zu internalisieren. Dies ergibt sich aus dem Recht des Verlages zur vertikal durchlaufenden Preisbindung, über die alle nachfolgenden Handelsstufen mit ihren Ein- und Verkaufspreisen gebunden werden, so daß auch deren Handelsspannen vom Verlag determiniert werden.[3]

Die dem Groß- und Einzelhandel eingeräumten Rabatte sind in erster Linie abhängig von der Auflage, was im wesentlichen aus der Umsatzbedeutung des Titels bzw. des herausgebenden Verlages resultiert. Das heißt, daß hochauflagige Titel in der Regel niedrigere Handelsspannen haben als niedrigauflagige

---

1 In Deutschland gibt es laut EHASTRA insgesamt 108.265 Presse-Verkaufsstellen (vgl. PRESSE-GROSSO (1992), S. 166).

2 Vgl. hierzu auch Anhang A7, in dem Remissionsquoten für den Berliner Zeitungsmarkt errechnet wurden. Die Remissionsquoten müssen dabei in Relation zur Einzelverkaufsauflage (EV-Auflage) gesehen werden und nicht zur insgesamt verbreiteten Auflage. Es zeigt sich, daß Blätter mit größerer EV-Auflage eine niedrigere Remissionsquote aufweisen als Blätter mit kleinerer Auflage.

3 Vgl. BRUMMUND (1985), S. 165.

Titel.[1] Neben der Umsatzbedeutung wären auch remissionsbedingte Größenersparnisse eine mögliche Erklärung dafür, daß die Rabatte hochauflagiger Titel relativ gering sind. Dies würde bedeuten, daß die Verlage (remissionsbedingte) Größenersparnisse über das Recht der Handelsspannenfestlegung zumindest teilweise abschöpften.

Postzeitungsdienst

Anders gestaltet sich die Situation bei den Serviceleistungen des Postzeitungsdienstes, d.h. dem Postvertriebsstück und der Streifbandzeitung.[2] Hier richten sich die vom Postdienst erhobenen Entgelte nach dem Gewicht des einzelnen Zeitungs- bzw. Zeitschriftenexemplares und beim Postvertriebsstück zusätzlich nach der Erscheinungsweise des Blattes.[3] Weder sind das Gewicht des einzelnen Exemplares und die Erscheinungsweise abhängig von der Auflage des betreffenden Blattes, noch richten sich die vom Postzeitungsdienst erhoben Entgelte nach der Entfernung, über die die Exemplare geliefert werden. Das bedeutet, daß unabhängig davon, ob der durchschnittliche Lieferweg zunimmt oder abnimmt, die Transportkosten pro Stück für die Verlage bei steigender Auflage c.p. konstant bleiben.
Die Gestaltung der Tarife unabhängig von der Auflagenhöhe bedingt, daß mögliche Größen- oder Verbundvorteile des PZD durch die gemeinsame Logistiknutzung mit der allgemeinen Paket- und Briefzustellung in dünnbesiedelten, ländlichen Gebieten nicht an die Verlage weitergegeben werden. Sofern vorhanden werden diese Ersparnisse jedoch zumindest teilweise konterkariert durch zu vermutende allg. X-Ineffizienzen im Postdienst.[4]
Bezüglich der sich aus dem Postzeitungsdienst ergebenden Transportkosten gilt es noch zweierlei zu erwähnen: Erstens werden nicht alle Zeitungen und Zeitschriften von der Post zum Transport akzeptiert. Damit die Beförderung im Rahmen des Postzeitungsdienstes erfolgen kann, muß das betreffende Blatt gewisse Anforderungen erfüllen. Zum Beispiel muß der Anteil werbungsfreier

---

1 Vgl. auch BRUMMUND (1985), S. 167ff.; KNOCHE/ZERDICK (1992), S. 16ff. Im allgemeinen liegen die Grosso-Rabatte zwischen 16% und 20%, die des Einzelhandels zwischen 18,5% und 30% und die des Bahnhofsbuchhandels um 35% (vgl. KNOCHE/ZERDICK (1992), S. 14ff.).

2 1989 wurden 1.700 Mio. Exemplare als Postvertriebsstücke versandt und (nur) 35 Mio. als Streifbandzeitungen (vgl. PIEPER (1991), S. 4). Die Streifbandzeitung gewinnt regelmäßig nur zu den Haupturlaubszeiten an Bedeutung.

3 Vgl. POSTDIENST (1991; Hrsg.), Anlage 1: Entgeltverzeichnis PZD; ders. (1992; Hrsg.), S. 648ff.

4 Vgl. PIEPER (1991), S. 19ff.

Berichterstattung, sofern er in nicht zusammenhängender Form abgedruckt wird, mindestens 30% betragen, das Blatt mindestens viermal im Jahr erscheinen, grundsätzlich entgeltlich verbreitet werden und von jedermann bezogen werden können.[1] Gleichzeitig besteht aber für die Titel, die diese Anforderungen erfüllen,[2] ein Beförderungsannahmezwang, und zwar unabhängig von der Menge, so daß auch nur Teile der Auflage befördert werden müssen. Zweitens ist die Tarifgestaltung des Postzeitungsdienst jederzeit veränderbar, weshalb die dargestellten Konsequenzen für die Kosten nicht allgemein und unumstößlich sind.[3]

2.3.2. Verbreitung über Zustellorganisationen

Gegen die obige Gruppe der Verbreitungsarten läßt sich die Verbreitung über eigene Zusteller oder Zustellagenturen abgrenzen,[4] bei der zwar auch einzelne Punkte im Raum beliefert werden, allerdings mit jeweils nur einem Exemplar. Hier wird die Relevanz der durchschnittlichen Lieferentfernung besonders deutlich. Die Bedeutung der Veränderung der durchschnittlichen Lieferentfernung liegt darin, daß unabhängig von der Abonnementsdichte, selbst bei einem konstanten Frachtsatz pro Exemplar und Kilometer, die Stückkosten der Verbreitung c.p. mit steigender Durchschnittsentfernung zunehmen.[5]

---

1 Vgl. POSTDIENST (1991; Hrsg.), Abschnitt 4. Diese Anforderungen resultieren aus der dem Postzeitungsdienst zugeschriebenen gesellschaftspolitischen Funktion der Sicherstellung der Möglichkeit einer allgemeinen Versorgung der Bevölkerung mit einer vielfältigen Presse. Damit sind die unentgeltlich verbreiteten Anzeigenblätter und Kundenzeitschriften von der Beförderung im PZD ausgenommen.

2 1992 waren dies etwa 10.000 Titel mit einer Postauflage von über 125 Mio. Exemplaren (vgl. GASSDORF (1992), S. 150).

3 Es soll allerdings Bestrebungen von seiten der Post geben, die Gebühren u.a. in Abhängigkeit von der Wohndichte im Zustellbezirk zu gestalten (vgl. von KUK (1992a), S. 13).

4 Zustellagenturen sind vertraglich verpflichtete Zusteller, die innerhalb eines bestimmten abgegrenzten Gebietes die Abonnentenbelieferung übernehmen. Dabei sind sie zumeist exklusiv für einen Verlag tätig. Ihren Schwerpunkt haben sie im Bereich der Zeitungen, während sie für die Zustellung von Zeitschriftenabonnements kaum von Bedeutung sind (vgl. BRUMMUND (1985), S. 30).

5 Vgl. KAUFER (1980), S. 72. Wie sich die Grenzkosten des Transportes pro Exemplar pro Kilometer in Abhängigkiet von der Entfernung tatsächlich verhalten, ist abhängig von der Vielfalt der Transportwege und -mittel, d.h. der Infrastruktur, den Durchschnittsgeschwindigkeiten der verschiedenen Transportmittel u.dgl. (ebd., S. 73). Im folgenden sollen die Kilometerstückkosten vereinfachend als konstant unterstellt werden.

Eine Abnahme der Transportstückkosten und damit Größenersparnisse in der Verbreitung bei steigender Auflage ergeben sich üblicherweise dann, wenn die Nachfrager-, d.h. Abonnentendichte in einem bestimmten geographischen Gebiet zunimmt.[1] Die zunehmende Dichte bedingt für die Zusteller i.d.R. relativ kürzere zusätzliche Wege, d.h. sinkende durchschnittliche Weglängen und damit einhergehende, sinkende Stückkosten der Verbreitung.
Auch im Fall einer geringen Zustelldichte, wenn z.B. eine Zeitschrift mit kleiner Auflage im gesamten Gebiet der Bundesrepublik Deutschland zugestellt wird, ergeben sich im Zuge einer steigenden Auflage Größenersparnisse. Gleichzeitig ist aber davon auszugehen, daß die Verbreitung über Zusteller in einem solchen Fall sehr hohe absolute Zustellkosten pro Stück bedingt, die das Blatt möglicherweise so sehr verteuern würden, daß es nicht mehr gekauft würde. Mit anderen Worten, die Zustellkosten könnten den Copypreis des Blattes prohibitiv werden lassen. In solchen Fällen, d.h. für Titel mit einer relativ geringen Auflage bei gleichzeitig flächenmäßig breiter Streuung, wie z.B. Fachzeitschriften, scheint der Postzeitungsdienst die geeignetere, weil kostengünstigere Zustellform der Abonnementsexemplare.[2] Das bedeutet, daß mögliche Größenersparnisse wegen kostengünstigerer Alternativen gegebenenfalls gar nicht erst realisiert werden und somit an Relevanz verlieren.
Anders stellt sich die Situation in geographisch engbegrenzten Räumen dar. Hier sind Größenersparnisse am ehesten im Bereich lokaler/regionaler Tageszeitungen zu erwarten. Der relativ kleine Verbreitungsraum bedingt schon bei kleinen Auflagen eine ökonomische Zustelldichte. Ist ferner die Auflage im Verhältnis zum Nachfragepotential gering, scheint ein Auflagenzuwachs ohne eine Vergrößerung des Verbreitungsgebietes und mit tendenziell sinkender durchschnittlicher Weglänge möglich.[3]
Kommt es dagegen zu einer Ausdehnung des Belieferungsgebietes so ergeben sich oftmals steigende Stückkosten der Verbreitung, nämlich wenn die durchschnittliche Weglänge zunimmt. Das Ausmaß dieses Anstiegs ist in erster Linie abhängig von der zusätzlichen relativen Ausdehnung des Verbreitungsgebietes. Es ist aber auch der Fall denkbar, daß die durchschnittlichen Transportkosten in einem bestimmten Auflagenbereich zunächst steigen und später wieder sinken, da z.B. zunächst die Ausdehnung auf ein neues Gebiet erfolgt und dieses erst nach und nach besser abgedeckt wird.

---

1 Vgl. auch ROSSE (1975), S. 9; ders. (1978), S. 20.

2 Dementsprechend wurden 1990 96,5% der verkauften Auflage der Fachzeitschriften über die Postzustellung verbreitet (vgl. STATISTISCHES BUNDESAMT (1992a; Hrsg.), S. 60ff.; eigene Berechnung).

3 Vgl. auch SCHERER/ROSS (1990), S. 107.

Für die gesamten Transportstückkosten ist letztlich der Nettoeffekt entscheidend, der sich aus den durch Unteilbarkeiten in den Transportkapazitäten bedingten Ersparnissen und aus dem möglicherweise verstärkenden oder konterkarierenden Effekt durch die Verbreitung über den Raum ergibt.
Steigende Transportkosten pro Exemplar aufgrund der Ausdehnung des Verbreitungsgebietes würden den allgemeinen technischen Größenersparnissen entgegenwirken und wären ab einer gewissen Auflagenhöhe möglicherweise in der Lage, diese zu überkompensieren. In diesem Fall ergebe sich zunächst ein fallender und dann steigender Verlauf der langfristigen, totalen Durchschnittskostenkurve, die sich als Summe aus der langfristigen DK-Kurve und den durchschnittlichen Transportkosten ergibt. Ihr Minimum bezeichnet die neue mindestoptimale Betriebsgröße, welche in diesem Fall kleiner wäre als vorher.[1] Sinkende Transportstückkosten würden hingegen die allgemeinen technischen Größenersparnisse unterstützen und den monoton fallenden Verlauf der (langfristigen totalen) Durchschnittskostenkurve belassen. Ob hierbei die neue mindestoptimale Betriebsgröße größer oder kleiner ist als vorher, hängt vom Ausmaß der Abnahme der Transportstückkosten ab.

Von den gemachten grundsätzlichen Ausführungen hinsichtlich möglicher Größenersparnise in der Zustellung müssen die Anzeigenblätter und die Kundenzeitschriften ausgenommen werden. Für den Bereich der Anzeigenblätter, die den gesamten Haushalten eines engbegrenzten geographischen Gebietes unaufgefordert und unentgeltlich zugestellt werden, ist die Zustelldichte ihres Verbreitungsgebietes von vornherein i.allg. sehr hoch, aber auch fixiert. Statt dessen kann nur das Verbreitungsgebiet insgesamt ausgedehnt werden. Mögliche Größenersparnisse in der Verbreitung sind dann abhängig von der Haushaltsdichte des zusätzlichen Gebietes gegenüber der des alten. Da die Anzeigenblätter lokal bzw. sublokal orientierte Blätter sind, bedeutet die Ausdehnung des Verbreitungsgebietes im allgemeinen aber eher die Herausgabe einer eigenständigen, neuen Ausgabe und damit eines neuen Blattes. Mit anderen Worte, bei Anzeigenblättern ist nicht mit Größenersparnissen in der Verbreitung zu rechnen, sondern mit konstanten Transportstückkosten.
Auch bei Kundenzeitschriften lassen sich kaum Größenersparnisse in der Verbreitung generieren, da sie i.allg. kostenlos zum Mitnehmen ausliegen und die Verbreitungskosten bei ihnen folglich nur eine untergeordnete Rolle spielen. Wird allerdings eine Kundenzeitschrift z.B. allen Haushalten im näheren Um-

---

1 Vgl. KAUFER (1980), S. 71ff.

kreis eines Supermarktes unaufgefordert zugestellt, gilt für diese prinzipiell das gleiche wie für die Anzeigenblätter.

2.3.3. Möglichkeiten zur Senkung der Verbreitungskosten

Wie oben dargelegt, bestehen des öfteren Größenersparnisse in der Verbreitung, die aber aufgrund der einhergehenden, prohibitiv hohen durchschnittlichen Verbreitungskosten nicht realisiert werden. Statt dessen wählen die Verlage günstigere Alternativen bzw. suchen nach Möglichkeiten, diese Kosten zu senken. So wird z.B. die Abonnementsauflage in ökonomisch geeigneten Gebieten über eigene Zusteller und in unrentablen Gebieten über den Postzeitungsdienst verbreitet.[1]

Die in der Realität gesuchten und gefundenen Möglichkeiten zur Verbreitungskostensenkung, resultieren im Gegensatz zum bisher Erörterten jedoch i.allg. weniger aus der steigenden Auflage eines Titels, sondern mehr aus dem Zusammenwirken verschiedener Titel.

Gibt der Verlag mehrere Titel heraus oder übernimmt er für andere Zeitungen oder Zeitschriften die Zustellung im Verbreitungsgebiet, wie es z.B. manche kleinen Lokalzeitungen für große überregionale Zeitungen tun,[2] oder treten Zustellagenturen auf, die mehrere Zeitungen und Zeitschriften zustellen, so werden hierdurch i.allg. mehr Punkte in einem bestimmten Gebiet beliefert als wenn nur ein Titel zugestellt würde. Auf diese Weise lassen sich die gesamten Transportstückkosten z.T. erheblich senken. Diese Ersparnisse resultieren jedoch nicht aus der steigenden Auflage eines Titels, sondern aus der höheren Gesamtauflage durch die Vereinigung mehrerer Titel bei einer Zustellorganisation. Folglich handelt es sich hier nicht Skaleneffekte im obigen Sinn, sondern um Verbundvorteile.

Übernimmt eine Zustellagentur oder ein fremder Verlag die Zustellung, so ist allerdings fraglich, ob mögliche Verbundvorteile an den Verlag weitergegeben werden. Da die betreffende Stufe nicht vertikal integriert ist, kommt es im allgemeinen nur zur Weitergabe der Ersparnisse an den Verlag, wenn auf dieser Stufe unter den Anbietern der betreffenden Leistung Konkurrenz herrscht. Da signifikante Skaleneffekte aber eher eine kleine Anzahl von

---

1 Vgl. KNOCHE/ZERDICK (1992), S. 55.

2 Die WELT kooperiert z.B. mit über 100 Zeitungsverlagen in Vetriebsgemeinschaften oder -gesellschaften (vgl. von EHREN (1980), S. 13).

Anbietern bedingen[1] und damit eine gute Voraussetzung für Kollusion schaffen, ist damit zu rechen, daß die Größenersparnisse zumindest teilweise von dem betreffenden Anbieter abgeschöpft werden. Die Abschöpfung findet spätestens dort ihre Grenze, wo das Angebot des Postzeitungsdienstes zu einer konkurrenzfähigen Alternative wird. Die Gefahr monopolistischer Preise und die Abhängigkeit von einer geringen Anzahl von Anbieter ergäben dann einen Anreiz für den Verlag zur vertikalen Integration dieser Stufe, selbst wenn dies mit einem Kostennachteil (Skalenopfer) verbunden wäre.[2]

Eine weitere Möglichkeit zur Senkung der Verbreitungskosten besteht in der Desintegration der Vertriebsleistung. Gerade kleinere Verlage übertragen oftmals die Funktionen der Vertriebssteuerung an sogenannte Nationalvertriebe (National Distributors).[3] Diese stellen dann, quasi als ausgegliederte Vertriebsabteilungen, die Verbindung zwischen Verlag und Handel her, wobei die Entscheidungen über Preise, Rabatte und Auflage in der Hand des Verlages bleiben.[4]

Verbundvorteile durch die Zusammenfassung mehrerer Objekte auf Seiten der Nationalvertriebe[5] und durch deren bessere Marktkenntnis bedingen geringere Verbreitungskosten pro Stück.[6] Allein aufgrund der relativ großen Zahl konkurrierender Nationalvertriebe steht zu vermuten, daß diese Ersparnisse zumindest teilweise an die kleinen Verlage weitergegeben werden.

Hohen Transportstückkosten kann von Seiten des Verlages gegebenenfalls auch dadurch begegnet werden, daß nicht nur an einem, sondern zwei oder mehreren Orten gedruckt wird. Dieses dürfte am ehesten für hochauflagige Titel mit überregionaler Verbreitung von Bedeutung sein. Durch die geeignete Wahl der Druckorte könnte die durchschnittliche Lieferentfernung und mithin auch die Transportstückkosten deutlich gesenkt werden. Die Übermittlung der fertigen Seiten an die verschiedenen Druckorte erfolgt dabei auf elek-

---

1 Die mindestoptimale Betriebsgröße ist in Verbindung mit dem Marktvolumen eine Determinante der Marktform: wird das Marktvolumen durch die MOG dividiert, so ergibt sich die maximale Anzahl an Unternehmen, die ohne Effizienzverlust in der Produktion existieren kann (vgl. KAUFER (1980), S. 68; KANTZENBACH/KRUSE (1989), S. 53f.).

2 Vgl. SCHERER/ROSS (1990), S. 110.

3 Vgl. KNOCHE/ZERDICK (1992), S. 9f. und 34f.

4 Vgl. BRUMMUND (1985), S. 110; KAISER (1979), S. 16. Teilweise übernehmen sie auch die Betreuung der Verlagsabonnements für die Verlage und beraten bei der Herausgabe neuer Objekte (vgl. BRUMMUND (1985), S. 110).

5 1990 betreuten die rund 20 Nationalvertriebe (zumeist Tochterunternehmen großer Verlage, wenn nicht Großverlage ihre eigene Vetriebsabteilung als Dienstleistung anboten) knapp 1.400 Titel (vgl. DNV (1990), S. 14; DNV (1981), S. 7).

6 Vgl. auch BRUMMUND (1985), S. 110.

tronischem Wege. Ein weiterer Grund für den Druck an verschiedenen Orten ist die Aktualitätsanforderung der Käufer an den Inhalt, insbesondere bei Tageszeitungen. Der Druck an verschiedenen Orten würde dann einen späteren Redaktionsschluß ermöglichen und damit gegebenenfalls einen aktuelleren Inhalt.

Das Drucken an verschiedenen Orten führt nicht zu einer signifikanten Verringerung der Größenersparnisse auf der Ebene der Vervielfältigung, sofern der Druck ohnehin auf mehreren Maschinen gleichzeitig erfolgt. Da die Kosten, die notwendige Voraussetzung für den Druck sind, also die Druckformherstellung, die Rotationseinrichtung und der Andruck, pro Maschine anfallen, spielt es kostenmäßig keine Rolle, ob der Druck an Punkt A mit 4 Maschinen oder an Punkt A und B mit jeweils 2 Maschinen erfolgt.

Inwiefern der allgemeine technologische Wandel (Electronic Publishing) die althergebrachten Vertriebsformen verändern wird, und welchen Einfluß dies konkret auf die Verbreitungskosten haben wird, kann nur rein spekulativ beantwortet werden. In den USA und z.T. auch in Deutschland werden als neue, zusätzliche Vertriebskanäle für Zeitungen die neuen elektronischen Medien genutzt. So werden z.B. einzelne Zeitungen online oder auch als Fax-Abonnement angeboten, bei dem die Zeitung bereits am Vorabend ihres Erscheinungstages in zusammengefaßter Form per Fax übermittelt wird. Auch können einzelne Artikel per Fax angefordert werden (Fax on Demand).[1] Sollten sich derartige Verbreitungsformen durchsetzen, so ist langfristig mit deutlichen Kostensenkungen auf der Ebene der Verbreitung zu rechnen, denn heute machen Druck und Vertrieb rund 60% der Kosten im Zeitungsbereich aus.[2]

2.3.4. Zusammenfassung

Während mögliche Skaleneffekte der Verbreitung auf seiten des Grosso zumindest in einem gewissen Maße vom Verlag durch die Festlegung der Handelsspanne internalisiert werden können, besteht diese Möglichkeit gegenüber dem Postzeitungsdienst nicht. Die durchschnittlichen Verbreitungskosten als Postvertriebsstück sind konstant.

Bezüglich der Zusteller gilt es festzustellen, daß bei einem Blatt mit gegebenem Verbreitungsraum bei steigender Auflage i.d.R. mit sinkenden Verbreitungs-

---

1 Vgl. FAZ (1993a), S. 14; KAREPIN (1993), S. 114.

2 Vgl. Anhang A9.

stückkosten in der Zustellung zu rechnen ist, die die technischen Größenersparnisse fördern. Für Titel mit kleiner Auflage bei überregionaler Verbreitung würden sich allerdings sehr hohe Transportstückkosten ergeben, so daß i.allg. von der Verbreitung über Zusteller abgesehen wird und mögliche Größenersparnisse in der Zustellung an Bedeutung verlieren. Ist das Verbreitungsgebiet hingegen kleiner und die Auflage relativ groß, dann sind die Transportstückkosten geringer und es kommt eher zur Verbreitung über Zusteller. Erfolgt die Verbreitung hierbei über eigene Zusteller, so kommt es zur vollständigen Internalisierung der Verbreitungsersparnisse, während bei der Verbreitung über fremde Zusteller hiervon nicht ausgegangen werden kann.

In den Fällen, wo es allerdings zur Ausdehnung des Verbreitungsgebietes in Folge der größeren Auflage kommt, ergibt sich jedoch oftmals ein gegenläufiger Effekt auf die allgemeinen Größenersparnisse, wenn die durchschnittliche Belieferungsentfernung zunimmt. Dieser gegenläufige Effekt wird aber wiederum relativiert durch die erwähnten Zustellkooperationen u.dgl., deren Kosteneinsparungsmöglichkeiten die Zunahme der durchschnittlichen Verbreitungskosten dämpfen, und findet spätestens dort seine Grenze, wo der Postzeitungsdienst eine ökonomische Alternative darstellt.[1] Im allgemeinen ist deshalb nicht damit zu rechnen, daß die Größenersparnisse, die sich aus den First Copy Costs ergeben, kompensiert oder sogar überkompensiert werden durch die Verbreitung der Auflage im Raum.

2.4. Verbundvorteile

Mit Ausnahme der Stufe der Verbreitung wurden bisher nur mögliche Ersparnisse diskutiert, die sich allein aus einer größeren Auflage eines Titels ergeben. Wie bereits bei der Zustellung ausgeführt, können sich aber auch Ersparnisse durch die Herausgabe mehrerer verschiedener Zeitungen und/oder Zeitschriften ergeben. Die Kostenveränderungen resultieren in diesem Fall aus Variationen im Output-Mix bzw. aus der Erweiterung desselben.
So sind z.B. pekuniäre Skaleneffekte am ehesten bei Mehrproduktverlagen zu erwarten. Pekuniäre Skaleneffekte bezeichnen das Phänomen sinkender Fak-

---

1 Zumindest im Bereich der Tageszeitungen verliert diese Argumentation allerdings an Bedeutung, da hier die Schnelligkeit und die Flexibilität des Transportes wegen der größtmöglichen Aktualität eine besondere Bedeutung haben und somit der von der Post angebotene, unflexible Service oftmals wenig konkurrenzfähig ist (vgl. auch PIEPER (1991), S. 8f.).

torkosten bei steigender Betriebsgröße.[1] Pekuniäre Ersparnisse können sich im Verlagsbereich z.B. beim Papiereinkauf ergeben. Die Herausgabe mehrerer Zeitungen oder Zeitschriften bedingt einen größeren Bedarf und damit eine größere Nachfrage des Verlages nach Druckpapier, so daß ihm freiwillig oder aufgrund seiner zunehmenden Nachfragemacht eventuell besondere Mengenrabatte eingeräumt werden könnten. Ob dies regelmäßig der Fall ist, muß dahingestellt bleiben.[2] Sollte es aber zu solchen pekuniären Skaleneffekten kommen, dürften sie eher relativ gering sein.

Ferner haben große Verlage, die mehrere Titel herausgeben, im allgemeinen Vorteile bei der Finanzierung. Da sie bekannter sind und zudem die Möglichkeit einer breiteren Risikostreuung haben, ist die Kapitalbeschaffung nicht nur i.d.R. einfacher, sondern erfolgt auch zu günstigeren Konditionen. Dies ist selbstredend nicht damit gleichzusetzen, daß größere Verlage letztlich auch automatisch erfolgreicher sind als kleinere.[3]

Auf der Ebene der Erstellung werden Verbundvorteile besonders durch die Herausgabe von Haupt- und Nebenausgaben von Tageszeitungen deutlich. Hier wird ein Großteil der redaktionellen Beiträge nur einmal erstellt, aber in mehreren Zeitungen abgedruckt. Das heißt, die Kosten der Beitragserstellung werden nun auf eine höhere Gesamtauflage verteilt.[4] Neben der Mehrfachnutzung von Textbeiträgen können sich Ersparnisse z.B. auch aus der gemeinsamen Nutzung des Archivs, der Korrespondenten, der Nachrichtenagenturen u.dgl., der Anzeigenakquisition und -verwaltung[5] sowie der allgemeinen Verwaltung ergeben. Solchen Kostenvorteilen können Einzeitungsverlage z.B. durch die Bildung von Redaktionsgemeinschaften und Anzeigenringen begegnen.[6]

Gibt ein Verlag mehrere Zeitungen oder Zeitschriften heraus, ist er zudem in der Lage, für ein bestimmtes seiner Blätter in einem anderen seiner Blätter zu werben. Dies ist sowohl durch eine wohlwollende Berichterstattung möglich, als auch durch geschaltete Anzeigen. Hierdurch lassen sich die Werbekosten stark senken, da Anzeigenraum leicht vermehrbar ist und die Anzeigen nur

---

1 Vgl. BAIN (1952), S. 112.

2 Am ehesten dürfte dies für Großverlage gelten, die eine hohe Gesamtauflage ihrer Titel zu drucken haben und entsprechend viel Papier benötigen.

3 Vgl. SILBERSTON (1972), S. 387.

4 Der Bauer Verlag hat z.B. eine Zentralredaktion für seine ganzen Programmzeitschriften (vgl. THIEDE (1992), S. 32).

5 Vgl. H. RICHTER (1989), S. 205f.

6 Siehe den nächsten Abschnitt. Vgl. ferner PRATTEN (1975), S. 252.

geringe Kosten erzeugen.[1] Dies gilt insbesondere für Anzeigen, die dem Auffüllen einer ansonsten unvollständigen Seite dienen.
Es zeigt sich, daß Mehrproduktverlage Kostenvorteile gegenüber Einproduktverlagen realisieren können, wenn gleich letztere diese z.T. durch geeignete Mittel kompensieren können. Diese Verbundvorteile sind von ihrer Bedeutung zwar wesentlich weniger relevant als die Skaleneffekte, aber trotzdem von nicht zu unterschätzender Bedeutung im Wettbewerb zwischen den Ein- und Mehrproduktverlagen.

2.5. Vorteile kleinerer Verlage

Das Konzept der LDK-Kurve impliziert einige Annahmen, die im Verlauf der letzten Abschnitte z.T. aufgegeben wurden (Beschränkung auf ein Produkt und technische Größenersparnisse, gegebene Faktorpreisrelationen, gegebene Fertigungstiefe), wodurch aber nicht nur Ersparnisse für größere Auflagen bzw. Verlage möglich werden. Gerade durch die Verringerung der Fertigungstiefe, d.h. durch vertikale Desintegration ist es kleineren Verlagen oftmals möglich, Kosteneinsparungen zu realisieren und somit ihren Stückkostennachteil zu verkleinern.[2]

2.5.1. Vertikale Desintegration

Das Ausmaß der vertikalen Integration oder Desintegration eines Unternehmens bzw. eines Verlages ist zum einen eine Funktion der eigenen Unternehmensgeschichte, folgt zum anderen aber in erster Linie technischen und ökonomischen Erwägungen.[3] Ist das Angebot einer betrieblichen Teilleistung von externen Anbietern günstiger als eine Eigenerstellung, so besteht ein grundsätzlicher Anreiz zur Desintegration dieser Leistung und zum Bezug über den Markt.
In den Anhängen A12 und A13 sind einige statistische Daten für die Bundesrepublik Deutschland dargestellt, die Anhaltspunkte über das Ausmaß der verti-

---

1 Vgl. REIMER (1992), S. 20.

2 Vgl. MONOPOLKOMMISSION (1986), Tz. 608.

3 Vgl. SILBERSTON (1972), S. 371. Allgemein zu Gründen vertikaler Integration vgl. z.B. COASE (1937), S. 388ff.; WILLIAMSON (1971), S. 113ff; ARROW (1975), S. 173ff.

kalen Integration von Redaktion und Anzeigenabteilung geben. Da Redaktionsgemeinschaften[1] gerade kleineren Zeitungen deutliche Kosteneinsparungen im redaktionellen Bereich ermöglichen, insbesondere wenn, wie zumeist der Fall, der allgemeine politische Teil als Druckformatvorlage von der Zentralredaktion bezogen wird,[2] ist es nicht verwunderlich, daß die Zugehörigkeit zu einer Redaktionsgemeinschaft negativ mit der Auflagenhöhe korreliert ist. Während von den Tageszeitungen mit einer Auflage von mehr als 75.000 Exemplaren 1990 15% bis 20% einer Redaktionsgemeinschaft angeschlossen waren, waren es bei Tageszeitungen von weniger als 25.000 Exemplaren knapp 72%.

Das gleiche gilt auch für Anzeigenringe, die sich auf die Zusammenarbeit im Anzeigengeschäft beziehen und Verbunde zur gemeinsamen Anzeigenwerbung, -annahme und -verwaltung für Zeitungen mit i.d.R. benachbarten Verbreitungsgebieten sind.[3] Bei ihnen liegen diese Anteile bei rund 60% respektive 84% bis 91%.

Für den Bereich der Zeitschriften sind Anzeigenringe in dieser Form nicht üblich. Da Zeitschriftenverlage i.allg. mehr als eine Zeitschrift verlegen, kommt es hier eher zu einer verlagsinternen Zusammenfassung der Anzeigengeschäfte. Gleichzeitig übernehmen größere Verlage oder eigenständige Anzeigenagenturen oftmals das Anzeigengeschäft für kleinere Verlage. Dies ist jedoch in der amtlichen Pressestatistik nicht ausgewiesen.

Auch bei den Zeitschriften gibt es im redaktionellen Bereich oftmals einen Fremdbezug (s. Anhang A13). Durchschnittlich wurden Zeitschriften 1990 zu 34% weder teilweise noch vollständig in der eigenen Redaktion erstellt. Hierbei traten insbesondere die wissenschaftlichen Fachzeitschriften hervor, die zu 59% vollständig fremderstellt wurden.

Die Bildung von Redaktionsgemeinschaften und Anzeigenringen ist deshalb kostengünstiger, weil die erstellte betriebliche Teilleistung nun von mehreren Zeitungen genutzt und finanziert wird. Die Kosten werden hierdurch auf eine größere Anzahl von Zeitungs- und Zeitschriftenexemplaren verteilt. Die Desintegration auf der Stufe der Erstellung bedeutet aber nicht, daß die Größenersparnisse den betreffenden externen Anbietern zu fallen. Der Verlag trägt die Kosten für die bezogene Leistung und die Kostendegression tritt erst in Ver-

---

1 Als Redaktionsgemeinschaft wird die redaktionelle Zusammenarbeit von Verlagen oder Redaktionen bezeichnet, die über den Bezug, Austausch und/oder Lieferung von redaktionellen Leistungen hinausgeht (vgl. STATISTISCHES BUNDESAMT (1992a; Hrsg.), S. 8).

2 Vgl. MEYN (1985), S. 43.

3 Vgl. MUNDHENKE (1991), S. 520.

bindung mit der Vervielfältigung und der Verbreitung ein, so daß die Größenersparnisse dem Verlag zu gute kommen. Die Desintegration senkt nur die zutragenden absoluten Kosten.
Noch ausgeprägter ist die vertikale Desintegration auf der Ebene der Vervielfältigung (s. Anhang A14). Von 2.564 Verlagen verfügten 1990 nur 370, d.h. 14,4% über eine eigene Druckerei.[1] Hierbei gibt es aber deutliche Unterschiede, so besaßen von den Zeitungsverlagen immerhin 59% eine eigene Druckerei, während dieser Anteil bei den Zeitschriftenverlagen bei 8,5% lag. Auch zeigt sich, daß die Verlage mit eigener Druckerei durchschnittlich deutlich mehr Titel verlegten als Verlage ohne Druckerei.
Der große Anteil von Verlagen ohne eigene Druckerei resultiert in erster Linie aus den hohen Investitionen für eine Druckerei, die kleinere Verlage i.d.R. nicht aufbringen können bzw. deren Risiko sie nicht bereit sind zu tragen. Wenn ein Verlag eine eigene Druckerei besitzt, dann verlegt er wie gesehen i.allg. relativ viele Titel oder eher eine Zeitung als eine Zeitschrift, wegen der größeren Erscheinungshäufigkeit. Das heißt, daß neben den hohen Investitionskosten das Hauptrisiko einer Druckerei darin liegt, die Maschinen auszulasten, was in den besagten Fällen leichter fällt.
Es läßt sich festhalten, daß die Fertigungstiefe kleinerer Verlage aus Kostengründen deutlich geringer ist als die größerer Verlage. Im Extremfall bezieht der Verlag einer kleinen Lokalzeitung den vollständigen Satz des Zeitungsmantels sowie des restlichen nicht-lokalen redaktionellen Teiles und des gesamten nicht-lokalen Anzeigenteiles von außen, läßt die Zeitung in der Druckerei eines anderen Verlages drucken und eventuell vom gleichen Verlag auch den Vertrieb übernehmen.[2]

2.5.2. Effizienzvorteile

Eine weitere Annahme der Skalenkurve besteht im effizienten Faktoreinsatz, der u.a. die Abwesenheit von X-Ineffizienzen impliziert. In der Realität zeigt sich aber, daß kleinere Unternehmen häufig effizienter sind als große.[3] Einerseits kann sich das Management größerer Unternehmen leichter hinter techni-

---

1 Vgl. STATISTISCHES BUNDESAMT (1992a; Hrsg.), S. 12.

2 Vgl. MONOPOLKOMMISSION (1986), Tz. 745. Manche größeren Zeitungsverlage haben eigene Umbruchredaktionen, die für Kleinverlage den Umbruch der Zeitung übernehmen (ebd.).

3 Vgl. SILBERSTON (1972), S. 389.

schen Größenersparnissen verstecken, um eigene Ziele wie Macht und Prestige zu verfolgen. Andererseits ist die Hierarchiekette in großen Unternehmen i.allg. größer, so daß die Angestellten weiter entfernt sind von der obersten Führungsebene und möglicherweise weniger effizient arbeiten.[1]
Die relativ größere Effizienz kleinerer Unternehmen kann aber auch aus allgemeinen Effizienzvorteilen resultieren. Beispielsweise können die Kosten der Koordination und Organisation der Produktionsabläufe mit steigender Betriebsgröße überproportional zunehmen.[2] Ebenso kann die Effzienz des Managements sinken, weil Entscheidungen möglicherweise länger anstehen bis sie gefällt werden oder mit weniger Sorgfalt getroffen werden. Das heißt, das Management würde sich als fixer Faktor darstellen, der in Verbindung mit zunehmenden Mengen variabler Inputs sinkende marginale Erlöse generiert, wobei dem durch bestimmte organisatorische Maßnahmen (z.B. Dezentralisierung) allerdings z.T. begegnet werden kann.[3]
Wenn gleich es auch Faktoren gibt, die die Bedeutung von Größenersparnissen relativieren und damit den Nachteil kleinerer Betriebsgrößen verringern, ändert dies nichts an der grundsätzlichen Bedeutung der Skaleneffekte:

> "While it may be true that great differences in efficiency exist in practice, it is also true that the potential existence of economies of scale is bound to exert pressure on firms to grasp these advantages. Even if nobody has yet done so, somebody will do it tomorrow, especially in industries where technical economies of scale are of great importance."[4]

---

1 Vgl. PRATTEN (1975), S. 15f.

2 Vgl. PRATTEN (1975), S. 15.

3 Vgl. SCHERER/ROSS (1990), S. 104.

4 Vgl. SILBERSTON (1972), S. 390.

III. Zur Motivation des Verlages

Grundsätzlich können beim Verlegen von Zeitungen und Zeitschriften zwei verschiedene Motivationen eine Rolle spielen: zum einen das wirtschaftliche Motiv der Gewinnmaximierung und zum anderen ein ideologisches Motiv. Damit tritt im Pressebereich neben das traditionell in der neoklassischen Unternehmenstheorie unterstellte Streben nach maximalem Gewinn ein publizistisches Engagement, z.B. parteipolitischer, ökologischer, religiöser, kultureller, moralischer, ethischer oder sozialer Art.

Hierbei kann die ideologische Motivation die wirtschaftlichen Bedingungen jedoch langfristig nicht vollständig außer acht lassen, denn erst der wirtschaftliche Erfolg ermöglicht ein gewisses ideologisches Engagement. Dies wird auch im Bereich der Publizistik anerkannt. Nur durch wirtschaftliche Stärke kann die Kontinuität des Blattes gesichert, in seine Qualität investiert und überhaupt erst eine publizistische Aussage ermöglicht werden.[1] Außerdem sichert der wirtschaftliche Erfolg die publizistische Unabhängigkeit gegenüber dem Versuch der Einflußnahme durch politische Gruppen oder bedeutende Anzeigenkunden ab.[2] Wirtschaftliche Stärke ist nötig, um z.B. direkt oder indirekt konditionierte Anzeigenaufträge ablehnen zu können, bei denen die Unterdrückung von Informationen oder das Erscheinen von Gefälligkeitsartikel und dergleichen erreicht werden soll.

Aus diesem Grund ist es nicht verwunderlich, daß beide Motive oftmals simultan auftreten. So äußerte sich z.B. Lord Thomson of Fleet über seine Eigenschaft als Vorsitzender der Thomson Organisation Ltd.:

> "... my main purpose as a newspaper proprietor was the commercial success of the paper combined with honest and truthful presentation of news and views to my readers."[3]

Auch der Springer Verlag liefert Beispiele für eine Kombination beider Motive. Zum einen postulierte Axel Springer seine Unternehmensphilosophie in

---

1 Vgl. ZIMMER (1991), S. 41; van SPRINGEL (1963), S. 25f.; SCHULZE (1982a), S. 58.

2 Vgl. NUSSBERGER (1966a), S. 28; OPPENBERG (1969), S. 121; van SPRINGEL (1963), S. 26.

3 Vgl. THOMSON (1966), S. 103. Ein inhaltlich ähnliches Zitat von THOMSON findet sich bei DUNNETT (1988), S. 103. Während STERN-RUBARTH (1960), S. 247, Thomson für einen rein ökonomisch orientierten Verleger hält.

vier Grundsätzen, die von jedem Mitarbeiter in seinem Arbeitsvertrag anerkannt werden müssen[1] und zum anderen verwies er darauf:

> "Kennzeichen des Verlegerberufes ist es, nicht um jeden Preis die Maximierung des Gewinns anzustreben, sondern gegebenenfalls sogar materielle Opfer zu bringen."[2]

Dies spiegelt sich z.B. in der seit Jahren defizitären Tageszeitung DIE WELT[3] des Springer Verlages wider, die als publizistisches Aushängeschild des Verlages fungiert,[4] und aus diesem Grund durch Quersubventionen von anderen, erfolgreichen Blättern bzw. Aktivitäten des Unternehmens am Leben gehalten wird.

Da die Existenz rein ideologisch orientierter Verleger grundsätzlich zu bezweifeln ist, denn entstehende Verluste müssen zumindest langfristig gedeckt werden, und sei es durch die Gewinne anderer Objekte, muß es ein ergänzendes Motiv bei langfristig verlustreichen Blättern wie der WELT geben. Der Springer Verlag sieht, wie der Verweis auf die WELT als "Flaggschiff des Hauses" deutlich macht, die Verluste letztlich als Investition, und zwar als Investition in den publizistischen Ruf des Hauses, von dem alle anderen Aktivitäten des Verlages profitieren sollen. Dies verdeutlicht, daß bei der Ermittlung der Motive nicht nur die einzelne Zeitung betrachtet werden darf, sondern der gesamte Verlag bzw. die gesamten Aktivitäten des Verlages zu berücksichtigen sind.

Neben möglichen monetären Einflüssen auf andere Aktivitäten des Verlages bietet der Besitz einer Zeitung oder Zeitschrift aber auch ein Forum, das zur Gewinnung von Publizität, Anerkennung, Macht, Ehre und dergleichen genutzt werden kann.[5] Dies gilt auch für Verlage, die als Kapitalgesellschaften mit breiter Streuung der Kapitalanteile organisiert sind. Die damit einhergehende Distanz zwischen Eigentümern und Management, ermöglicht letzteren einen gewissen, wenn auch begrenzten Spielraum zur Verfolgung eigener Ziele.[6]

---

1 Diese verlegerischen Essentials sind: 1. Aussöhnung zwischen Juden und Deutschen; 2. Absage an jeglichen politischen Totalitarismus; 3. Erhaltung der freien und sozialen Marktwirtschaft; 4. freiheitliche Wiedervereinigung Deutschlands, möglichst in einem freien und geeinten Europa (vgl. MONOPOLKOMMISSION (1982), S. 64; JAKOBS/MÜLLER (1990), S. 330).

2 Zitiert nach JAKOBS/MÜLLER (1990), S. 331.

3 Vgl. ARNDT (1967), S. 18; ECONOMIST (1985), S. 61; RIEHL-HEYSE (1992), S. 3.

4 "Wir brauchen ein Blatt im 'upper level'" (Günter Wille, Vorstandsvorsitzender des Springer Verlages, zitiert nach RIEHL-HEYSE (1992), S. 3).

5 Ähnlich bei DUNNETT (1988), S. 37.

6 Vgl. FURUBOTN/PEJOVICH (1972), S. 1149ff.; KOUTSOYIANNIS (1979), S. 256ff.; SCHUMANN (1987), S. 269f.; CURWEN (1976), S. 104.

Nach dem bisher Erörterten kann der Erfolg eines Blattes zumindest in drei Bestandteile zerlegt werden: (1.) den unmittelbaren monetären Erfolg, (2.) den mittelbaren monetären Erfolg und (3.) den nicht-monetären Erfolg. Der unmittelbare monetäre Erfolg bemißt sich im finanziellen Ergebnis des Blattes selbst, wie es sich aus dem Vertriebs- und Anzeigengeschäft ergibt. Im Gegensatz dazu ist der mittelbare monetäre Erfolg wegen des Problems der Zurechenbarkeit nur schwer zu erfassen. Er umfaßt den monetären Erfolg, der sich durch die Existenz bzw. die Aktivität des betrachteten Blattes auf andere Blätter oder Aktivitäten des Unternehmen ergibt.[1] Dabei kann er sowohl positiver als auch negativer Art sein. Der nicht-monetäre Erfolg entzieht gänzlich der Messung und kann nur geschätzt werden. Er umfaßt die Wirkungen, die sich aufgrund des Einflusses des Blattes ergeben, die aber nicht in Geldeinheiten meßbar sind, und fällt unter die ideologische Motivation. Hierbei kann es sich z.B. um Prestige, vermehrte Stimmen bei der nächsten Wahl oder auch die Hinzugewinnung neuer Religionsmitglieder handeln.
Folglich impliziert die Tatsache, daß z.B. eine bestimmte Zeitung verlustreich ist, nicht automatisch, daß hinter ihr ein ideologisches Motiv steht, und eine bestimmte publizistische Qualität angestrebt wird. Statt dessen müssen Objekte, die längerfristig mit Verlusten operieren, bzw. die zur Quersubventionierung notwendigen Beträge als Investitonen betrachtet werden, deren Rendite sich aus den indirekten Erträgen (monetärer und/oder nicht-monetärer Art) ergeben. Sie unterliegen damit den üblichen Kriterien der Investitionsbeurteilung, nur mit dem Unterschied, daß ein größerer Teil der Auszahlungen wegen der möglicherweise unklaren Verursachungskausalität nicht eindeutig zurechenbar bzw. wegen des nicht-monetären Charakters zusätzlich auch nicht in Geldeinheiten meßbar ist.

Zusammenfassend kann festgehalten werden, daß im Pressebereich neben das ökonomische Motiv der Gewinnmaximierung oftmals ein, wie auch immer geartetes ideologisches Motiv tritt. Hierbei ist allerdings nicht davon auszugehen, daß das ideologische Motiv das ökonomische überlagert, da üblicherweise zumindest die Anforderung der langfristigen Verlustvermeidung als Nebenbedingung besteht. Selbst wenn einzelne Blätter Verluste generieren, kann daraus

---

1 Vgl. hierzu z.B. die Ausführungen von DELLE DONNE (1992), S. 34, über Carlo de Benedetti, der einerseits Mehrheitsaktionär und Vorsitzender von Olivetti ist und andererseits über den Mondadori-Verlag die römische Tageszeitung LA REPUBLICA besitzt (vgl. RAUEN (1988), S. 697); oder DUNNETT (1988), S. 40 Fn. 14, über Rupert Murdoch, dem einerseits die australische Fluglinie Ansett gehört und andererseits über seine Mehrheit und Funktion als Vorsitzender der News International die NEW YORK POST kontrolliert.

nicht unbedingt gefolgert werden, daß ein ideologisches Motiv verfolgt wird. Statt dessen kann auch ein verlustreiches Blatt zur allgemeinen Gesamtgewinnmaximierung des Verlages beitragen.

2. Kapitel:

Der Lesermarkt

Die Bezeichnung Lesermarkt als übergreifender Begriff für Zeitungs- und Zeitschriftenmärkte ist in sofern etwas unglücklich, als die Titulierung eines Marktes gewöhnlich nach den dort gehandelten Gütern erfolgt. Da hier Zeitungen bzw. Zeitschriften gehandelt werden, wäre der Begriff Pressemarkt treffender. Weil sich aber die Bezeichnung Lesermarkt durchgesetzt hat und mit Pressemarkt der Gesamtbereich, also Leser- und Anzeigenmarkt, bezeichnet wird, wird dieser begrifflichen Unterscheidung hier gefolgt.[1]
Zunächst sollen in diesem Kapitel die Angebots- und die Nachfrageseite des Lesermarktes näher untersucht und charakterisiert werden, bevor einige Anmerkungen zur Abgrenzung relevanter Lesermärkte erfolgen. Abschließend erfolgen Ausführungen zu Marktstruktur und Marktverhalten, d.h. zu Marktform, Marktzutrittsschranken, Produktdifferenzierung und Kollusion.

I. Die Angebotsseite

Bei den folgenden Ausführungen zur Angebotsseite des Lesermarktes geht es darum, die angebotenen Produkte gegeneinander abzugrenzen und zu charakterisieren, sowie deren allgemeine Eigenschaften herauszuarbeiten.

1. Produktabgrenzungen

1.1. Der publizistische Begriff der ZEITUNG

Während das Wort "Zeitung" noch im 15. Jahrhundert mit dem Begriff "Nachricht" gleichzusetzen war, avancierte es danach bald zur Bezeichnung für Druckwerke, die sich inhaltlich aus Nachrichten zusammensetzten.[2] Die vier

---

1 Zum Teil wird der Lesermarkt auch als Vertriebsmarkt bezeichnet.

2 Vgl. DOVIFAT (1976), Bd. 1, S. 17 ; KOSZYK (1969), S. 76; MAASSEN (1986), S. 10. Zur Geschichte der Zeitung vgl. DOVIFAT (1976), Bd. 2, S. 172ff.; W. SCHMIDT (1969); KOSZYK (1969); BRUMMUND/SCHWINDT (1982), S. 47ff.. Ferner KOSZYK (1966); ders. (1972); ders. (1986); LINDEMANN (1969).

grundlegenden Eigenschaften, die heute im allgemeinen zur Abgrenzung der Zeitung verwandt werden, sind Aktualität, Periodizität, Publizität und Universalität:

> "Die Zeitung vermittelt jüngstes Gegenwartsgeschehen in kürzester regelmäßiger Folge der breitesten Öffentlichkeit."[1]

In Anlehnung hieran werden Zeitungen in der amtlichen Pressestatistik als Veröffentlichungen abgegrenzt,

> "... die in ihrem redaktionellen Teil der kontinuierlichen, aktuellen und thematisch nicht auf bestimmte Stoff- und Lebensgebiete begrenzten Nachrichtenübermittlung dienen, also in der Regel mindestens die Sparten Politik, Wirtschaft, Zeitgeschehen, Kultur, Unterhaltung sowie Sport umfassen und im allgemeinen mindestens zweimal wöchentlich erscheinen. Die Sonntagszeitungen, die die Nachrichtenlücke eines Tages schließen, werden hier einbezogen."[2]

1.2. Arten von Zeitungen

Zeitungen lassen sich z.B. nach Charakter, Verbreitung, Vertriebsart und Zeit und Häufigkeit des Erscheinens unterscheiden,[3] wobei allerdings nicht jede Differenzierung für eine ökonomische Untersuchung von Nutzen ist.
Nach dem Charakter der Zeitungen können z.B. Nachrichten-, Meinungs- und Geschäftspresse unterschieden werden. Während sich die Nachrichtenpresse darauf verlegt, ein möglichst aktuelles und adäquates Bild der Geschehnisse zu entwerfen, berichtet die Meinungspresse aus einen ganz bestimmten Blickwinkel, z.B. politischer, kultureller oder religiöser Natur. Die Geschäftspresse wiederum richtet sich in Inhalt und Form nach dem Markt, d.h. nach den Leserwünschen.[4]
Eine solche Differenzierung ist für eine ökonomische Analyse allerdings nur wenig von Nutzen. Zum einen kommt eine konkrete Abgrenzung nicht ohne mehr oder weniger starke Werturteile z.B. darüber aus, wann eine Zeitung noch zur Nachrichtenpresse oder schon zur Meinungspresse zu zählen ist. Und zum anderen orientiert sich nicht nur die Geschäftspresse an den Leserwün-

---

1 Vgl. DOVIFAT (1976), Bd. 1, S. 16ff.. Ferner de VOLDER (1969), S. 53ff.

2 Vgl. STATISTISCHES BUNDESAMT (1992a; Hrsg.), 6.

3 Vgl. z.B. MÜNSTER (1955), S. 93ff.

4 Vgl. NUSSBERGER (1971), S. 46ff.; ders. (1966a), S. 48ff.

schen, sondern müssen sich auch die anderen beiden Gruppen mehr oder weniger an den Leserbedürfnissen orientieren, sofern sie ihre wirtschaftliche Existenz nicht auf das Spiel setzen wollen (s.o.).

Die geographische Differenzierung in lokale, regionale, überregionale und internationale Zeitungen liefert eine bedeutendere Unterscheidung. Lokale und regionale Zeitungen, im folgenden zu einer Gruppe zusammengefaßt, sind ein bedeutender Marktfaktor (s. Tab. 1). Für die Ermittlung der Bedeutung sind sowohl Auflage- als auch Umsatzanteile relevant, da nur beide zusammen die relative Bedeutung adäquat reflektieren. Der Umsatz, der sich i.allg. aus dem Vertrieb und dem Anzeigengeschäft ergibt, spiegelt die marktmäßige, monetäre Bewertung wider, wohingegen sich die Bedeutung der Auflage daraus ergibt, daß sie ein Indikator für die einem Titel entgegengebrachte Aufmerksamkeit ist.[1]

Der örtlich begrenzte Verbreitungsschwerpunkt lokaler/regionaler Zeitungen in Verbindung mit dem üblicherweise vorhandenen Lokal- bzw. Regionalteil macht das wesentliche Unterscheidungsmerkmal zu überregionalen Zeitungen aus. 1990 beinhalteten 83,2% der verkauften Zeitungsauflage lokale Nachrichten, gleichzeitig lag deren Umsatzanteil am gesamten Zeitungsumsatz bei 95,2% (s. Tab. 1). Das zeigt, daß die lokalen/regionalen Zeitungen in beiderlei Hinsicht wesentlich bedeutender sind als die überregionalen Zeitungen.

Die durchschnittlich verkaufte Auflage der lokalen/regionalen Zeitungen war 1990 mit 17.368 Exemplaren wesentlich niedriger als die der überregionalen Zeitungen mit 284.867 Exemplaren. Während sie ihre Auflage zu 65% im Abonnement und nur zu 35% im Einzelverkauf absetzten, lag dieses Verhältnis bei den überregionalen Zeitungen entgegengesetzt (Abonnement: 33,4%, Einzelverkauf: 66,6%).[2]

Inhaltlich setzen sich beide Gruppen wie alle Zeitungen und Zeitschriften mehr oder weniger aus Textbeiträgen und Anzeigen zusammen. So betrug das Verhältnis von Anzeigen zu Text bei lokalen/regionalen Zeitungen 37,6% zu 62,4% und bei überregionalen Zeitungen 25% zu 75%. Ihren Umsatz bestritten die lokalen/regionalen Zeitungen zu 64,8% über das Anzeigengeschäft

---

1 Ob einem bestimmten Exemplar einer Zeitung oder einer Zeitschrift letztlich Aufmerksamkeit geschenkt wird, läßt sich nur im Einzelfall beurteilen. Es ist jedoch davon auszugehen, daß in aller Regel jedes verkaufte Exemplar auch gelesen wird. Bei den nicht entgeltlich abgegebenen Exemplaren ist dies nicht unbedingt anzunehmen. Im Bereich der Zeitungen war der Anteil der unentgeltlich verbreiteten Exemplare an der insgesamt verbreiteten Auflage mit 2,9% (IV/90) allerdings sehr gering (vgl. IVW (1993; Hrsg.), S. 18f.).

2 Zu diesen und den folgenden statistischen Angaben vgl. auch die Anhänge A2, A4 und A10.

(Vertrieb: 35,2%), während dieser Anteil bei den überregionalen Zeitungen nur 50,6% ausmachte (Vertrieb: 49,6%).

Tab. 1: Auflagen- und Umsatzanteile im Bereich der Zeitungen

1990 (alte Länder)	Anzahl	verkaufte Auflage[1] TEX	%	Umsatz [2] Mio.DM	%
Zeitungen insgesamt	1.233 [3]	25.427	100,0	12.828	100,0
- Tageszeitungen	1.219	20.947	82,4	12.304	95,9
- Wochenzeitungen[4]	14	4.481	17,6	524	4,1
- Abozeitungen	1.189	16.832	66,2	11.298	88,1
- Kaufzeitungen	44	8.595	33,8	1.530	11,9
- Zeitungen mit lokaler Berichterstattung	1.218	21.154	83,2	12.213	95,2
- Zeitungen ohne lokale Berichterstattung	15	4.273	16,8	615	4,8

Quelle: STATISTISCHES BUNDESAMT (1992a; Hrsg.), S. 38ff. Eigene Berechnungen.

1 Durchschnittlich je Erscheinungstag im 4. Quartal.

2 Summe aus Vertriebs- und Anzeigenumsatz

3 Gesamtausgabe: Hiervon 352 Haupt- und 881 Nebenausgaben.

4 Einschließlich Sonntagszeitungen.

Die verschiedenen Verbreitungsschwerpunkte der beiden Gruppen wirken sich auch auf die Struktur der Anzeigen aus. Während sich in lokalen/regionalen Zeitungen eher lokale Geschäftsanzeigen und Kleinanzeigen finden, beinhalten überregionale Zeitungen eher ortsübergreifende Anzeigen wie z.B. Markenartikelwerbung oder Finanzanzeigen.

Die Gruppe der internationalen Zeitungen besteht aus ausländischen, im wesentlichen englischsprachigen Titeln, wie z.B. der INTERNATIONAL HERALD TRIBUNE oder dem WALL STREET JOURNAL EUROPE.[1] Diese können und sollen im folgenden vernachlässigt werden, da ihre Bedeutung als Gruppe sowohl im Hinblick auf die Auflage, als auch auf den Umsatz relativ gering ist. Außerdem gelten viele nachfolgenden Ausführungen grundsätzlich auch für sie.

---

1 Zu den internationalen Zeitungen vgl. GRUNER + JAHR (1991; Hrsg.), S. 19ff.; SCHULTEN (1992), S. 60.

Nach der Art des Vertriebs unterscheidet man Abonnements- und Kaufzeitungen. Eine Abonnementszeitung ist dadurch gekennzeichnet, daß sie überwiegend im Abonnement abgesetzt wird. Kaufzeitungen, auch Straßenverkaufszeitungen, Boulevardzeitungen oder Tabloid genannt, werden dagegen überwiegend im Einzelverkauf abgesetzt.[1] Damit, daß die Kaufzeitung ihre Käufer täglich neu gewinnen muß, wird des öfteren ihre im Vergleich zur Abonnementszeitung eher reißerische Aufmachung, zumindest teilweise, erklärt.[2]
Wie Tab. 1 entnommen werden kann, hatten die Abonnementszeitungen 1990 einen Anteil von 66,2% bezüglich der Gesamtauflage bzw. 88,1% bezüglich des Gesamtumsatzes der Zeitungen, gegenüber 33,8% bzw. 11,9% der Kaufzeitungen. Hierbei bestritten die Abonnementszeitungen 33,8% ihres Umsatzes über den Vertrieb und 66,2% über das Anzeigengeschäft. Bei den Kaufzeitungen dominierte hingegen der Vertrieb mit 51,2% knapp gegenüber dem Anzeigengeschäft mit 48,8%.
Die durchschnittliche Ausgabe einer Abonnementszeitung betrug 14.156 Exemplare und bestand zu 62,7% aus redaktionellen Beiträgen und zu 37,3% aus Anzeigen. Eine durchschnittliche Ausgabe einer Kaufzeitung hatte dagegen eine wesentlich höhere Auflage von 195.341 Exemplaren, aber eine ähnliche inhaltliche Zusammensetzung, nämlich 60,6% Text und 38,5% Anzeigen.[3]

Gemäß ihrer Erscheinungszeit können Morgen-, Mittags- und Abendzeitungen, gemäß ihrer Erscheinungshäufigkeit Tages- und Wochenzeitungen unterschieden werden. Eine zeitliche Unterscheidung in Morgen-, Mittags- und Abendzeitung ist für die Bundesrepublik Deutschland insofern unwichtig, als die Morgenzeitung die fast ausnahmslos vorherrschende Form ist. Zudem bedingt der tägliche Herausgabezeitpunkt keine grundlegenden ökonomischen Unterschiede.
Die Wochenzeitungen werden eindeutig von den Tageszeitungen dominiert (s. Tab. 1). Letztere hatten 1990 einen Auflagenanteil von 82,4% bzw. einen Umsatzanteil von 95,9%, gegenüber 17,6% bzw. 4,1% der Wochenzeitungen. Die durchschnittliche Auflage einer Tageszeitung betrug 17.184 Exemplare, während die Wochenzeitungen durchschnittlich mehr als 18mal soviel Exemplare (320.071 Exemplare) verkauften. Auch das Verhältnis von Abonnement zu Einzelverkauf war entgegengesetzt: während Wochenzeitungen ihre

---

1 1990 wurden die Abonnementszeitungen zu 89,2% im Abonnement (Einzelverkauf: 10,8%) und die Kaufzeitungen zu 98% (Einzelverkauf: 2%) abgesetzt (siehe Anhang A10).

2 Vgl. z.B. ERDMANN/FRITSCH (1990), S. 21.

3 Zu den gemachten statistischen Angaben vgl. auch die Anhänge A2 und A4.

Auflage zu 68,2% im Einzelverkauf absetzten, verkauften Tageszeitungen ihre Auflage zu 65,7% über das Abonnement. Ein durchschnittliches Tageszeitungsexemplar enthielt 1990 zu 62,7% Redaktionsbeiträge und zu 37,3% Anzeigen. Dieses Verhältnis war ähnlich bei den Wochenzeitungen mit 58,3% Text und 41,7% Anzeigen. Die Erlöse bestritten beide überwiegend aus dem Anzeigengeschäft, wobei dieser Anteil bei Wochenzeitungen 52,3% (Vertrieb: 47,7%) und bei den Tageszeitungen 64,6% (Vertrieb: 35,4%) betrug.
Die Tageszeitungen hatten 1990 eine Gesamtauflage von 20,947 Mio. Exemplaren, so daß sich bei einer Einwohnerzahl von 53,935 Mio. Personen über 15 Jahren und bei 28,175 Mio. privaten Haushalten (alte Länder)[1] eine rechnerische Tageszeitungsdichte von 388 Exemplaren pro 1.000 Einwohner bzw. von 744 pro 1.000 Haushalte ergibt. Das heißt, daß im Mittel 38,8% aller (West-)Deutschen eine Tageszeitung gekauft haben und 74,4% aller Haushalte mit einer Tageszeitung versorgt waren.[2]

Gemäß der gemachten Ausführungen werden, sofern es im Verlauf der Arbeit angebracht scheint, die gewonnenen Ergebnisse für lokale/regionale und überregionale Zeitungen sowie Abonnements- und Kaufzeitungen, als auch Tageszeitungen und Wochenzeitungen differenziert erörtert. Hierbei liegt der Schwerpunkt aber im Bereich der abonnierten Tageszeitungen.

1.3. Der publizistische Begriff der ZEITSCHRIFT

Die Abgrenzung des Begriffs "Zeitschrift" ist aus publizistischer Sicht mit wesentlich größeren Problemen behaftet als die des Begriffs der Zeitung. Dies resultiert im wesentlichen aus der geschichtlichen Entwicklung des Begriffs, denn es handelt sich hier um eine Art Sammelbezeichnung für eine ganze Gattung.[3] Als Zeitschriften gelten pressestatistisch

> "... alle periodischen Druckerzeugnisse mit kontinuierlicher Stoffdarbietung, die mit der Absicht eines zeitlich unbegrenzten Erscheinens mindestens viermal jährlich herausgegeben werden, soweit sie keine Zeitungen

---

1 Vgl. STATISTISCHES BUNDESAMT (1992b; Hrsg.), S. 63 und 69.

2 Für einen internationalen Vergleich der Zeitungsdichten vgl. ERDMANN/FRITSCH (1990), S. 25ff.; SCHULTEN (1992), S. 62.

3 Vgl. KIESLICH (1969), S. 380; BRUMMUND/SCHWINDT (1982), S. 13. Zur Geschichte der Zeitschrift vgl. J. KIRCHNER (1969); H.-M. KIRCHNER (1969); BRUMMUND/SCHWINDT (1982), S. 47ff.; FISCHER (1985), S. 24ff.. Ferner LINDEMANN (1969); KOSZYK (1966); ders. (1972); ders. (1986).

sind."[1]

Das Problem des Fehlens einer adäquaten Definition wird unmittelbar durch diese Negativabgrenzung deutlich. Gleichzeitig offenbart sich aber auch, daß Abgrenzungsprobleme zu zeitschriftenähnlichen Periodika, wie Rundschreiben, Veranstaltungskalender, Loseblattsammlungen von Gesetzen u.ä. ebenso bestehen, wie zu bestimmten Arten von Büchern (z.B. aus Remittenden aufgebundene Einzelbände von Zeitschriften und Romanserien).[2]
Inhaltlich gilt als der wesentliche Unterschied zur Zeitung das Fehlen der Universalität:

> "Das einheitliche Prinzip, das der Trennung von Zeitung und Zeitschrift zugrundeliegt, ist die Begrenzung des Unbegrenzten."[3]

Äußerlich können für die Abgrenzung weder der Titel des Blattes herangezogen werden, da es unerheblich ist, wie eine Publikation sich selbst tituliert[4], noch die gestalterische Form, da es ebenso ohne Bedeutung ist, ob sich z.B. eine Zeitschrift in der typischen Aufmachung einer Zeitung präsentiert.

1.4. Arten von Zeitschriften

Eine Aufgliederung der Zeitschriften nach Adressaten bzw. Funktionen, läßt als wichtigste Arten die folgenden erscheinen:[5]
- Publikumszeitschriften,
- politische Wochenblätter,
- konfessionelle Zeitschriften,
- Fachzeitschriften,
- Kundenzeitschriften,
- Anzeigenblätter,
- amtliche Blätter und
- Zeitschriften von Verbänden, Vereinen, Körperschaften u.a.

---

1 Vgl. STATISTISCHES BUNDESAMT (1992a; Hrsg.), S. 6.

2 Vgl. HAKE (1977), S. 292. TAUBERT (1984a), S. 616, fügt deshalb der pressestatistischen Abgrenzung noch hinzu, daß zeitschriftenähnliche Publikationen wie Partworks, Loseblattsammlungen und dergleichen nicht hierunter fallen.

3 Otto Groth (1960), Die unerkannte Kulturmacht. In: Grundlagen der Zeitungswissenschaft (Periodik), Bd. 1, Berlin, S. 396. Zitiert nach KIESLICH (1969), S. 378. DOVIFAT (1976), Bd. 1, S. 23, macht als zweiten wesentlichen inhaltlichen Unterschied das Fehlen höchster Aktualität geltend. Kritisch hierzu vgl. de VOLDER (1969), S. 59.

4 Vgl. BRUMMUND/SCHWINDT (1982), S. 13f.; DOVIFAT (1976), Bd. 1, S. 22.

5 Vgl. STATISTISCHES BUNDESAMT (1992a; Hrsg.), S. 46ff.

Unter dem Begriff der Zeitschrift wird folglich eine ganze Reihe äußerst heterogener Presseerzeugnisse subsumiert. Im Verlauf dieser Arbeit soll sich aber nur auf einen Teil dieser verschiedenen Zeitschriftenarten beschränkt werden. Im Mittelpunkt stehen solche, die grundsätzliche, signifikante Besonderheiten aufweisen und ein bedeutender Marktfaktor sind.

Die Ermittlung der relativen Bedeutung einer bestimmten Zeitschriftenart soll wie bei den Zeitungen anhand der Umsatz- und Auflageanteile an der gesamten Zeitschriftengruppe erfolgen. Im Bereich der Zeitschriften wird die besondere Bedeutung der Auflage als Ergänzung zum Umsatz deutlich. Einzelne Zeitschriftenarten werden kostenlos abgegeben, bedingen auf diese Weise nur einen geringen (Vertriebs-) Umsatz, haben aber gleichzeitig eine sehr hohe Auflage. Das heißt, daß sie trotz eines relativ geringen Umsatzes von den Lesern potentiell in hohem Maße berücksichtigt werden. Mit anderen Worten,

Tab. 2: Auflagen- und Umsatzanteile im Bereich der Zeitschriften

1990 (alte Länder)	Anzahl	verkaufte Auflage[1] TEX	%	Umsatz Mio.DM	%
polit. Wochenblätter	95	1.942	0,6	516	3,8
konfess. Zeitschriften	318	7.500	2,3	249	1,8
Publikumszeitschriften	1.526	119.408	36,4	6.957	51,6
Fachzeitschriften					
- wissenschaftliche	1.446	9.640	2,9	1.015	7,5
- andere	1.954	57.010	17,4	2.337	17,3
- insgesamt	3.400	66.650	20,3	3.352	24,9
Kundenzeitschriften	112	51.931	15,8	225	1,7
amtliche Blätter	1.293	2.823	0,9	154	1,1
Anzeigenblätter	1.101 [2]	63.495	19,4	1.775	13,2
sonstige Zeitschriften	261	14.079	4,3	251	1,9
Zeitschriften insgesamt	8.106	327.828	100,0	13.478	100,0
darunter Verbandszeitschriften	2.142	68.422	20,9	1.498	11,1

Quelle: STATISTISCHES BUNDESAMT (1992a; Hrsg.), S. 48ff. Eigene Berechnungen.

[1] Durchschnittlich je Erscheinungstag im 4. Quartal.

[2] Mit 1.819 Ausgaben

für die relative Bedeutung der einzelnen Arten ist ebenso wichtig, welchen Blättern die Leser ihre begrenzte Aufmerksamkeit (Zeit) schenken, unabhängig davon, wie hoch der zu entrichtende Preis ist.
Die diesbezüglich für die Bundesrepublik Deutschland relevanten Daten der Zeitschriften sind in Tab. 2 dargestellt.
Politische Wochenblätter und konfessionelle Zeitschriften haben zum einen nur geringe Branchenanteile, sowohl bezogen auf die Auflage (0,6% bzw. 2,3%) als auch auf den Umsatz (3,8% bzw. 1,8%). Zum anderen weisen sie nicht solche Besonderheiten auf, als daß die Ergebnisse anderer Zeitschriftenarten nicht auch für sie grundsätzlich zutreffen würden. Deshalb sollen sie im folgenden nicht gesondert berücksichtigt werden.

Publikumszeitschriften sind dadurch gekennzeichnet, daß sie sich an ein möglichst breites Publikum wenden, in dem sie inhaltlich nicht oder nur insofern beschränkt sind, daß sie auch von Nicht-Fachleuten verstanden werden können.[1] Dementsprechend ist ihre durchschnittlich verbreitete Auflage mit 78.249 Exemplaren relativ hoch. Sie stellen die bedeutendste Zeitschriftenart dar mit einem Anteil von 36,4% bezogen auf die Auflage bzw. von 51,6% bezogen auf den Umsatz.
Die Publikumszeitschriften sind wiederum selbst eine sehr heterogene Gruppe, denn sie umfassen so verschiedene Zeitschriftentypen wie
- Illustrierte und Magazine,
- unterhaltende Wochenzeitschriften (auch als Regenbogen-, Yellow- oder 'Soraya'-Presse bezeichnet),
- Programmzeitschriften,
- Frauenzeitschriften,
- Wirtschaftszeitschriften,
- Jugendzeitschriften,
- Hobbyzeitschriften,
- Reisezeitschriften,
- Wohnzeitschriften und

viele weitere mehr.
Sie stehen stellvertretend für die "normale" Zeitschrift und sind in der Regel der Untersuchungsgegenstand, wenn von Zeitschriften gesprochen wird. Inhaltlich setzen sie sich mehr aus Text denn aus Anzeigen zusammen,[2] und durchschnittlich bestritten sie 57,9% ihrer Erlöse über den Vertrieb und

---

1 Vgl. BRUMMUND/SCHWINDT (1982), S. 70.

2 Im Durchschnitt betrug der Anteil der Textbeiträge am Gesamtumfang 76,3% und der der Anzeigen 23,8% (vgl. Anhang A3).

42,1% über das Anzeigengeschäft. Ferner war ihre Verbreitung zu über zwei Dritteln (67,4%) überregional. Der Anteil der verkauften Auflage an der insgesamt verbreiteten Auflage betrug 86,4%, wobei der Absatz zu 41,5% im Abonnement und zu 58,5% im Einzelverkauf erfolgte.[1]

Fachzeitschriften (wissenschaftliche und andere) zeichnen sich inhaltlich durch eine hohe thematische Spezialisierung aus. Ihr Hauptanliegen ist die Vermittlung fachspezifischer Informationen aus Wissenschaft und Praxis, d.h. Wissensvermittlung, Dokumentation und berufliche Aus- und Weiterbildung.[2] Ihre hohe thematische Spezialisierung bedingt einen engen Leserkreis und im Zuge dessen relativ niedrige Auflagen. Die durchschnittlich verbreitete Auflage der wissenschaftlichen Fachzeitschriften betrug 6.667 Exemplare und die der anderen Fachzeitschriften 29.176 Exemplare.
Sowohl einzeln, aber insbesondere zusammen weisen die Fachzeitschriften relativ hohe Auflage- und Umsatzanteile auf: 20,3% bzw. 24,8% (s. Tab. 2). Die bedeutendste Gruppe waren 1990 die medizinischen Titel im Bereich der wissenschaftlichen Fachzeitschriften bzw. die Titel aus dem Gesundheitswesen im Bereich der anderen Fachzeitschriften mit einem Auflagenanteil von 45,1%. bzw. 46,7%.[3]
Fachzeitschriften verkauften 81,9% ihrer Auflage und dies fast ausschließlich im Abonnement (94,8%).[4] Ihre Verbreitung erfolgte zu 89,6% überregional. Üblicherweise setzen sie sich ebenso wie Publikumszeitschriften aus redaktionellen Beiträgen und Anzeigen zusammen, wobei es allerdings auch hochspezialisierte, wissenschaftliche Titel geben mag, die keine Anzeigen enthalten. Während der Textanteil am Gesamtumfang bei den wissenschaftlichen Titeln durchschnittlich 86,6% betrug, lag er bei den anderen Titeln mit 70,7% deutlich niedriger. Dementsprechend bestritten die wissenschaftlichen Blätter auch nur 44,2% ihres Umsatzes durch das Anzeigengeschäft und 55,8% durch den Vertrieb, wohingegen sich der Umsatz bei den anderen Blätter zu 63,2% auf die Anzeigen und zu 36,8% auf den Vertrieb verteilte.[5]

---

1 Da die Gruppe der Publikumszeitschriften sehr heterogen ist, können die Daten der einzelnen Titel z.T. erheblich voneinander abweichen. Zu den gemachten statistischen Angaben vgl. auch die Anhänge A5, A6 und A11.

2 Vgl. WEHRLE (1989), S. 219; BRUMMUND/SCHWINDT (1982), S. 70. Ferner W&V (1992a), S. 113ff..

3 Vgl. STATISTISCHES BUNDESAMT (1992a; Hrsg.), S. 48ff.

4 Viele der Fachzeitschriften sind Zeitschriften von Verbänden, Kammern, Vereinen u.dgl., bei denen die Abonnementsgebühr über die Mitgliedsbeiträge abgegolten wird, so daß die betreffenden Blätter nicht explizit gekauft werden.

5 Zu den Daten vgl. die Anhänge A3, A5, A6 und A11.

Kundenzeitschriften sind von bestimmten Unternehmen, Branchen, Handelsstufen, Verbänden o.ä. herausgegebene Blätter, die in erster Linie der Kundenpflege, d.h. Kundenkontakt und -bindung, und der Werbung dienen. Daneben enthalten sie jedoch auch informative und unterhaltende Elemente.[1]
Die Kundenzeitschriften hatten 1990 zwar einen Anteil von 15,8% an der gesamten Zeitschriftenauflage (s. Tab. 2) aber nur einen umsatzmäßigen Anteil von 1,7%. Diese Diskrepanz ergibt sich zum Großteil dadurch, daß die Titel zwar eine sehr hohe durchschnittliche Auflage haben (463.670 Exemplare),[2] aber gleichzeitig kostenlos an die Leser abgegeben werden. Daß trotzdem laut Pressestatistik der Umsatz zu 66,2% aus dem Vertrieb und nur zu 33,8% aus dem Anzeigengeschäft stammte, ergibt sich dadurch, daß die Kundenzeitschriften von dem Herausgeber an die einzelnen Filialen etc. verkauft werden, um dort dann kostenlos an die Kunden weitergereicht zu werden. Folglich wurden auch 84,4% der Titel überregional verbreitet.
Die bedeutendste Gruppe der Kundenzeitschriften, d.h. der IVW gemeldeten Titel, sind die Zeitschriften der Apotheken mit 42% der verbreiteten Auflage.[3]
Inhaltlich setzten sich die Kundenzeitschriften 1990 durchschnittlich zu 78,6% aus Textseiten und zu 21,4% aus Anzeigenseiten zusammen.[4] Die enthaltenen redaktionellen Beiträge, insbesondere wenn sie sich mit bestimmten Produkten auseinandersetzen, erheben allerdings üblicherweise gar nicht erst den Anspruch kritischer, ausgewogener Berichterstattung, sondern betreiben eher Werbung für die betreffenden Produkte.[5]
Der Anteil von knapp 16% an der gesamten Zeitschriftenauflage deutet auf eine potentiell große Beachtung in der Bevölkerung hin. Dies muß insofern allerdings differenziert betrachtet werden, als die Kundenzeitschriften nicht nur freiwillig und bewußt mitgenommen werden. Die Verbreitung der Kundenzeitschriften erfolgt zwar im wesentlichen durch Auslegen zum Mitnehmen an geeigneten Stellen, aber daneben gibt es weitere Verbreitungsformen wie das Beilegen zur Kundenpost, Verschicken an die einzelnen Kunden oder Aus-

---

1 Vgl. MAUL (1990), S. 83f.; WENGER (1988), S. 35; MUNDHENKE (1991), S. 550. Ferner W&V (1990a), S. 77ff.; SCHALLER (1993), S. 74ff.

2 Zu den größten Titeln gehören z.B. die APOTHEKEN UMSCHAU mit einer Auflage von knapp 3 Mio. (Ausgabe A und B) und das HAUSHALTS-JOURNAL mit gut 2,4 Mio. Exemplaren (IVW II/90) (vgl. W&V (1990a), S. 78).

3 Vgl. IVW (1993; Hrsg.), S. 25ff..

4 Zu den gemachten statischen Angaben vgl. auch die Anhänge A3, A5 und A6.

5 Vgl. auch MEYN (1985), S. 67.

tragen z.B. im direkten Einzugsbereich einer Filiale.[1] Befindet sich z.B. eine Kundenzeitschrift schon in der an der Ladenkasse erhaltenen Tüte bzw. wird sie unaufgefordert mit in diese gesteckt, oder wird sie allen Anwohnern eines bestimmten Gebietes unaufgefordert zugestellt, so fällt keine bewußte Entscheidung für diese Zeitschrift. Solche Zeitschriften dürften durchschnittlich nur eine geringere Beachtung erfahren als entgeltlich erworbene oder zumindest bewußt mitgenommene Zeitschriften. Mit anderen Worten, die inhaltliche Beachtung der Kundenzeitschriften ist nicht unbedingt so groß wie die hohen Auflagen vermuten lassen.

Amtliche Blätter sind periodische Veröffentlichungen von Gebietskörperschaften oder anderen staatlichen Institutionen, die im wesentlichen amtliche Informationen über bzw. aus den jeweiligen Verwaltungsbereichen beinhalten. Diese sind zwar sehr zahlreich, hatten aber weder einen bedeutenden Anteil an der Gesamtauflage der Zeitschriften (0,9%), noch am Gesamtumsatz der Zeitschriften (1,1%), so daß sie vernachlässigt werden sollen.

Anzeigenblätter sind zumeist zeitungsähnlich aufgemachte Veröffentlichungen, die sich überwiegend aus geschäftlichen und privaten Anzeigen zusammensetzen und nur einen relativ geringeren redaktionellen Teil beinhalten. Während die Insertion kostenpflichtig ist, werden die Exemplare unentgeltlich und unaufgefordert allen Haushalten eines bestimmten, geographischen geschlossenen Gebietes zugestellt.[2] Sie hatten 1990 einen Anteil von 19,4% an der gesamten Zeitschriftenauflage und von 13,2% am gesamten Zeitschriftenumsatz (s. Tab. 2), sowie eine durchschnittliche Auflage von 57.670 Exemplaren.[3]
Bei den Anzeigenblättern handelt es sich um "local interest"-Titel, die sich auf den lokalen oder auch sublokalen Lebensraum konzentrieren und sich 1990

---

1 Vgl. MAUL (1990), S. 84.

2 Vgl. TAUBERT (1984b), S. 789; BRUMMUND/SCHWINDT (1982), S. 146; SCHMID (1983), S. 8. Hierunter fallen in der Pressestatistik auch die sogenannten Offertenblätter oder Anzeigenzeitungen, bei denen die Insertion von Kleinanzeigen kostenlos ist, die aber entgeltlich verbreitet werden. Für diese Titel gelten die in den weiteren Ausführungen bzgl. der Anzeigenblätter gemachten Aussagen oftmals nicht. Ihre Bedeutung ist jedoch noch sehr gering, so daß sie nicht weiter ins Gewicht fallen: 1990 wurden 22 Blätter mit einer Auflage von 719.000 Exemplaren verlegt, das sind 1,1% der gesamten Anzeigenblätter. Diese erbrachten einen Umsatz von 86 Mio. DM (4,8% des Gesamtumsatzes der Anzeigenblätter). Vgl. STATISTISCHES BUNDESAMT (1992a; Hrsg.), S. 48ff.; ferner J. BECKER (1991), S. 76.

3 Das größte Anzeigenblatt Deutschlands ist der BLITZ TIP (Frankfurt/M.), dessen verschiedene Ausgaben auf eine Gesamtauflage von knapp 950.000 Exemplaren kommen (vgl. W&V (1992c), S. 78).

inhaltlich zu 33,6% aus Text und zu 66,4% aus Anzeigen zusammensetzten.[1] Neben den Anzeigen beinhalten sie Marktberichte, Verbrauchertips, Veranstaltungskalender und zunehmend Berichte über lokale Ereignisse.[2] Der Großteil der Anzeigenblätter (91,7%) erscheint wöchentlich, und hierbei überwiegend (81,3%) am Mittwoch oder Donnerstag, da der Wocheneinkauf häufig schon am (langen) Donnerstag beginnt.[3]
Für die Anzeigenblätter gilt das gleiche, was bei den Kundenzeitschriften ausgeführt wurde: der relativ hohe Auflagenanteil von 19,4% dürfte die Bedeutung dieser Zeitschriften im Wettbewerb um die Aufmerksamkeit der Leser überschätzen.[4] Dies dürfte im wesentlichen daraus resultieren, daß die Anzeigenblätter kostenlos und unaufgefordert zugestellt werden und der Empfänger sich nicht bewußt zum Kauf oder zur Mitnahme entschließt.

Die amtliche Pressestatistik weist des weiteren noch separat die Gruppe der Zeitschriften der Verbände, Vereine, Körperschaften etc., kurz als Verbandszeitschriften bezeichnet, aus. Sie dienen in erster Linie der Information der Mitglieder, dem "Einschwören" der Mitglieder auf die gemeinsamen Interessen und der Verbreitung der Verbandsauffassungen in der Öffentlichkeit und damit der politischen Einflußnahme.[5] Ihre Anteile an der gesamten Zeitschriftenauflage bzw. dem gesamten Zeitschriftenumsatz betrugen 1990 20,9% bzw. 11,1% (s. Tab. 2).
Verbandszeitschriften werden im allgemeinen zwar offiziell entgeltlich an die betreffenden Mitglieder abgegeben, üblicherweise ist der Abonnementspreis aber bereits in den Mitgliedsbeiträgen enthalten.[6] Das heißt, daß auch hier oftmals keine bewußte Kaufentscheidung getroffen wird, sondern der Bezug sich allein aus der Tatsache der Mitgliedschaft ergibt.
Die Darstellung der Verbandszeitschriften in der Pressestatistik erfolgt deshalb separate, weil sie keine eigenständige Gruppe im Sinne der anderen Gruppen

---

1 Vgl. BVDA (1988; Hrsg.), S. 4. 1990 wurden 99,2% der Anzeigenblätter lokal bzw. regional verbreitet. Zu den genannten Daten vgl. auch die Anhänge A3, A5 und A6.

2 Vgl. TAUBERT (1984b), S. 789. "Der Kreml, die Volksversammlung der Vereinten Nationen oder der Bundestag finden im Anzeigenblatt in der Regel nicht statt. Es sei denn, der örtliche Kegelclub hat dort auf der Besuchertribüne gesessen" (vgl. RÜCKEL (1993), S. 33).

3 Vgl. BVDA (1993a; Hrsg.), o.S.; RÜCKEL (1993), S. 33f..

4 Nach Angaben des BVDA erreichen die Anzeigenblätter eine Haushaltsabdeckung von bis zu 98%, haben dabei aber nur eine maximale Reichweite von 80% (vgl. BVDA (1993a; Hrsg.), o.S.).

5 Vgl. WENGER (1988), S. 35; MEYN (1985), S. 66.

6 Die Abgabe erfolgt offiziell entgeltlich, weil ansonsten eine Verbreitung über den Postzeitungsdienst nicht möglich wäre (s.u.).

bilden, sondern in den anderen Gruppen schon enthalten sind (s. Tab. 3). Deshalb sollen sie im folgenden als eigenständige Gruppe vernachlässigt werden.

Tab. 3: Zusammensetzung der Verbandszeitschriften nach Zeitschriftenarten

1990 (alte Länder)	Anzahl	%
Publikumszeitschriften	458	21,4
Fachzeitschriften		
- wissenschaftliche	464	21,6
- andere	824	38,5
- insgesamt	1.288	60,1
sonstige Zeitschriften	396	18,5
Verbandszeitschriften	2.142	100,0

Quelle: STATISTISCHES BUNDESAMT (1992a; Hrsg.),S. 93ff. Eigene Berechnungen.

Bezüglich der geographischen Differenzierung gilt es noch die internationalen Zeitschriften zu erwähnen. Als solche können Zeitschriften bezeichnet werden, die den größten Teil ihrer Auflage in fremden Ländern absetzen. Im wesentlichen sind dies englischsprachige Titel, die sich auf politische, wirtschaftliche Themen konzentrieren, oder englischsprachige Fachzeitschriften.[1] Diese stehen zwar z.T. nicht nur untereinander, sondern auch zu bestimmten nationalen Blätter in Konkurrenz, aber sie unterscheiden sich in ihrer Art in vielen Dingen nicht wesentlich von den national verbreiteten Zeitschriften. Zudem sind sie als Gruppe nicht so bedeutend, als daß sie gesondert berücksichtigt werden müßten, so daß sie im folgenden vernachlässigt werden können.

Als relevante Zeitschriftenarten, die an bestimmten Stellen im Verlauf der Arbeit gegebenenfalls eine Differenzierung der Ergebnisse notwendig machen, lassen sich somit Publikumszeitschriften, Fachzeitschriften, Kundenzeitschriften und Anzeigenblätter festhalten. Hierbei soll der Schwerpunkt jedoch auf den Publikumszeitschriften liegen.

---

1 Zu den internationalen Zeitschriften vgl. auch GRUNER + JAHR (1991; Hrsg.), S. 13ff..

1.5. Die begriffliche Abgrenzung aus ökonomischer Sicht

Die Darlegung der publizistischen Abgrenzungen von Zeitungen und Zeitschriften haben einige Schwierigkeiten, insbesondere bei der begrifflichen Fassung der Zeitschrift, aufgezeigt. Dies spiegelt sich auch im allgemeinen Sprachgebrauch wider, denn hier wird der Begriff der Zeitung oft auch synonym für Zeitschrift benutzt.[1] Während aber eine exakte begriffliche Trennung zwischen beiden Gruppen publizistisch von großer Bedeutung sein mag, wäre sie ökonomisch gesehen nur notwendig, wenn Zeitungen und Zeitschriften verschiedene Eigenschaften aufwiesen, die aus ökonomischer Sicht differenzierte Analysen notwendig machten.
Zeitungen sowie Zeitschriften sind materiell gleiche Güter, die im Prinzip auf die gleiche Art und Weise hergestellt werden, wenn auch eventuell mit unterschiedlichen Druckverfahren. Beide weisen i.allg. die Eigenschaft auf, neben den redaktionellen Beiträgen Anzeigen bzw. neben den Anzeigen Redaktionsbeiträge zu beinhalten, so daß sie üblicherweise Erlöse sowohl aus dem Absatz des Objektes selbst, als auch aus dem Verkauf von Anzeigenraum beziehen. Auch dienen Zeitungen und Zeitschriften den gleichen Informationsbedürfnissen der Konsumenten nach Nachrichten, Meinungen, Unterhaltung und Anzeigen. Diesbezüglich besteht folglich kein Unterschied zwischen beiden.
Ferner ist es für die Analyse der Wettbewersbverhältnisse nur relevant, ob zwei bestimmte Presseerzeugnisse in einem Konkurrenzverhältnis miteinander stehen oder nicht, und nicht, ob beides Zeitungen oder beides Zeitschriften sind. Es ist nur von Bedeutung, ob die Konsumenten die Erzeugnisse als substitutiv erachten, denn Wettbewerb ergibt sich nicht quasi automatisch durch die Subsumption unter einen gemeinsamen publizistischen Begriff.
Wie oben ausgeführt, ist eines der Kriterien, die aus publizistischer Sicht Zeitungen von Zeitschriften abgrenzen, die Publizität. Publizität beinhaltet nach DOVIFAT auch den Zwang zum fortwährenden Streben nach einer größeren Öffentlichkeit, d.h. einem größeren Absatz.[2] Dies würde aber bedeuten, daß eine Zeitung, die zur Gewinnmaximierung ihre Auflage konstant hält bzw. senkt, keine Zeitung wäre, sondern eine Zeitschrift. Dieser Auffassung kann und soll hier nicht gefolgt werden. Der hier offenbar bestehende Zielkonflikt zwischen publizistischen und ökonomischen Zielen, d.h. zwischen maximaler und optimaler Verbreitung muß letztlich nach Maßgabe des Zielhierarchie des

---

1 Vgl. KIESLICH (1969), S. 379.

2 Vgl. DOVIFAT (1976), Bd. 1, S. 23.

Verlages gelöst werden.[1] Dabei kann das publizistische Ziel das ökonomische aber nur bedingt überlagern, da sonst die wirtschaftliche Existenz des Blattes gefährdet werden könnte.
Es kann somit festgehalten werden, daß es aus ökonomischer Sicht per se keinen Grund gibt, Zeitungen und Zeitschriften getrennt zu behandeln bzw. separat zu analysieren, und daß auch die exakte begriffliche Abgrenzung aus ökonomischer Sicht sekundär ist. Gleichzeitig ist aber die Abgrenzung verschiedener Zeitungs- bzw. Zeitschriftenarten nach bestimmten Kriterien in vielen Fällen nützlich, da es die Ausführungen anschaulicher macht und vereinfacht.

2. Produkteigenschaften

Zeitungen und Zeitschriften vermitteln üblicherweise Redaktionsbeiträge und Anzeigen. Sie sind periodisch neuzuerstellende Güter mit jeweils anderem Inhalt. In dieser, im wesentlichen geistigen Leistung liegt der eigentlicher Wert der Zeitungen und Zeitschriften, während ihr stofflicher Wert nur eine untergeordnete Rolle spielt und höchstens nach dem Gebrauch eine Bedeutung, z.B. für die Altpapierverwertung bekommt.
Die enthaltenen Informationen (redaktioneller und werblicher Art) sind immaterielle Güter. Sie müssen nur einmal erstellt werden und können dann an sich von mehreren Personen gleichzeitig konsumiert werden, ohne daß diese sich hierdurch in ihren Konsummöglichkeiten gegenseitig beeinträchtigen. Per se liegt hier folglich die Eigenschaft der Nicht-Rivalität im Konsum vor.[2] Die hiermit verbundenen wohlfahrtstheoretischen Probleme lösen sich dadurch, daß die Informationen in Form einer physischen Zeitung oder Zeitschrift materialisiert und somit zu einem privaten Gut mit Konsumrivalität werden. Das materielle Zeitungsprodukt ermöglicht sowohl die Ausschließbarkeit, als es auch die fehlende Konsumrivalität auflöst. Man könnte es auch so formulieren, daß die materielle Substanz der Zeitung am Ende des Produktionsprozesses die verkehrsfähige Form für ihren immateriellen Inhalt darstellt.[3]

---

1 Vgl. ALTHANS (1989b), S. 761f.; HENSMANN (1980), S. 241.

2 Vgl. R.G. NOLL (1991), S. 90; ROSSE (1987), S. 115.

3 Vgl. DREPPENSTEDT (1969), S. 6.

Zeitungen und Zeitschriften sind also eine Mischform aus Ware und Dienstleistung, bei der der Dienstleistungsanteil in Form der Informationsvermittlung überwiegt.

Die Bedeutung des immateriellen Gehalts hat zur Folge, daß Zeitungen und Zeitschriften Gebrauchsgüter darstellen, die mehrfach konsumiert werden können.[1] Grenzen werden diesem Gebrauch zum einen durch die Abnutzung und zum andern durch die "Verderblichkeit" aufgrund der abnehmenden Aktualität gesetzt.

Dadurch, daß sie in einem bestimmten Zeitintervall immer wieder neu produziert werden und jede neue Ausgabe nicht nur die vorherige ergänzt, sondern häufig auch ersetzt,[2] sinken i.allg. der Marktwert und die Absatzchancen einer Ausgabe nach dem Erscheinen der nächsten deutlich ab. Aus diesem Grund sind Zeitungen und Zeitschriften auch nur sehr begrenzt lagerfähig, was im Gegensatz zu vielen anderen Wirtschaftsbereichen die Möglichkeit der Lagerinvestition entfallen läßt. So verliert z.B. eine Tageszeitung i.allg. mit dem Erscheinen der Ausgabe vom nächsten Tag den größten Teil ihres Wertes. Ein Großteil der enthaltenen Informationen wird durch den Zeitverlauf entwertet, sei es wegen des abnehmenden Aktualitätsbezuges oder weil er sich inzwischen als "überholt" erwiesen hat. Ebenso entwertet sich eine Programmzeitschrift größtenteils mit dem Ablauf der Woche, für die sie das Fernsehprogramm abgedruckt hat. Das gleiche gilt auch für viele Anzeigen: z.B. wird eine lokale Geschäftswerbung mit den für diese Woche gültigen Preisen vom Zeitpunkt des Erscheinens der nächsten Anzeige wertlos, und auch die gestern annoncierte Stelle kann heute schon vergeben sein.

Die kontinuierliche Neuproduktion und der fortwährende Konsum bedingen auch, daß Produkt- oder Preisvariationen eine breite und schnelle Resonanz finden.[3]

---

1 Bei Konsumgütern unterscheidet man Verbrauchsgüter, "die mit der Ingebrauchnahme sofort untergehen", und Gebrauchsgüter, die ihren Nutzen über einen längeren Zeitraum abgeben (vgl. SCHUMANN (1987), S. 8).

2 Vgl. SCHÜTZ (1971), S. 670; ders (1989), S. 313.

3 Vgl. PESCH (1960), S. 181f.

II. Die Nachfrageseite

1. Zur Motivation der Nachfrage

Der stoffliche Wert von Zeitungen und Zeitschriften, d.h. der Gebrauch z.B. als Packmaterial oder Rohstoff ist nur von untergeordneter Bedeutung und ergibt sich eher als unbeabsichtigter "Anschlußnutzen".[1] Deshalb erfolgt der Kauf auch nicht aufgrund des Seitenumfanges oder des Gewichtes des Objektes, sondern wegen seines immateriellen Inhaltes.

Zu den Restriktionen, denen die individuelle Nachfrage dabei unterliegt zählen das Budget, die verfügbare Freizeit und die geistige Aufnahmefähigkeit. Das Budget, d.h. das verfügbare Einkommen gibt den jeweiligen finanziellen Spielraum vor. Die verfügbare Freizeit setzt die zeitlichen Grenzen, da der Zeitungs- bzw. Zeitschriftenkonsum im allgemeinen relativ zeitintensiv ist. Dies hat in Verbindung mit den individuellen Freizeitgewohnheiten ebenso einen Einfluß auf Art und Umfang des Konsums, wie die geistige Aufnahmefähigkeit. Letztere beschränkt zusätzlich die für den Pressekonsum zur Verfügung stehende Zeit, da der Konsum nur bei vorhandener Aufnahmefähigkeit erfolgen kann.

Neben einer ganzen Reihe weiterer Faktoren, die die Gesamtnachfrage nach Presseerzeugnissen beeinflussen (z.B. Anzahl der Haushalte, konjunkturelle Lage, Arbeitslosenquote etc.), gibt es solche, die vom Verlag kontrolliert bzw. direkt beeinflußt werden können.[2] Hierbei handelt es sich im wesentlichen um den Preis des Blattes, die Qualität des redaktionellen Teiles und den Umfang der enthaltenen Anzeigen. Für die Beurteilung der redaktionellen Qualität eines Blattes können für den Konsumenten z.B. der Umfang des redaktionellen Teiles, die gebotene Stoffvielfalt, der sprachliche Stil, die politische Richtung, die Materialauswahl, die Kontinuität des Inhaltes, das Niveau, die Aktualität oder die Seriosität von Bedeutung sein.[3] Eine Zeitung oder Zeitschrift wird aber nicht nur aufgrund ihrer publizistischen Leistung nachgefragt, sondern auch aufgrund ihres Anzeigenteiles. Diese beiden Teilleistungen (redaktioneller Teil und Anzeigenteil) sollen nachfolgend näher untersucht werden.

---

1 Vgl. DREPPENSTEDT (1969), S. 40f.

2 Vgl. ROSSE (1978), S. 35 Tab. 7.

3 Vgl. auch DREPPENSTEDT (1969), S. 42.

1.1. Die publizistische Leistung

Die publizistische oder auch redaktionelle Leistung läßt sich in drei Teilbereiche untergliedern, die jeweils einem anderen Konsumentenbedürfnis dienen. Da sind erstens Informationen, d.h. Nachrichten über bestimmte Zustände und Ereignisse, Mitteilungen über Sachen, Menschen, Institutionen und Zusammenhänge. Als zweites sind da Meinungen, d.h. Kommentierungen von Sachverhalten aus bestimmten Blickwinkeln. Und als drittes ist da Unterhaltung, z.B. in Form von Romanen oder Rätselecken.

Diese drei redaktionellen Teilleistungen lassen sich aber nur idealtypischerweise exakt differenzieren, denn sowohl Informationen enthalten Meinungen, wie auch Meinungen Informationen enthalten und Unterhaltung Informationen und Meinungen enthalten kann, bzw. Informationen und Meinungen auch der Unterhaltung dienen können. Schon bei der Auswahl der zu publizierenden Informationen wirken ebenso wie bei der Formulierung Mißverständnisse und zumindest unterbewußte, individuelle Selektionsmechanismen auf Seiten der Redakteure mit. Die Entscheidung darüber, welche Information gedruckt werden soll und welche nicht, erfolgt nach bestimmten Kriterien. Hierbei kann es keine Objektivität geben, so lange es keinen von allen Gesellschaftsmitgliedern anerkannten allgemeinen Wertmaßstab für die Auswahl gibt. Aber nicht nur jede Information enthält Meinungen, auch jede Meinung enthält Informationen,[1] nämlich zumindest diejenigen, die Gegenstand der Kommentierung sind. Letztlich enthält auch die Unterhaltung gewisse Informationen und eventuell auch Meinungen, gleichzeitig können aber auch die Nachrichten und Informationen für den einzelnen Leser unterhaltend sein.

Das Informations-, das Meinungs- und das Unterhaltungsbedürfnis bezüglich des von der Redaktion gelieferten Stoffes sind die wesentlichen Motive, die zum Kauf eines Presseerzeugnisses bzw. des redaktionellen Teiles veranlassen. Mögliche Gründe insbesondere für das Informationsbedürfnis sind z.B. das Interesse aus egozentrischer Besorgtheit, die Anteilnahme aus menschlicher Verbundenheit und das Verlangen nach emotionalem Nacherleben aus Neugierde.[2]

---

1 Vgl. auch C.W. MÜLLER (1966), S. 350 Fn.

2 Vgl. NUSSBERGER (1971), S. 56; ders. (1966a), S. 45f.; überblicksartig H. RICHTER (1989), S. 105ff.. Ferner DITTMERS (1980), S. 53. Im Gegensatz hierzu vertritt JENSEN (1979), S. 271f., die Auffassung, daß der überwiegende Teil der Informationen nur als Nebenprodukt des Unterhaltungskonsums aufgenommen wird, daß m.a.W. die Nachfrage nach Informationen sich überwiegend aus der Nachfrage nach Unterhaltung ableitet. Wobei er mit Unterhaltung die Nachfrage nach Horror-Stories, Romantik, Gut und Böse, Klatsch und Tratsch etc. meint.

Bezüglich der Abhängigkeit der Nachfrage von der redaktionellen Leistung, kann davon ausgegangen werden, daß c.p. mit verbesserter redaktioneller Qualität die Nachfrage zunimmt. Wobei die Messung der Qualität eine individuelle Angelegenheit ist, der man sich "von außen" nur approximativ z.B. über den Umfang des redaktionellen Teiles nähern könnte. Für die Abhängigkeit der Nachfrage vom Umfang des redaktionellen Inhaltes ist anzunehmen, daß sie positiv bzw. zumindest nicht negativ ist. Dies wird gestützt durch ROSSE, der die Nachfrageelastizität von Zeitungen in bezug auf den redaktionellen Umfang auf +0,651 schätzt.[1] Eine Ausdehnung des redaktionellen Teiles um 1% würde demnach eine unterproportionale Zunahme der Nachfrage von 0,651% zur Folge haben.

1.2. Der Anzeigenteil

Die Leistung des Anzeigenteiles kann grundsätzlich in die gleichen Teilleistungen (Information, Meinung, Unterhaltung) untergliedert werden wie die redaktionelle Leistung. In erster Linie sind Anzeigen jedoch als Informationsmittel zu betrachten.[2] Stellenanzeigen geben Auskunft über Arbeitsmarktsituationen, Familienanzeigen verkünden persönliche Ereignisse, amtliche Mitteilungen kommunaler Behörden bzw. kirchliche Bekanntmachungen unterrichten über Vorgänge von öffentlichem Interesse, und auch die Anzeigen der werbenden Wirtschaft liefern Informationen über Produkte und Preise, wenn gleich sie oftmals auch der Suggestion dienen.[3]
Insbesondere Klein- und Gelegenheitsanzeigen über Immobilien, Kraftfahrzeuge, offene Stellen u.dgl. haben eine ausgeprägte Informationsfunktion, die über die der Markenartikelanzeigen hinausgeht. Verdeutlicht werden soll dies am Beispiel eines regionalen Gebrauchtwagenmarktes:
Auf der einen Seite gibt es eine Reihe von Personen, die ihren PKW verkaufen wollen, und auf der anderen Seite eine Reihe anderer Personen, die einen PKW kaufen wollen. Für beide Gruppen besteht jedoch das Problem, mögliche Vertragspartner zu finden. Mit anderen Worten, es bedarf eines Mittels, das

---

1 Vgl. ROSSE (1970), S. 266ff. Ferner ders. (1978), S. 38 Tab. 9.

2 Primäres Ziel der Anzeigen ist üblicherweise nicht die Unterhaltung, und auch der Meinungsverbreitung z.B. von Parteien, Verbänden, Bürgerinitiativen dienen sie auch nur in sehr geringem Maße. Letzteres wird aber vom Bundesverfassungsgericht für so bedeutend gehalten, daß die Pressefreiheit sich auch auf den Anzeigenteil erstreckt (BVerfGE 21, 278f.).

3 Vgl. SCHULZE (1982b), S. 106; PESCH (1960), S. 50.

die Informationssituation am Markt verbessert und ihn auf diese Weise transparenter macht. Diese Funktion kann z.B. durch den Kfz-Anzeigenmarkt einer örtlichen Zeitung übernommen werden.[1] Durch das Inserieren der Kaufs- bzw. Verkaufsabsichten werden den möglichen Vertragspartnern Informationen bezüglich des Wagens und seines Preises gegeben. Die allgemeine Informationssituation am Markt und mithin die Markttransparenz erhöht sich. Hierbei ist die Markttransparenz positiv abhängig von der Anzahl und dem Umfang der Kfz-Anzeigen.

Die volkswirtschaftliche Bedeutung der Anzeigenteile ergibt sich daraus, daß mit zunehmender Markttransparenz mögliche Preisdifferenzierungen, die sich aufgrund unvollständiger Informationen ergeben, abnehmen.[2]

Den Informationen von Anzeigen wird also von den Zeitungs- bzw. Zeitschriftennachfragern oftmals eine große Bedeutung beigemessen,[3] was u.a. durch das Entstehen der sogenannten Anzeigenzeitungen gestützt wird. Hierbei handelt es sich um Publikationen, in denen Klein- und Gelegenheitsanzeigen kostenlos aufgegeben werden können, die aber entgeltlich vertrieben werden. Können die Leser durch die Anzeigenzeitung ihre Transaktionskosten für einen Vertragsabschluß um einen höheren bzw. zumindest gleich großen Betrag senken als die Zeitung kostet, so sind sie zu deren Kauf bereit.

Die Beantwortung der Frage, wie die Nachfrage einer Zeitung oder Zeitschrift auf die Ausdehnung des Anzeigenteiles reagiert, sollte jedoch differenziert erfolgen. ROSSE schätzt die Elastizität der Zeitungsnachfrage in bezug auf eine Vergrößerung des Anzeigenvolumens auf +0,468.[4] Hiermit konstatiert er zum einen, daß die Nachfrage positiv auf vermehrte Anzeigen reagiert, und zum anderen, daß die Zunahme der Nachfrage unterproportional ist. Für die Anzeigen mit Selektionswirkung wie Kleinanzeigen, an denen die Leser ein aktives Informationsinteresse haben,[5] scheint dies plausibel zu sein.

---

1 Wobei dieser dann in Konkurrenz zu Gebrauchtwagenbörsen u.ä. stünde.

2 Diese Argumentation kann auch auf den redaktionellen Teil übertragen werden. Und zwar in der Form, daß die von der Redaktion publizierten Informationen und Meinungen die Transparenz des Marktes für politische, soziale, kulturelle und wissenschaftliche Ideen erhöhen. Zu John Miltons "free market place of ideas" und der liberalen Auffassung der Erkenntnisfindung vgl. SIEBERT (1956), S. 39ff.; MILL (1859), S. 31; von HAYEK (1959), S. 591ff.; ders. (1979), S. 21ff.; POPPER (1979), S. 53ff.; ders. (1984); RÖPKE (1970), S. 171ff.

3 Vgl. NICKEL (1988), S. 34; ROYAL COMMISSION ON THE PRESS (1962), S. 25.

4 Vgl. ROSSE (1970), S. 266ff.; ders. (1978), S. 38 Tab. 9. Damit geht einher, daß an Anzeigen in Tageszeitungen das drittgrößte Leserinteresse besteht (vgl. Anhang A1).

5 Zur Unterscheidung der Anzeigen nach Selektions- und Massenwirkung vgl. J. NOLL (1977), S. 51.

Gleichzeitig mag es aber auch den Fall einer negativen Abhängigkeit der Nachfrage vom Anzeigenvolumen geben, z.B. wenn Zeitschriften mit einer Fülle von Markenartikelanzeigen versehen sind, an denen kein großes Informationsinteresse seitens der Leser besteht und die den redaktionellen Teil zu erdrücken scheinen. In solchen Fällen scheint es durchaus angebracht zu sein, anzunehmen, daß das Informationsinteresse der Leser an den Anzeigen geringer wiegt als das als negativ empfundene Ausmaß der werblichen Suggestionsversuche.
Das heißt, in den nachfolgenden Teilen müssen die gewonnenen Ergebnisse gegebenenfalls differenziert werden. Dabei kann grundsätzlich davon ausgegangen werden, daß die Nachfrageelastizität in bezug auf das Anzeigenvolumen in Tageszeitungen wegen der überwiegend enthaltenen Kleinanzeigen eher positiv ist. Bei Publikumszeitschriften, die üblicherweise mehr Markenartikelanzeigen beinhalten, kann man dagegen bis zu einem bestimmten Anzeigen-Text-Verhältnis eher von einem indifferenten Verhältnis und von dort an von einer negativen Elastizität ausgehen.

2. Ausmaß der Nachfrage

Für den potentiellen Käufer einer Zeitung oder Zeitschrift, egal aus welchem Hauptmotiv heraus er sich zum Kauf entschließt, ergibt sich die Kaufentscheidung aus der Überlegung, ob und inwieweit der erwartete Nutzen des Blattes bzw. des Konsums des Blattes dessen Kaufpreis übersteigt. Im Gegensatz zu Verbrauchsgütern, wie z.B. Wein oder Brot, tritt bei Presseerzeugnissen eine Besonderheit auf: der Grenznutzen für ein spezifisches Objekt ist nach dem Konsum des ersten Exemplares im allgemeinen gleich Null. Üblicherweise hat der Käufer nur Verwendung für das erste Exemplar einer Ausgabe einer bestimmten Zeitung oder Zeitschrift.
Damit ist aber nicht gesagt, daß es sich nach dem Kauf eines bestimmten Blattes mit dem Grenznutzen bezüglich aller anderen Zeitungen und Zeitschriften genauso verhält. Im Gegenteil, zum einen können diese schwerpunktmäßig anderen Bedürfnissen dienen, und zum anderen können sie, selbst wenn sie den gleichen Bedürfnissen im gleichen Ausmaß dienen, andere Informationen, Meinungen, Unterhaltung und Anzeigen enthalten, die den zusätzlichen Wert für den Konsumenten ausmachen können. Trotzdem ist davon auszugehen, daß im allgemeinen auch der Grenznutzen des Lesens einer weiteren Zeitung oder Zeitschrift der gleichen Art, also z.B. einer zweiten

Tageszeitung mit örtlichem Bezug geringer ist als der der ersten und folglich auch die nachgefragte Menge.
Die Nachfrage nach einem zweiten Exemplar der gleichen Art wird aber auch von der verfügbaren Freizeit beeinflußt, denn durch das Lesen der ersten Zeitung wird die verfügbare Zeit verknappt und die Opportunitätskosten des Zeitkonsums steigen. Das heißt, daß auch bei gleich hohem Nutzen der Zweitkonsum aufgrund höherer Opportunitätskosten tendenziell geringer wäre.[1]
Festzuhalten bleibt, daß für jede Ausgabe eines jeden Titels die nachgefragte Menge seitens ein und desselben Konsumenten üblicherweise auf ein Exemplar begrenzt ist.

3. Besonderheit der Nachfrage

Eine besondere Eigenschaft der Nachfrage ergibt sich daraus, daß Presseerzeugnisse sozial gebundene Produkte sind. Die Zeitungen und Zeitschriften sind stark in den jeweiligen, individuellen sozialen Freizeitablauf integriert. Sie sind als sozio-kulturelle Produkte ein gewisses Spiegelbild des gesellschaftlichen Lebens bzw. der gesellschaftlichen Strömungen, befriedigen soziale Bedürfnisse und besitzen aufgrund dessen eine soziale Eigenständigkeit und Gebundenheit,[2] die eine ausgeprägte Bindung der Konsumenten, eine starke Leser-Blatt-Bindung bewirkt.
Die Leser-Blatt-Bindung (LBB) bezeichnet den Grad der Verbundenheit der Leser mit einer Zeitung oder Zeitschrift. Daneben ist sie aber auch Ausdruck bestimmter Verhaltensformen und insbesondere für Wiederholungskäufe bedeutsam. Die LBB wird meist mit Hilfe von Verzichtbarkeits- oder Wertschätzungsskalen gemessen. Zum Beispiel: Wenn die Zeitschrift A nicht mehr erscheinen würde, würden Sie das sehr bedauern, ein wenig bedauern oder wäre Ihnen das egal?[3]

---

1 Zur Bedeutung der Zeit hinsichtlich der Nutzenmaximierung vgl. G. BECKER (1965), S. 493ff.

2 Vgl. De VOLDER (1959), S. 89. Ferner auch ALTHANS (1989a), S. 216; SERVATIUS (1990), S. 44.

3 Vgl. KOSCHNICK (1988), S. 324ff. Besondere Bedeutung hat das Konzept der LBB auch für den Anzeigenmarkt, da ihm die Auffassung zugrunde liegt, daß Werbemittel in Werbeträgern mit höherer LBB eine größere Werbewirkungschance haben (s.u.).

Diese Verbundenheit mit oder auch emotionale Affinität zum Blatt, bringt eine relativ geringe Nachfragebeweglichkeit mit sich:[1]

> "The greatest asset newspapers have is the habit factor."[2]

> "Habit is a tremendous factor in the business. People get used to a newspaper and it is extremly difficult to get them to switch ... ."[3]

Das bedeutet, daß Variationen im Preis oder in der Qualität bis zu einem gewissen Grade absorbiert werden und sich nicht auf die nachgefragte Menge auswirken. Erst bei relativ deutlichen Preis- oder Qualitätsveränderungen ergeben sich sichtbare Nachfrageeffekte.
Dies wird gestützt durch ROSSEs empirischer Schätzung der Nachfrageelastizitäten von Zeitungen in bezug auf den Preis und die redaktionelle Qualität, gemessen durch den Umfang des redaktionellen Teiles. Für die Preiselastizität der Zeitungsnachfrage kommt er auf einen Wert von -0,650 und für Nachfrageelastizität in bezug auf den redaktionellen Umfang auf +0,651 (s.o.).[4] Das heißt, eine Erhöhung des Zeitungspreises um 1% würde nur zu einem unterproportionalen Rückgang der Nachfrage um 0,650% führen, und eine Ausweitung des redaktionellen Umfanges um 1% würde einen nur unterproportionalen Zuwachs der Nachfrage um 0,651% bedingen.
Auch die preispolitischen Erfahrungen der britischen Tageszeitung TIMES stützen diesen Sachverhalt: die TIMES hatte ihren Copypreis Montags-Freitags zum September 1993 von 45 auf 30 Pence (-33,3%) und Samstags von 50 auf 40 Pence (-20%) gesenkt. Dies führte dazu, daß die durchschnittliche tägliche Auflage von 354.280 Exemplaren im August auf 440.290 im September stieg (+24,3%).[5] Erst die außerordentlich deutliche Preissenkung führte zum Gewinn von neuen Käufern.

Die Leser-Blatt-Bindung ist aber bei Zeitungen und Zeitschriften nicht gleichermaßen stark ausgeprägt. Wie aus Tab. 4 hervorgeht ist sie bei regionalen Abonnementszeitungen durchschnittlich deutlich größer als bei Illustrierten und Anzeigenblättern. 79% des weitesten Leserkreises regionaler Abonne-

---

1 Vgl. KANTZENBACH/GREIFFENBERG (1980), S. 195. Ferner PICARD (1989), S. 48f.; GREIFFENBERG/ZOHLNHÖFER (1984), S. 586.

2 Vgl. Rupert Murdoch, SUNDAY TIMES vom 19. Januar 1986, zitiert nach DUNNETT (1988), S. 1.

3 Vgl. THOMSON (1966), S. 105.

4 Vgl. ROSSE (1970), S. 266ff. Ferner ders. (1978), S. 38 Tab. 9.

5 Vgl. FAZ (1993b), S. 15.

mentszeitungen würde ihre Zeitung zumindest stark vermissen, sollte es sie nicht mehr geben, ggü. 31% bzw. 20% bei Illustrierten bzw. Anzeigenblättern.

Tab. 4: Ausmaß der Leser-Blatt-Bindungen

	Zustimmung zu " ... *sind mir sehr vertraut.*"	
regionale Abozeitungen	61%	
Illustrierte	20%	
Anzeigenblätter	20%	
	" *Wenn es diese Informationsmöglichkeit eines Tages nicht mehr gäbe, würde ich ... sehr stark*	*stark vermissen.*"
regionale Abozeitungen	48%	31%
Illustrierte	8%	23%
Anzeigenblätter	6%	14%

Quelle: REGIONALPRESSE (1990), Bd. 1, S. 37 und 40.
Basis: jeweiliger WLK

Die mit Abstand größte Leser-Blatt-Bindung besteht demnach bei lokalen/regionalen Tageszeitungen.[1] Daß die Leser-Blatt-Bindung bei Tageszeitungen größer ist als bei Publikumszeitschriften ist nicht übermäßig verwunderlich und ergibt sich schon allein aus den verschiedenen Erscheinungshäufigkeiten.[2] Denn mit zunehmender Nutzungshäufigkeit steigt üblicherweise auch das Ausmaß der Gewöhnung an die genutzte Sache.
Gerade bezüglich der Illustrierten ist jedoch zu beachten, daß es sich hierbei um Durchschnittswerte handelt, von denen im Einzelfall Abweichungen möglich sind. Das heißt, bei einzelnen Publikumszeitschriften kann die Leser-Blatt-Bindung durchaus bedeutend größer sein. Bei Fachzeitschriften ist wegen der beruflichen Relevanz tendenziell von einer hohen LBB auszugehen,[3] während sie bei vielen Kundenzeitschriften noch geringer sein dürfte als bei Anzeigenblättern.

---

1 Vgl. auch FUCHS/SCHENK (1984), S. 213.

2 Eine sechsmal in der Woche erscheinende Tageszeitung wird über einen Zeitraum von einem halben Jahr etwa 150mal neu erstellt und von regelmäßigen Käufern gelesen. Eine monatlich erscheinende Zeitschrift schafft es in derselben Zeit nur auf 6 neuerstellte Kontakte.

3 Vgl. auch SCHEFFLER (1993), S. 80.

4. Zur Rationalität der Nachfrage

Das Verhaltenspostulat der Zweckrationalität im Sinne des ökonomischen Prinzips wird zuweilen für die Käufer von Zeitungen bezweifelt:

> "Der Leser, der Zeitungsabonnent, reagiert hier [am Lesermarkt] gerade nicht als ökonomischer Mensch, sondern er reagiert antiökonomisch. Wenn man empirisch untersucht über lange Zeit: welche Zeitungen bekommen den natürlichen Auflagenzuwachs? ... [D]a muß man feststellen, es wird grundsätzlich die Erstzeitung abonniert, und zwar auch, wenn es die schlechtere Zeitung ist. ... Also im Lesermarkt funktioniert das ökonomische Prinzip schon einmal gar nicht."[1]

Zweckrationales Handeln im Sinne des ökonomischen Prinzips zielt auf die Bedürfnisbefriedigung ab und wird durch den Nutzen konkretisiert. Das heißt, daß das Wirtschaftssubjekt unter der Restriktion seines Einkommens sein Nutzenniveau maximiert.[2] Die "Qualitäten" der zur Wahl stehenden Zeitungen, die KÜHNE als objektiv feststellbar unterstellt, können zum einen für jeden Konsumenten verschieden sein, und sind zum anderen nur ein Argument in der jeweiligen Nutzenfunktion. Ein anderes Argument kann z.B. die soziale Akzeptanz durch die Nachbarn und Mitbürger sein. Wenn diese Akzeptanz das Abonnieren oder allgemein, den Kauf einer bestimmten Zeitung nahelegt, so wird dies vom Käufer berücksichtigt. Die Akzeptanz ist dann nur eine weitere Determinante des Nutzens, den der Käufer durch den Konsum der Zeitung erfährt, und wird folglich bei der Kaufentscheidung berücksichtigt. Dies verdeutlicht, daß der Konsument nicht "antiökonomisch" handelt, sondern nur gewisse, nicht objektiv meßbare und von Dritten nicht immer nachvollziehbare Kriterien bei seiner Kaufentscheidung berücksichtigt und somit letztlich doch zweckrational handelt.

Damit soll jedoch nicht behauptet werden, daß sämtliche Zeitungskonsumenten in jeder Lage rational handeln, vielmehr geht es darum, daß in der Masse der Konsumenten bestimmte Regelmäßigkeiten festgestellt werden können, die das Verhalten der Gesamtheit hinreichend beschreiben, um verallgemeinernd zugrunde gelegt werden zu können.[3]

---

1 Vgl. KÜHNE (1980), S. 236f.

2 Alternativ kann es auch ein bestimmtes Nutzenniveau mit minimalen Mitteln anstreben.

3 Vgl. SOHMEN (1976), S. 9.

5. Presse vs. Rundfunk[1]

Die Presse dient wie gesehen den Informations-, Meinungs- und Unterhaltungsbedürfnissen der Konsumenten. Diese Teilleistungen werden aber auch vom Radio und vom Fernsehen erbracht. Trotzdem ist es herrschende Auffassung, daß das Verhältnis der Presse zu den elektronischen Medien eher als komplementär denn als substitutiv zu bezeichnen ist, da sich die Konsummöglichkeiten und -gründe beider Mediengattungen erheblich unterscheiden.[2]
Während bei den Zeitungen und Zeitschriften für die Konsumenten die freie Wahl des Konsumortes besteht, sind die Rundfunkkonsumenten, zumindest beim Fernsehen, bisher örtlich noch überwiegend durch die Größe der zum Empfang benötigten technischen Geräte eingeschränkt. Hiermit wird gleichzeitig ein weiterer Unterschied deutlich, denn zum Konsum des Radio- oder Fernsehprogramms bedarf es im Gegensatz zum Zeitungs- bzw. Zeitschriftenkonsum eines technischen Hilfsmittels in Form eines Empfängers.[3]
Auch der Konsumzeitpunkt ist bei der Presse frei wählbar, während die Rundfunkkonsumenten auf den feststehenden Sendezeitpunkt der betreffenden Sendung angewiesen sind, sofern sie nicht über ein weiteres technisches Hilfsmittel verfügen: den Radio- bzw. Videorecorder. Erst diese Hardware ermöglicht es ihnen, die betreffende Sendung aufzuzeichnen und später zu beliebiger Zeit zu konsumieren. Hiermit sind aber erhöhte Kosten verbunden und zudem wird die örtliche Konsumgebundenheit erhöht.
Ganz wesentlich für das Konsumverhalten ist auch die Tatsache, daß der Pressekonsument sein Konsumtempo beliebig und ganz individuell gemäß seiner Interessen und seines Auffassungsvermögens gestalten kann.[4] Er kann nicht nur Passagen wiederholt lesen bis er sie vollkommen verstanden hat, er kann sie auch einfach überspringen oder den Konsum jederzeit unterbrechen. Damit ist der Leser aber auch sein eigener Programmgestalter. Bei den elektronischen Medien ist dagegen dem Konsumenten die Rezeptionsgeschwindigkeit vorgegeben. Diese dürfte, da das Programm von einer Masse von Personen

---

1 Der Begriff des Rundfunks wird sowohl amtlich, als auch von den Rundfunkanstalten selbst als Oberbegriff für Radio und Fernsehen verwandt (vgl. OSPEL (1988), S. 2).

2 Vgl. PESCH (1960), S. 169; MONOPOLKOMMISSION (1981), S. 16; DUNNETT (1988), S. 10. Ferner PICARD (1989), S. 22ff.; DERTOUZOS/TRAUTMAN (1990), S. 12; ARMBRUSTER et al. (1972), S. 22; GLOTZ/LANGENBUCHER (1968), S. 155; LANZRATH (1987), S. 187; H. SCHERER (1991), S. 610ff.

3 Diese Funktion übernimmt im Pressebereich die Zeitung bzw. Zeitschrift selbst. Dadurch, daß die von den Verlagen erzeugten geistigen Leistungen zu einer Zeitung oder Zeitschrift zusammengefügt und gedruckt werden, wird ihre Verbreitung und ihr Konsum ermöglicht.

4 Vgl. PESCH (1960), S. 167; SCHENK/DONNERSTAG/HÖFLICH (1990), S. 162.

verstanden werden soll, so ausgelegt sein, daß zumindest der durchschnittliche Konsument ihr folgen kann. Folglich ist ein nicht unbeachtlicher Teil der Konsumenten entweder mit diesem Tempo über- oder unterfordert.
Von Bedeutung für das Verhältnis von Presse und Rundfunk ist auch, daß mit dem Aufkommen des Radios und später des Fernsehens insbesondere die Zeitungen erheblich an Aktualität einbüßten. Die elektronischen Medien sind in ihrer Programmgestaltung so flexibel, daß die neuesten Nachrichten sofort integriert werden können. Dies bewirkte, daß die Zeitungen sich vermehrt auf die Kommentierung und die ausführliche Darlegung von Zusammenhängen und Hintergründen neuester Ereignisse verlegten. Die Presse liefert folglich ein ergänzendes und vertiefendes Informationsangebot.[1] Über ein aktuelles Ereignis erfährt der Bürger zumeist aus dem Radio oder Fernsehen. Aber deren im allgemeinen kurze Darstellung steigert die Nachfrage nach ausführlicheren Informationen über Hintergründe und ausgiebiger Kommentierung, mit denen sich der Konsument in Ruhe auseinandersetzen kann. Dieses bietet ihm dann die Zeitung am nächsten Tag. Mit anderen Worten, der Rundfunk weckt zum Teil das Interesse an Leistungen, die durch die Presse angeboten werden.[2]
Eine komplementäre Beziehung von Presse und Rundfunk wird insbesondere bei den Programmzeitschriften deutlich, die ihre Existenz überhaupt erst dem Fernsehen und dem Radio verdanken.[3]

---

1 Vgl. SERVATIUS (1990), S. 32.

2 Vgl. auch PESCH (1960), S. 169; NUSSBERGER (1971), S. 34.

3 Vgl. GREIFFENBERG/ZOHLNHÖFER (1984), S. 589.

III. Die Abgrenzung von Lesermärkten

1. Die Marktabgrenzung in Theorie und Praxis

Im umgangssprachlichen Gebrauch bezeichnet der Markt im allgemeinen einen bestimmten Ort bzw. eine bestimmte lokalisierbare Veranstaltung, bei der Anbieter und Nachfrager zum Tausch zusammentreffen, z.B. der Wochenmarkt. In der Wirtschaftswissenschaft wird der Begriff des Marktes hingegen abstrakter über die Gesamtheit der ökonomischen Vorgänge, die sich zwischen Anbietern und Nachfragern in bezug auf den Tausch bestimmter Güter abspielen, definiert.[1] Wobei vom theoretischen Standpunkt die Abgrenzung eines Marktes unproblematisch ist: Ein Markt umfaßt die Menge von Gütern, die aus Käufersicht enge Substitute füreinander darstellen.

Enge Substitute sind zwei Güter dann, wenn zwischen ihnen eine hohe Substitutionselastizität besteht, meist konkretisiert durch die Kreuzpreiselastizität der Nachfrage. Eine hohe Kreuzpreiselastizität der Nachfrage impliziert, daß eine geringe Preiserhöhung des einen Gutes eine merkliche Zunahme der nachgefragten Menge des anderen Gutes bewirkt.[2]

Die Übertragung des Konzeptes der Kreuzpreiselastizität der Nachfrage zur Abgrenzung relevanter Märkte in der Praxis wirft neben theoretischen[3] insbesondere praktische Probleme auf, da konkrete numerische Werte kaum zu ermitteln sind.[4] Um dem zu begegnen, wird im deutschen Kartellrecht meist auf das Konzept der funktionalen bzw. reaktiven Austauschbarkeit als Abgrenzungskriterium des relevanten Marktes abgestellt,[5] zu dessen Umsetzung der "verständige Verbraucher" konzipiert wurde:

> "Sämtliche Erzeugnisse, die sich nach ihren Eigenschaften, ihrem wirtschaftlichen Verwendungszweck und ihrer Preislage so nahestehen, daß der verständige Verbraucher sie als für die Deckung eines bestimmten Bedarfs

---

1 Vgl. SCHNEIDER (1972), S. 77. Der Begriff des Gutes umfaßt sowohl Sachgüter als auch Dienstleistungen.

2 Die Kreuzpreiselastizität ist das grundlegende Kriterium, das letztlich hinter den ganzen verschiedenen Substitutionskonzepten zur Marktabgrenzung steht bzw. das mit ihnen harmoniert (vgl. GÜNTHER (1960), S. 7; I. SCHMIDT (1965), S. 457; ders. (1990), S. 49; KAUFER (1967), S. 6).

3 Vgl. KAUFER (1967), S. 9f.; HOPPMANN (1974), S. 38f.; I. SCHMIDT (1990), S. 48; STEGEMANN (1978), S. 155; F.M. SCHERER (1980), S. 60.

4 Vgl. MACHLUP (1952), S. 9; OBERENDER (1975), S. 577.

5 Vgl. HOPPMANN (1974), S. 37; KANTZENBACH/KRÜGER (1990), S. 475; ABERLE (1977), S. 317; BAUM (1980), S. 402.

geeignet in berechtigter Weise abwägend miteinander vergleicht und als gegeneinander austauschbar ansieht, sind marktgleichwertig".[1]

Es wird also auf das Bedarfsmarktkonzept[2] abgestellt, das aber durch das subjektive Element des "verständigen Verbrauchers" ergänzt wird. Das entscheidende Problem liegt hierbei allerdings in der Konkretisierung des "verständigen Verbrauchers", die üblicherweise durch den Kartellbeamten bzw. -richter erfolgt, und damit eine werturteilsgeladene Entscheidung bedingt.[3]

2. Die Abgrenzung des relevanten Marktes am Beispiel der ZEIT

Bei der Abgrenzung von konkreten Zeitungs- und Zeitschriftenmärkten zur Beurteilung wettbewerblicher Beziehungen werden oft bestimmte Kategorien verwandt, die sich aus mehr oder weniger definierten Kriterien ergeben.[4] So werden zum einen Zeitungen und Zeitschriften gegeneinander abgegrenzt und zum anderen untereinander z.B. nach geographischer Verbreitung oder via Adressat bzw. Funktion.

Es muß jedoch gefragt werden, inwieweit diese Abgrenzungen dem Ziel der Erfassung der Konkurrenzbeziehungen überhaupt gerecht werden können. Die verwendeten Abgrenzungskriterien eignen sich vielleicht relativ gut für statistische Erfassungen und mögen auch aus publizistischer Sicht brauchbar sein, daß sie aber immer die Wettbewerbsbeziehungen adäquat erfassen, muß bezweifelt werden. Ob z.B. der SPIEGEL und die ZEIT in einem Konkurrenzverhältnis zueinander stehen oder nicht, hängt nicht davon ab, ob die ZEIT ein politisches Wochenblatt oder eine Wochenzeitung ist, sondern einzig davon, ob die Leser beide für substituierbar halten.

Dies verdeutlicht, daß aus ökonomischer Sicht z.B. auch die Diskussion darüber, welche bedeutenden Zeitungen als überregional bezeichnet werden dür-

---

1 Beschluß des KG vom 18.02.1969 ("Handpreisauszeichner"), OLG 995f.. Vgl. auch OECD (1970), S. 32. Ferner I. SCHMIDT (1990), S. 227f; MONOPOLKOMMISSION .(1984), S. 198f.

2 Zum Bedarfsmarktkonzept vgl. ABBOTT (1955), S. 81ff.; ARNDT (1958), S. 224; ders. (1973), S. 20ff.

3 Vgl. BAUM (1980), S. 402. Ferner HOPPMANN (1974), S. 40.

4 Siehe oben den Abschnitt zur Produktabgrenzung der Zeitungen und Zeitschriften. Ferner z.B. BRUMMUND/SCHWINDT (1982), S. 55f.; BUNDESREGIERUNG (1986), S. 106.

fen, überflüssig ist.[1] Für die Analyse von Wettbewerbsbeziehungen ist das Denken in den oben erwähnten Kategorien solange ungeeignet, wie diese nicht als Bezeichnungen für bestimmte sachlich relevante Märkte gelten können.
Diese Problematik soll am Beispiel der Gerichtsurteile, die zum Beteiligungsvorhaben von Gruner + Jahr am Zeitverlag ergingen, verdeutlicht werden.[2]
Um eventuelle marktbeherrschende Stellungen bzw. deren Verstärkung durch die beabsichtigte Beteiligung zu ermitteln, ergingen insgesamt drei verschiedene Ansätze zur Marktabgrenzung, wobei der Dissens in der Zuordnung des SPIEGEL und der ZEIT lag.[3]
Das Bundeskartellamt grenzte in seiner Entscheidung vom 09.01.1981[4] u.a. folgende Märkte gegeneinander ab:

- Markt für politische Wochenzeitungen: ZEIT, DEUTSCHE ALLGEMEINE SONNTAGSBLATT (DAS), RHEINISCHER MERKUR (RM), BAYERNKURIER (BK) und VORWÄRTS (VW);
- Markt für Nachrichtenmagazine: SPIEGEL;
- Markt für überregionale Tageszeitungen: FAZ, WELT, SZ und FR.

Das Kammergericht grenzte in seinem ersten Beschluß vom 24.11.1982[5] u.a. den

- Markt für überregionale Abonnementszeitungen: ZEIT, DAS, RM, BK, VW, FAZ, WELT, SZ, FR;

ab. Wohingegen eine marktliche Zuordnung des SPIEGEL unterblieb.

---

1 Hierbei wird einerseits die Auffassung vertreten, daß nur die FAZ und die WELT als überregional bezeichnet werden dürfen (vgl. insbes. SCHÜTZ (1978), S. 73; ders. (1980), S. 21. Ferner BRUMMUND/SCHWINDT (1982), S. 62f.; DOVIFAT (1976), Bd. 2, S. 41.), während andererseits z.B. sowohl die FAZ und die WELT, als auch die SZ, die FR, das HANDELSBLATT und die TAZ als überregional tituliert werden (vgl. WENGER (1988), S. 26f.

2 Gruner + Jahr, die u.a. den STERN verlegen, waren zum damaligen Zeitpunkt bereits ein Tochterunternehmen der Bertelsmann AG und selbst gleichzeitig mit knapp 25% am Spiegel-Verlag, der u.a. den SPIEGEL verlegt, beteiligt. Der Eigentümer des Zeitverlages, in dem die ZEIT erscheint, Gerd Bucerius, war mit knapp 11% an Bertelsmann beteiligt. Zu einer zusammenfassenden Darstellung des gesamten Vorgangs vgl. BRÜNE/HAMMANN/KLEINALTENKAMP (1988), S. 2ff.. Die geplante Beteiligung wurde letztlich vom BGH in seinem Beschluß vom 22.09.1987 untersagt.

3 Die Marktabgrenzungen erfolgten trotz der erkannten Interdependenz von Leser- und Anzeigenmarkt nur bzgl. der Lesermärkte. Vgl. kritisch hierzu BRÜNE/HAMMANN/KLEINALTENKAMP (1988), S. 68; KLEINALTENKAMP (1988), S. 734f. und 751.

4 Vgl. Beschluß des BKartA vom 09.01.1981 - ("Gruner + Jahr - Zeit"), insbes. BKartA 1865f.

5 Dieser wurde nicht veröffentlicht, aber seine wesentlichen Argumente sind im ersten Beschluß des BGH vom 02.10.1984 - ("Gruner + Jahr - Zeit"), insbes. BGH 2118f., dargelegt.

Das Kammergericht in seiner zweiten Entscheidung vom 07.02.1986[1] und der Bundesgerichtshof in seiner Entscheidung vom 22.09.1987[2] grenzten u.a. folgende Märkte ab:

- Markt für politische Wochenzeitungen: ZEIT, DAS, RM, BK, VW, SPIEGEL;
- Markt für überregionale Tageszeitungen: FAZ, WELT, SZ, FR.

Die Ursache dieser drei verschiedenen Abgrenzungen des Marktes auf dem sich die ZEIT befindet, liegt darin, daß die jeweiligen Institutionen anscheinend verschiedene Auffassungen über den "verständigen Verbraucher" hatten, bzw. die Richter selbst verschiedene "verständige Verbraucher" waren. So führt denn auch der BGH zum zweiten Beschluß des Kammergerichts aus: Die tatrichterlichen Feststellungen

> ".. beruhen insbesondere auf einer ausreichenden Prüfung der tatsächlichen Umstände, wobei die Richter zu dem betreffenden Nachfragerkreis gehören und die gebotenen Feststellungen daher auch aufgrund eigener Lebenserfahrung selbst treffen können."[3]

KLEINALTENKAMP kritisiert das Vorgehen der Richter, in dem er berechtigterweise daraufhinweist, daß zur adäquaten Abgrenzung die Methoden der empirischen Sozialforschung verstärkt hätten herangezogen werden müssen.[4] Er verweist in diesem Zusammenhang auf eine empirische Studie, die zu einer anderen Marktabgrenzung kommt. Aus dieser zwar nicht repräsentativen, aber nach eigener Einschätzung "fundiert tendenziellen" Studie ergibt sich der relevante Markt der ZEIT aus SPIEGEL, FRANKFURTER ALLGEMEINE ZEITUNG, SÜDDEUTSCHE ZEITUNG, FRANKFURTER RUNDSCHAU, DIE WELT, DEUTSCHE ALLGEMEINE SONNTAGSBLATT, RHEINISCHER MERKUR, WELT AM SONNTAG und NEUE ZÜRCHER ZEITUNG.[5]

Auch kommt die Studie zu dem Schluß, daß die konkrete Marktabgrenzung immer nur aus der Perspektive einer bestimmten Zeitung oder Zeitschrift erfolgen kann, die in den Mittelpunkt der Abgrenzung gestellt wird.[6] Von einem Markt für "überregionale Abonnementszeitungen" oder "politischen Wochenzeitungen" u.dgl. könne deshalb nicht gesprochen werden, weil die Käufer

---

1 Vgl. Beschluß des KG vom 07.02.1986 - ("Gruner + Jahr - Zeit"), insbes. OLG 3807ff.

2 Vgl. Beschluß des BGH vom 22.09.1987 - ("Gruner + Jahr - Zeit"), insbes. BGH 2436f.

3 Vgl. Beschluß des BGH vom 22.09.1987 - ("Gruner + Jahr - Zeit"), BGH 2437. Ferner KLEINALTENKAMP (1988), S. 736ff.; BAUM (1980), S. 402.

4 Vgl. KLEINALTENKAMP (1988), S. 735ff.

5 Vgl. BRÜNE/HAMMANN/KLEINALTENKAMP (1988), S. 32ff. und 55ff.

6 Vgl. BRÜNE/HAMMANN/KLEINALTENKAMP (1988), S. 57f.; KLEINALTENKAMP (1988), S. 739.

diese Kategorien gar nicht wahrnähmen.[1] Mit anderen Worten, die Studie stützt die oben gemachte Folgerung, daß das weitverbreitete Denken über Wettbewerbsbeziehungen in Kategorien wie "überregionale Abonnementszeitungen" oder auch "politische Wochenblätter" als Bezeichnung relevanter Märkte nicht per se brauchbar ist.

Dies gilt insbesondere für Blätter, die dem Bedürfnis nach politischer Information nachkommen, aber nicht unbedingt auch für andere Titel. Programmzeitschriften dienen z.B. in erster Linie dem Informationsbedürfnis bezüglich des aktuellen Fernsehprogramms und dürften aus diesem Grunde als untereinander relativ gut substituierbar zu betrachten sein, insbesondere wenn der Markt noch gemäß der Preise segmentiert wird. Gleiches dürfte auch für Frauenzeitschriften, Wohnzeitschriften, Eßzeitschriften etc. gelten, insbesondere wenn diese noch nach Anspruchsniveau bzw. Preis gruppiert werden. In diesen Fällen liefert eine solche Gruppenbezeichnung schon eine relativ gute Marktabgrenzung, die aber im Einzelfall eine Überprüfung und ggf. Ergänzung erfahren muß.

---

1 Vgl. BRÜNE/HAMMANN/KLEINALTENKAMP (1988), S. 66f.; KLEINALTENKAMP (1988), S. 739.

IV. Marktstruktur und Marktverhalten

1. Marktform

Das Beispiel der Marktabgrenzung der ZEIT macht deutlich, daß die Wettbewerbsbeziehungen auf den Lesermärkten sehr vielschichtig sind. Üblicherweise kann man jedoch davon ausgehen, daß die Kategorien Tageszeitungen, Wochenzeitungen, Publikumszeitschriften, Fachzeitschriften, Anzeigenblätter und Kundenzeitschriften Gruppen konstituieren, in denen der Wettbewerb bedeutend stärker ist als zwischen ihnen.
Tageszeitungen konkurrieren i.d.R. miteinander, wenn sie das gleiche Verbreitungsgebiet haben. Das gleiche gilt tendenziell auch für Wochenzeitungen. Werden die Publikumszeitschriften nach Adressat oder Funktion weiter aufgeschlüsselt ergeben sich üblicherweise Gruppen mit relativ engen Substitutions-, d.h. Wettbewerbsbeziehungen. Das gleiche gilt auch für die Fachzeitschriften. Anzeigenblätter stehen wie Tageszeitungen in enger Konkurrenz zueinander, wenn sie im gleichen Gebiet verbreitet werden. Kundenzeitschriften bilden dagegen eher einen Sonderfall, i.allg. haben sie keine direkten Konkurrenten, da z.B. in einer Apotheke nur eine Apothekenzeitschrift ausliegt und nicht mehrere, unter denen der Kunde wählen kann. Wettbewerb besteht hier eher auf der vorgelagerten Ebene, auf der z.B. die Apotheke entscheidet, welche Zeitschrift sie für ihre Kunden auslegen möchte.
Die Konkurrenzbeziehungen zwischen diesen Gruppen sind eher schwach ausgeprägt. Aber auch hier gibt es im Einzelfall Ausnahmen, so kann eine örtlich begrenzt verteilte Kundenzeitschrift durchaus in Konkurrenz zu Anzeigenblättern stehen,[1] sofern sich nicht nur die Verbreitungsgebiete sondern auch die Inhalte deutlich überschneiden. Und auch die Substitutionalität zwischen Tages- und Wochenzeitungen sowie bestimmten Publikumszeitschriften mag in Randbereichen relativ hoch sein. Publizistische Konkurrenz erwächst den lokalen Tageszeitungen auch des öfteren durch örtliche Anzeigenblätter, die zunehmend Wert auf ihren redaktionellen Teil legen.[2]
Auf den einzelnen Märkten ist die Anzahl der Nachfrager sehr groß und der Marktanteil jedes Nachfragers sehr klein, da jeder üblicherweise nur ein Ex-

---

1 Vgl. W&V (1991), S. 42.

2 Vgl. KOPPER (1983), S. 153ff.; W&V (1991), S. 61. Schon die verschiedenen Erscheinungshäufigkeiten (6:1) relativieren allerdings die publizistische Konkurrenz (vgl. auch URHAUSEN (1993), S. 62). Zu den verschiedenen redaktionellen Strategien der Anzeigenblätter in Ballungsgebieten und Provinz vgl. ZELZER (1992), S. 102.

emplar einer Ausgabe kauft, so daß die Nachfrageseite als atomistisch strukturiert bezeichnet werden darf. Orientiert man sich bei der Anzahl der Anbieter an den reinen Zahlen der Pressestatistik, dann suggeriert die Tatsache, daß es 1990 in den alten Ländern u.a. 1.233 Zeitungen, 1.526 Publikumszeitschriften, 3.400 Fachzeitschriften, 112 Kundenzeitschriften und 1.001 Anzeigenblätter gab, daß die jeweiligen Anbieterseiten ebenfalls atomistisch strukturiert sind und die Marktform des Polypols zu vermuten ist. Wie jedoch ausgeführt, liefert erst eine weitere Unterteilung der pressestatistischen Kategorien brauchbarere Anhaltspunkte für bestehende Konkurrenzbeziehungen.

Hierbei ergibt sich dann, daß die Anzahl der Anbieter sehr oft gering ist. Die üblicherweise vorgenommene räumliche Abgrenzung der Tageszeitungsmärkte nach Kreisen und kreisfreien Städten kann wegen der besonderen Bedeutung der lokalen, kommunalen Informationen als gerechtfertigt angesehen werden.[1] In den einzelnen Kreisen finden sich selten mehr als zwei Zeitungen, die die Leser mit lokalen Informationen versorgen, so daß die lokalen Tageszeitungsmärkte überwiegend als hoch konzentriert bezeichnet werden können.[2] Gleiches gilt für die lokalen Anzeigenblätter, bei denen im gleichen Verbreitungsgebiet kaum mehr als zwei bis drei Titel erscheinen.[3] Auch die einzelnen Publikumszeitschriftenmärkte werden üblicherweise von wenigen (Groß-) Verlagen dominiert, so daß sich hohe Konzentrationsraten ergeben.[4]

Anhaltspunkte für die Abgrenzung von Fachzeitschriftenmärkten und der Erfassung der Anbieteranzahl liefert das ZIS-Sachgruppenregister.[5] Eine exakte Aussage über die Substitutionalität der zusammengefaßten Titel und damit der Anzahl der konkurrierenden Anbieter ist allerdings nur anhand einer inhaltli-

---

1 Vgl. MONOPOLKOMMISSION (1986), Tz. 743. Zur Bedeutung der lokalen Informationen siehe Anhang A1, ferner KELLER (1986), S. 345; BRUMMUND (1985), S. 28; FUCHS/SCHENK (1984), S. 212.

2 Vgl. MONOPOLKOMMISSION (1990), Tz. 599; SCHÜTZ (1987), S. 583; ERDMANN/FRITSCH (1990), S. 46; BRUMMUND/SCHWINDT (1982), S. 58ff.; RÖPER (1991b), S. 431ff. Ferner Anhang A17.

3 Vgl. hierzu auch BVDA (1993b; Hrsg.).

4 Vgl. BRUMMUND/SCHWINDT (1982), S. 70ff.; MONOPOLKOMMISSION (1988), S. 212; RÖPER (1992), S. 416ff. Dies gilt oftmals auch für die sog. Special-Interest-Märkte (vgl. REIMER (1992), S. 9ff.).

5 Diese Systematik des "Zeitschriften-Informations-Services" (ZIS) wurde von der Arbeitsgemeinschaft Zeitschriftenverlage des Börsenvereins des Deutschen Buchhandels und vom VDZ eingeführt. Die Zuordnung der verschiedenen Titel erfolgt dabei nach inhaltlichem Schwerpunkt durch die Vergabe einer vierstelligen Kennziffer (vgl. STATISTISCHES BUNDESAMT (1992a; Hrsg), S. 8). Problematisch bleibt hierbei, daß nicht alle Fachzeitschriften erfaßt und einem Sachgruppenregister zugeordnet werden. Für 1993 erfaßte die ZIS knapp 3.000 Fachzeitschriften (vgl. ZIS (1993; Hrsg.), S. V).

chen Analyse möglich, statt dessen müssen hier Plausibilitätsüberlegungen ausreichen.

Das ZIS-Register 301 (Elektrotechnik, Elektronik) umfaßt z.B. 42 Titel, die von 21 Verlagen herausgegeben werden.[1] Auch wenn sich diese Gruppe von Zeitschriften in mehrere Teilmärkte aufgliedert, kann davon ausgegangen werden, daß in den einzelnen Teilbereichen eher eine größere Anzahl von Anbietern in relativ enger Konkurrenz zueinander steht und Wettbewerb herrscht.

Dies gilt jedoch längst nicht für jedes ZIS-Sachgruppenregister, wie auch die Pressestatistik überblicksartig verdeutlicht.[2] Oftmals liegen hier allein schon von der Titelanzahl her oligopolistische Strukturen vor.

Ein (enges) Oligopol liegt z.B. auch im ZIS-Register 1130 (allgemeine Chirurgie) vor, obwohl dort 19 Titel verzeichnet sind.[3] Abgesehen davon, daß diese Titel vermutlich mehrere Segmente bilden, werden sie von nur 5 Verlagen herausgegeben.[4] Enge Oligopole liegen vermutlich auch im Register 205 (Nahrungs- und Genußmittel) vor. Zwar werden unter dieser Kennziffer 40 Titel zusammengefaßt,[5] doch haben sie thematisch so verschiedene Schwerpunkte wie Fleischerei, Brauerei, Bäckerei u.dgl., daß nur wenige Titel und Anbieter pro Segment verbleiben.

Das heißt, die thematisch stark ausgeprägte Spezialisierung läßt auch im Bereich der Fachzeitschriften oftmals oligopolistische Anbieterstrukturen bestehen. In bestimmten wissenschaftlichen Gebieten kommen jedoch noch ausländische, insbesondere englischsprachige Titel hinzu, die die Zahl der Anbieter und den Wettbewerbsdruck verstärken.

Die Markttransparenz auf den Lesermärkten kann in allen Gruppen als hoch bezeichnet werden.[6] Bei Zeitungen und Zeitschriften handelt es sich um Erfahrungsgüter, deren qualitative Überprüfung zwar relativ zeitintensiv ist, doch ist sie zu geringen Kosten möglich. Da es sich bei den meisten Titeln um langfristig am Markt bestehende Objekte handelt (Markenartikel), muß die qualitative Überprüfung zu dem nicht anhand der aktuellen Ausgabe erfolgen, son-

---

1 Vgl. ZIS (1993; Hrsg.), S. 145f.

2 Vgl. STATISTISCHES BUNDESAMT (1992a; Hrsg.), S. 87ff.

3 Vgl. ZIS (1993; Hrsg.), S. 235.

4 Dominierend ist hierbei der Springer-Verlag (nicht zum Axel Springer Verlag gehörig) mit 15 Titeln.

5 Vgl. ZIS (1993; Hrsg.), S. 143f.

6 Anders sieht dies HEINRICH (1984), S. 79.

dern kann irgendwann anhand von alten Exemplaren oder bei Freunden vorgenommen werden. Dies senkt die Informationskosten und verbessert die allgemeine Informationssituation.
Die geringe Anzahl von Tageszeitungen im betreffenden lokalen Gebiet macht es für die Leser leicht, sich einen Überblick über den Markt zu verschaffen. Auch im Bereich der Fachzeitschriften kann die Markttransparenz als hoch angesehen werden, da die Blätter thematisch sehr spezifiziert sind, so daß oft nur wenige Titel für den Käufer in Frage kommen. Diese kennt er jedoch zumeist aus eigener Erfahrung z.B. im Unternehmen, in der Bibliothek oder bei Freunden und Bekannten. Für einen Teil der Fachzeitschriften spielt die Informationssituation zudem keine große Rolle, da es sich um Verbandszeitschriften handelt, die über die Mitgliedsbeiträge abgegolten sind. Das heißt, der Abonnent bekommt mit seiner Mitgliedschaft automatisch die betreffende Zeitschrift zugestellt, ohne daß er sich für diese bewußt entscheidet. Das gleiche gilt für die unentgeltlich verbreiteten Anzeigenblätter, die ferner einen meist hohen Bekanntheitsgrad haben, und Kundenzeitschriften.

Tab. 5: Bekanntheitsgrade klassischer Programmzeitschriften

Titel	Bekanntheitsgrad
HÖRZU	96%
TV HÖREN UND SEHEN	89%
BILD + FUNK	82%
GONG	84%
FERNSEHWOCHE	82%
FUNK UHR	88%
AUF EINEN BLICK	79%
DIE ZWEI	64%
BILDWOCHE	72%
Durchschnitt	81,8%

Quelle: BRIGITTE (1992; Hrsg.), S. 108ff.
Basis: Frauen 14-64 Jahre, alte Länder
Die neueren Titel wurden nicht abgefragt.

Auch für die Publikumszeitschriften kann von einer relativ hohen Markttransparenz ausgegangen werden, da sich an den allgemeinen Verkaufsorten (Kiosken etc.) üblicherweise ein breites Programm an Publikumszeitschriften findet, die zusätzlich mit den entsprechenden Preisen ausgezeichnet sind.
Tab. 5, die die Bekanntheitsgrade klassischer Programmzeitschriften darstellt, stützt die These hoher Markttransparenz. Die ausgewiesenen 9 Titel haben ei-

nen durchschnittlichen Bekanntheitsgrad von 81,8% bei allen Frauen zwischen 14 und 64 Jahren in den alten Bundesländern. Gleichzeitig kann dies Ergebnis aber auch auf andere Bereiche der Publikumszeitschriften, z.B. den Frauenzeitschriften, für die sich ähnlich hohe Bekanntheitsgrade ergeben, übertragen werden.[1]

Die Ausführungen zu den Besonderheiten der Lesermärkte haben gezeigt, daß hier oftmals eine ausgeprägte Leser-Blatt-Bindung vorliegt, die die Nachfrage relativ unbeweglich macht in bezug auf Preis- oder Qualitätsveränderungen.[2] Es bestehen folglich ausgeprägte sachliche Präferenzen. Keine zwei Zeitungen oder Zeitschriften werden als perfekte Substitute empfunden, so daß es sich um heterogene Güter handelt, mit zumeist verschiedenen Preisen.
Der Anbieterseite, d.h. den Verlagen wird des öfteren auch eine relativ geringe Beweglichkeit im Hinblick auf die Wünsche der Leser attestiert. Dies resultiert zum einen aus der oftmals vorhandenen persönlichen Bindung der Redakteure zum Inhalt des Blattes und zum anderen aus der vom Verleger vorgegebenen publizistischen Linie, die das Image des Blattes ausmacht.[3] Beides bewirkt zumindest kurzfristig eine gewisse Trägheit in bezug auf die Anpassung an die Wünsche der Leser. Dies mag für Tageszeitungen stärker gelten als für Publikumszeitschriften, bei denen die zahlreichen Neugründungen und Relaunches auf eine höhere Angebotsbeweglichkeit hindeuten.[4]

Trotz der großen Markttransparenz kann festgehalten werden, daß auf den verschiedenen Lesermärkten deutliche Unvollkommenheiten bestehen, und heterogene Güter miteinander konkurrieren. In Verbindung mit den gemachten Ausführungen zur Anbieterseite kann festgehalten werden, daß sich auf den Lesermärkten oftmals oligopolistische Anbieterstrukturen mit differenzierten Produkten finden, d.h. die Marktform des heterogenen Oligopols vorliegt.

---

1 Vgl. BRIGITTE (1992; Hrsg.), S. 108ff.

2 Zur Preiserhöhungsakzeptanz vgl. auch KNOCHE/ZERDICK (1991a), S. 13ff. und 33ff.; dies. (1991b), S. 29ff.

3 Vgl. KANTZENBACH/GREIFFENBERG (1980), S. 196; GREIFFENBERG/ZOHLNHÖFER (1984), S. 586.

4 Vgl. REIMER (1992), S. 15. Ein Relaunch bezeichnet eine grundlegende konzeptionelle Veränderung eines schon am Markt bestehenden Titels.

2. Marktzutrittsschranken

2.1. Wettbewerbstheoretische Bedeutung

Die Möglichkeit bzw. die Leichtigkeit des Zutritts neuer Anbieter bzw. neuer Produkte in einen bestehenden Markt beeinflußt das Marktverhalten der in diesem Markt etablierten Anbieter. Freier Marktzutritt bedingt, daß die Etablierten unabhängig von ihrer Anzahl veranlaßt werden, sich wie unter Konkurrenz zu verhalten, da ansonsten Newcomer durch die Gewinnspanne angelockt werden und in den Markt eintreten bis die Gewinne erodiert sind. Mit anderen Worten, unter der Voraussetzung des freien Marktzutritts ist die Zahl der Anbieter am Markt irrelevant, so daß sich der Preis wie unter Konkurrenz entsprechend der Grenzkosten ergibt.[1]
Der Marktzutritt wird also im wesentlichen durch Gewinnerwartungen der Outsider bedingt. Die Persistenz von Monopolen und Oligopolen oder allgemeiner, die dauerhafte bzw. längerfristige Existenz von positiven Gewinnerwartungen resultiert aus Marktzutrittsschranken.[2] Marktzutrittsschranken (MZS) beeinträchtigen somit die Gewinnerosion, da sie Outsider am Zutritt hindern bzw. den Zutritt erschweren. Aus der Sicht der Insider handelt es sich bei den Zutrittsbarrieren um Faktoren, die es ihnen ermöglichen, sich der Konkurrenz durch Outsider in gewisser Weise zu entziehen, und aus Sicht der Outsider handelt es sich letztlich um Kosten, die ihre Gewinnerwartungen im Hinblick auf den betreffenden Zutritt schmälern.[3]

2.2. Marktzutrittsschranken am Lesermarkt

Marktzutrittsschranken können in institutionelle, natürliche und strategische unterschieden werden.[4] Institutionelle MZS resultieren aus Gesetzen, Normen

---

1 Vgl. BAUMOL (1982), S. 2, und sein Konzept der Contestable Markets.

2 Vgl. STIGLER (1987), S. 203.

3 Vgl. I. SCHMIDT (1990), S. 65.

4 Vgl. KANTZENBACH/KRUSE (1989), S. 54f. Allgemein zu MZS vgl. BAIN (1956), S. 14ff.; KOUTSOYIANNIS (1979), S. 287ff.; von WEIZSÄCKER (1980); BERG (1978); KAUFER (1980), S. 26ff.; I. SCHMIDT (1990), S. 65ff.; BORCHERT/GROSSEKETTLER (1985), S. 294ff.; STIGLER (1968), S. 67ff; ders. (1987), S. 203.

oder anderen administrativen Verfügungen. Administrative Maßnahmen der Zugangsbeschränkung im Pressewesen können z.B. Verstaatlichung der Presse, Verbot bestimmter Blätter, Papierkontingentierung, Begrenzung der Auflage, der Erscheinungsweise und des Verbreitungsgebietes, direkte Subventionen, Steuererleichterungen, staatliche Anzeigenaufträge, staatliches Anzeigenvermittlungsmonopol, Beschränkung staatlicher Informationsquellen, Zensur u.ä. mehr sein.[1] Die deutschen Zeitungs- und Zeitschriftenmärkte können, Verfassungskonformität vorausgesetzt, von administrativer Seite her grundsätzlich als offen bezeichnet werden. So gibt es keine Lizenzpflicht mehr und auch keine anderen den Zutritt beschränkenden direkten oder indirekten Vorschriften, Maßnahmen o.dgl. wie Zensur oder Papierkontingentierung.[2] Mit anderen Worten, es bestehen keine institutionellen Marktzutrittsschranken.

Natürliche Marktzutrittsschranken basieren auf originären Kosten- oder Nachfragebedingungen. In Verbindung damit, daß Zeitungen und Zeitschriften in kurzen Zeitabständen, regelmäßig neu erstellt werden und als eine Art "Gesellschaftsspiegel" eine sozio-kulturelle Identität aufweisen, ergibt sich auf den Lesermärkten oftmals eine ausgeprägte Leser-Blatt-Bindung. Die gefestigten Präferenzen in Form ausgeprägter Leser-Blatt-Bindungen stellen für Newcomer eine signifikante Marktzutrittsbarriere dar. Die Überzeugung der Leser, daß das neue Blatt hinsichtlich bestimmter Kriterien besser geeignet ist als das bisher gekaufte, kann nur unter dem Einsatz ausgeprägter Verkaufsförderungsaktivitäten oder Preisnachlässen erfolgen. Gerade wegen der soziokulturellen Gebundenheit der Presse vollzieht sich dieser Wechsel von einem Blatt zum anderen aber nur langsam.[3] Das heißt, daß die ausgeprägte Leser-Blatt-Bindung bzw. Nachfrageträgheit gestaltet den Marktzutritt oftmals relativ schwierig gestaltet.[4]

Die von Newcomern aufzubringenden Investitionen, in die Entwicklung des Blattes und um die Leser durch Werbung oder Preisnachlässe zum Kauf des eigenen, neuen Blattes zu veranlassen, sind nicht nur über einen längeren Zeitraum aufzubringen, sondern auch hochgradig irreversibel.[5] Nach dem ein Produktionsfaktor in seiner Verwendung festgelegt wurde, weist er im allge-

---

1 Vgl. PESCH (1960), S. 124ff.

2 Vgl. PESCH (1960), S. 122. Zwar werden in Deutschland Presseerzeugnisse nur mit einem niedrigeren Mwst-Satz belegt und gibt es Vergünstigungen in der Verbreitung durch den Postzeitungsdienst, doch gilt dies für alle Titel von In- und Outsidern gleichermaßen, so daß sich unter den Presseerzeugnissen selbst keine Verzerrungen ergeben.

3 Vgl. NUSSBERGER (1960), S. 547; SCHÜTZ (1971), S. 669; ders. (1989), S. 314.

4 Vgl. auch KOPPER (1983), S. 159.

5 Zum Konzept der Irreversibilität vgl. KANTZENBACH/KRUSE (1989), S. 60ff.

meinen in jeder anderen Verwendung einen geringeren Wert auf. Die Höhe der Irreversibilität eines Produktionsfaktors ergibt sich dann aus der wertmäßigen Differenz zur nächstbesten Verwendungsalternative. Im Falle eines Mißerfolges des neuen Blattes entstehen Marktaustrittskosten, da die Investitionen in Blattentwicklung, Werbung, Preisnachlässe etc. unwiederbringlich verloren sind. Im Gegensatz zu den Newcomern haben die Insider die irreversiblen Investitionen schon getätigt und sind in der Lage, den Preis so lange zu senken bzw., da Preissenkungen im Pressebereich weniger üblich sind, konstant zu halten, wie ihre reversiblen Stückkosten gerade noch gedeckt werden.[1]
Des öfteren findet sich die Auffassung, daß die Marktzutrittschancen am Pressemarkt deshalb gering oder zumindest problematisch seien, weil mit dem Zutritt ein sehr hoher Kapitalbedarf bzw. sehr hohe Kapitalkosten verbunden seien, wobei sich der hohe Kapitalbedarf aus den kostspieligen technischen Produktionsanlagen ergebe.[2] Hierbei gilt es aber zu bedenken, daß eine eigene Druckerei nicht notwendig ist für die Herausgabe einer Zeitung oder Zeitschrift, was u.a. dadurch verdeutlicht wird, daß 85% der Verlage über keine eigene Druckerei verfügen.[3] Auch kann der Auffassung, daß im Falle des Druckes in einer fremden Druckerei (Lohndruck) das neugegründete Blatt von dieser Druckerei abhängig würde,[4] nicht mehr entsprochen werden, als daß der Einsatz jedes beliebigen Produktionsfaktores ein gewisses "Abhängigkeitsverhältnis" vom Anbieter dieses Faktors für das betreffende Unternehmen bedingt.
Aber auch ohne eine eigene Druckerei ergeben sich wie oben ausgeführt signifikante Skaleneffekte, d.h. Größenvorteile durch die hohen First Copy Costs. Ist die mindestoptimale Betriebsgröße in Relation zum Marktpotential groß und haben suboptimale Betriebsgrößen signifikante Stückkostennachteile, dann kann sich nur eine kleine Anzahl von Anbietern am Markt behaupten. Newcomer müßten deshalb einen hohen Marktanteil erreichen, um effizient zu produzieren. Befindet sich der Markt wie z.B. im Bereich lokaler Tageszeitungen zusätzlich noch in der Ausreifungs- oder Stagnationsphase, geht der Zutritt immer zu Lasten etablierter Anbieter, und ein abschreckend harter Konkurrenzkampf steht zu erwarten.[5]

---

1 Vgl. KANTZENBACH/KRUSE (1989), S. 81.

2 Vgl. H. ARNDT (1967), S. 5f. und 19; SCHÜTZ (1971), S. 669.

3 Vgl. Anhang A14.

4 Vgl. H. ARNDT (1967), S. 19.

5 Vgl. HEINRICH (1984), S. 79. Ferner KOPPER (1983), S. 161. Zu den Marktphasen vgl. HEUSS (1965).

Für ausländische Anbieter, die in einen inländischen Markt treten wollen, ergeben sich weitere und im Vergleich mit herkömmlichen Industriegütern divergierende Barrieren. Während es bei letzteren oftmals ausreicht, sich den jeweiligen nationalen Sicherheitsbestimmungen zu unterwerfen und die Bedienungsanleitung zu übersetzen, gilt es bei Zeitungen und Zeitschriften zunächst die sprachlichen Barrieren zu überwinden. Das Blatt muß übersetzt werden, was mit zusätzlichen Kosten verbunden ist. Ferner trifft die eigenständige sozio-kulturelle Identität der Zeitungen und Zeitschriften normalerweise nicht auch auf andere Länder zu. Dies bedingt, daß die Transferierung eines Blattes vom Inland ins Ausland im allgemeinen nicht ohne gewisse inhaltliche Anpassungen und zusätzliche Kosten möglich ist.[1]

Strategische MZS sind von den etablierten Anbietern errichtete Barrieren, um Newcomer vom Markt fernzuhalten. Hierzu zählen strategische Produktdifferenzierungen. Produktdifferenzierungen geben den Unternehmen gewisse Preissetzungsspielräume und dienen der besseren Anpassung des Blattes an die Bedürfnisse bestimmter Nachfrager.[2] Die gefestigten Leserpräferenzen machen sich dann als Eintrittsbarrieren für Newcomer bemerkbar.

Strategische Produktdifferenzierungen werden z.B. angewandt, wenn bekannt ist, daß ein neuer Titel ein gewisses Teilmarktsegment stärker bedienen will, in dem etablierte Titel dann diesen thematischen Bereich stärker focussieren. Dies muß allerdings relativ lange vor dem geplanten Marktzutritt erfolgen, damit sich die Präferenzen der Leser festigen können.

Die Marktzutrittsschranken sind jedoch nicht für alle Unternehmen gleich hoch. Verlage, die schon in anderen Marktsegmenten oder Teilmärkten etabliert sind, haben gegenüber anderen Verlagen und insbesondere gegenüber branchenfremden Unternehmen oftmals gewisse Vorteile und mithin geringere Marktzutrittsschranken. So können sie absolute Kostenvorteile haben, da sie z.B. über einschlägige Erfahrungen verfügen, Nachfragevorteile wegen ihres Bekanntheitsgrades[3] oder Risikovorteile wegen geringerer Irreversibilitäten haben.[4] Das heißt, Branchen-Insider haben im Pressebereich eine deutlich höhere Angebotsflexibilität als Branchen-Outsider.

---

1 Zu den verschiedenen Strategien der Internationalisierung vgl. SCHULTE-HILLEN (1987), S. 3; ALTHANS (1989b), S. 772ff.; SCHROEDER (1994), S. 31ff. und 113ff.

2 Sie ermöglichen ferner eine Abgrenzung differenzierter Zielgruppen für die Werbenden (s.u.)

3 Dies realisierte z.B. der Springer Verlag als er Titel und Konzept seiner BILD ZEITUNG für die neuen Titel BILD DER FRAU, AUTO BILD und SPORT BILD modifiziert einsetzte (vgl. auch REIMER (1992), S. 19).

4 Vgl. KANTZENBACH/KRUSE (1989), S. 89ff. Ferner KANTZENBACH/KRÜGER (1990), S. 478.

Im Bereich der Tageszeitungen sind die Marktzutrittsschranken durch stark ausgeprägte Leser-Blatt-Bindungen und skaleneffektbedingte, relativ große MOG mit signifikanten Stückkostennachteilen kleinerer Betriebsgrößen üblicherweise sehr hoch.[1] Die große Bedeutung der lokalen/regionalen Informationen lassen auch kaum noch Spielraum für Marktzutritte durch weitere lokale Differenzierung, denn dies haben die Anzeigenblätter übernommen. Dementsprechend können die Marktzutrittschancen im Bereich lokaler Tageszeitungen als verschwindend gering bezeichnet werden.[2]
Auch für den Bereich der Publikumszeitschriften können die Markteintrittsbarrieren grundsätzlich als relativ hoch bezeichnet werden. Besonderes Gewicht bekommt wegen der üblichen überregionalen Verbreitung hier noch die Tatsache, daß neue Titel wegen der ungewissen Erfolgschancen eine deutlich höhere Verkaufsreserve benötigen,[3] so daß sich höhere Remissionskosten ergeben als bei etablierten Blättern. Allerdings besteht bei Publikumszeitschriften wegen der Vielfalt der Interessen und Vorlieben in weitaus größerem Maße die Möglichkeit des Marktzutritts via differenzierter Produkte (s.u.).
Für den eher mittelständisch geprägten Bereich der Fachzeitschriften werden zum einen geringe[4] und zum anderen hohe[5] Marktzutrittsschranken konstatiert. Hohe MZS scheinen dabei eher für Verbandszeitschriften zu bestehen, bei denen es enger Kontakte zu den Fachorganisationen und Verbänden bedarf, damit ein hochgradig aktueller Informationsstand gehalten werden kann. In diese über Jahre gewachsenen Informationsstrukturen einzudringen, scheint für einen Newcomer schwierig.[6]
Bei der Herausgabe von Kundenzeitschriften bestehen insbesondere für andere Verlage nur sehr niedrige Zutrittsschranken, da sie kostenlos abgegeben werden und der redaktionelle Aufwand üblicherweise nur gering ist.[7] Bei Anzeigenblättern sind die Marktzutrittsschranken insbesondere für die (örtlichen) Zeitungsverlage sehr niedrig.[8] Diese können ohne große Probleme ihre ganze Redaktion und Administration für die Herausgabe eines Anzeigenblattes nut-

---

1 Vgl. PRATTEN (1975), S. 249ff; MONOPOLKOMMISSION (1986), Tz. 738ff.

2 Vgl. KOPPER (1983), S. 153ff.; SCHÜTZ (1984), S. 65ff.

3 Vgl. BRUMMUND (1985), S. 141.

4 Vgl. MONOPOLKOMMISSION (1988), Tz. 493 und 501; dies. (1990), Tz. 602.

5 Vgl. WEHRLE (1989), S. 224f.

6 Vgl. WEHRLE (1989), S. 224.

7 Vgl. MONOPOLKOMMISSION (1992), Tz. 673.

8 Vgl. MONOPOLKOMMISSION (1992), Tz. 672. So ist es nicht verwunderlich, daß die Anzeigenblätter oftmals zum örtlichen Zeitungsverlag gehören (vgl. W&V (1991), S. 62; PÄTZOLD/RÖPER (1992), S. 649).

zen. Zudem bedingt die unentgeltliche Verbreitung auch hier eine schnellere Akzeptanz als z.B. bei den entgeltlich zu erwerbenden Zeitungen oder Publikumszeitschriften.
Festgehalten werden kann, daß zwar die Herausgabe eines neuen Blattes rein von der physikalischen Produktion her nicht übermäßig schwer erscheint, der Marktzutritt sich aber oftmals relativ problematisch darstellt. Die Ursachen hierfür liegen in der ausgeprägten Bindung der Leser an "ihre" Zeitung bzw. Zeitschrift, d.h. in den ausgeprägten Präferenzen, die hochgradig irreversible Anfangsinvestitionen bedingen, und in den signifikanten Skaleneffekten, die relativ hohe mindestoptimale Betriebsgrößen bedingen.

3. Produktdifferenzierung

Die Intensität eines möglichen Verdrängungswettbewerb in einer Industrie hängt zum einen von der Größe der MOG in Relation zum Marktvolumen und zum anderen vom Ausmaß der Steigung der LDK-Funktion, d.h. vom Stückkostennachteil kleinerer Betriebsgrößen ab. Im Pressebereich liegen üblicherweise relativ große MOG vor und ist die Steigung der LDK-Kurve groß, da den sehr hohen FCC nur relativ geringe, konstante Grenzkosten gegenüberstehen. Dies hat zur Folge, daß eine gleichartige Zeitung oder Zeitschrift mit kleinerer Auflage wegen des Stückkostennachteiles langfristig nicht konkurrenzfähig ist. Erst das Suchen und Finden von Marktnischen, d.h. die erfolgreiche Produktdifferenzierung schwächt den Wettbewerbsdruck ab und ermöglicht das Überleben trotz kleinerer Auflage. Die Produktdifferenzierung dient dabei der Verminderung der Preiselastizität der Nachfrage, so daß ein höherer Preis gefordert werden kann.

> "If scale economies exist, however, newspaper buyers in the aggregate must choose between multiple 'tailor-made' newspaper products produced by small relatively high-cost firms and a cheaper 'common-denominator' product produced by a large-scale firm. These choices or product preferences will, of course, be reflected in demands facing each firm. For sufficiently strong buyer product preferences and/or for sufficiently small differences in per unit cost (as in large markets) multiple firms may survive; otherwise, scale economies may well overbalance diversity in product preference to create an isolated firm."[1]

---

1 Vgl. ROSSE (1967), S. 523. Vgl. ferner ders. (1975), S. 10; OWEN (1975), S. 17.

Im Bereich der Tageszeitungen hat sich die Differenzierung wegen der besonderen Bedeutung lokaler Informationen im wesentlichen nach geographischen Gebieten ergeben, so daß fast ausschließlich lokale/regionale Zeitungen existieren, oftmals ohne direkte Konkurrenten.[1] Die Differenzierung bei Publikumszeitschriften erfolgt dagegen nach verschiedenen inhaltlichen Schwerpunkten und ist inzwischen mehr eine Strategie des Marktzutritts. Die differierenden Interessen bieten Chancen zum Marktzutritt, was nachfolgend für den Bereich der Programmzeitschriften exemplarisch dargestellt werden soll.

3.1. Theorie der Produktdifferenzierung

Um die Produktdifferenzierung, d.h. die Zunahme der Produktvielfalt modellhaft darzustellen, werden im folgenden einige Vereinfachungen vorgenommen.[2] Die überwiegende Mehrzahl der Güter hat mehrdimensionale Charakteristika. Es soll jedoch nachfolgend angenommen werden, daß das betreffende Gut jeweils nur ein Merkmal hat, bzw. es wird nur dieses eine betrachtet. Es kann sich hierbei z.B. um die Entfernung zum Produktionsort[3] oder auch den Schwerpunkt der redaktionellen Berichterstattung handeln.
In Abb. 5 ist auf der Abszisse der eindimensionale Eigenschaftsraum dargestellt, in dem die Produkteigenschaft variieren kann. Die relevante Produkteigenschaft sei in diesem Fall das Ausmaß der redaktionellen Berichte über Spielfilme in einer Programmzeitschrift (Spielfilminfos). Vertikal werden die Renten gemessen, d.h. Gesamt- und Produzentenrente, deren Differenz die Konsumentenrente ist.[4]
Die Präferenzen der Konsumenten für Spielfilminformationen seien dergestalt entlang des Produkteigenschaftsraumes verteilt, daß Leser, deren am meisten bevorzugte Programmzeitschrift relativ umfangreiche Spielfilminformationen enthält, ihre Präferenzen weiter rechts haben, vice versa. Für die Präferenzen und ebenso für deren Intensität sei eine Gleichverteilung unterstellt.

---

1 Siehe Anhang A17.

2 Die Darstellung folgt in ihren Grundzügen SCHERER/ROSS (1990), S. 602ff., und F.M. SCHERER (1979), S. 115ff.

3 Dies ist der Ausgangspunkt in HOTELLINGs grundlegender Arbeit zur Produktdifferenzierung (vgl. HOTELLING (1929), S. 472ff.).

4 In Punkt A repräsentiert z.B. die Strecke AG die Produzenten-, GF die Konsumenten- und AF die Gesamtrente.

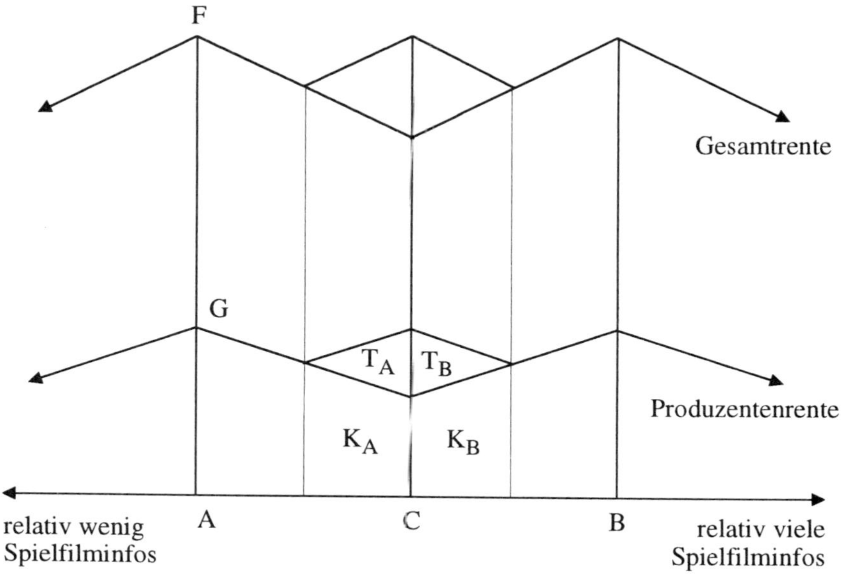

Abb. 5: Kannibalisierung durch Produktdifferenzierung

Ferner sei angenommen, daß es nur zwei Programmzeitschriften gibt, die von zwei verschiedenen Verlagen angeboten werden und genau den Präferenzen der Konsumenten in Punkt A bzw. B entsprechen. Andere Konsumenten, die nur unvollständig befriedigt werden, weil ihre Präferenzen woanders liegen, müssen entweder Zeitschrift A oder B kaufen oder auf den Konsum verzichten. Der hierdurch bedingte Nutzenentgang führt zu einer geringeren Nachfragemenge. Je weiter entfernt die Präferenzen von den Charakteristika der verfügbaren Zeitschriften liegen, desto geringer ist die Nachfrage und folglich auch die Rente. In Verbindung mit der Gleichverteilungsannahme ergeben sich die "Zeltformen" der Funktionen.
Wird nun eine dritte Programmzeitschrift C mit der Eigenschaft des Punktes C (mittlere Menge an Spielfilminformationen) eingeführt, werden die Präferenzen der Konsumenten, die in dessen Nähe liegen, besser befriedigt. Das führt dazu, daß ihr Konsum zunimmt, und infolgedessen auch die Renten steigen. Es entsteht ein neues "Zelt" über Punkt C.[1]

---

1 Hierbei wurde für den Verlauf der Rentenfunktionen vereinfachend unterstellt, daß die neue Zeitschrift zu den gleichen variablen Stückkosten produziert und zum gleichen Preis wie Gut A und B angeboten werden kann.

Ein Newcomer würde durch das Anbieten der Zeitschrift C sowohl die Flächen T_A und T_B als auch die Flächen K_A und K_B gewinnen. K_A und K_B stellen dabei Umverteilungen von Produzentenrente der Zeitschriften A und B an den Newcomer dar und werden als "Kannibalisierung" bezeichnet.[1] Die Verlage A oder B würden demgegenüber bei der eigenen Herausgabe von Zeitschrift C nur die Produzentenrente, d.h. die Flächen T_A und T_B und einen kleineren Kannibalismus-Betrag (K_A bzw. K_B) hinzugewinnen. Das heißt, daß ein Angebot durch einen neuen Verlag C dann zustande kommt, wenn seine Kosten der Lancierung von Zeitschrift C $< T_A + T_B + K_A + K_B$ sind,[2] und daß die etablierten Anbieter Zeitschrift C anbieten würden, wenn ihre Lancierungskosten $< T_A + T_B + K_A$ bzw. K_B sind. Bei gleichhohen Lancierungskosten ist deshalb c.p. eher mit einem Angebot von Zeitschrift C durch einen Newcomer zu rechnen.[3]

Sofern aber die Möglichkeit des Marktzutritts für andere Verlage besteht, haben die etablierten Anbieter A und B jedoch eine andere Entscheidungssituation. Trotz eines damit verbunden Verlustes (wegen Lancierungskosten > $T_A + T_B + K_A$ bzw. K_B) könnten sie zu dem Entschluß gelangen, Zeitschrift C selbst anzubieten, um einem möglichen Zutritt eines Newcomers vorzubeugen. Dessen Zutritt hätte den Verlust von K_A bzw. K_B (Kannibalisierung) zur Folge, so daß, solange K_A bzw. K_B > (Lancierungskosten - $T_A + T_B + K_A$ bzw. K_B) ist, die eigene Produktdifferenzierung eine rationale Entscheidung darstellt, da sie zur Verlustminimierung beiträgt. Diese Motivation einer präventiven Abwehrreaktion ist gerade im Pressebereich nicht unbedeutend.

3.2. Produktdifferenzierung auf dem Markt der Programmzeitschriften

Bis 1983 bestand der Markt der Programmpresse aus 6 etablierten Titeln, die zu 4 verschiedenen Verlagen gehörten. Diese Zeitschriften hatten in IV/83 eine

1 Vgl. F.M. SCHERER (1979), S. 118; SCHERER/ROSS (1990), S. 605.

2 Genau genommen ist der Barwert von $T_A + T_B + K_A + K_B$ über alle Jahre, die Zeitschrift C voraussichtlich angeboten wird, die entscheidende Determinante.

3 Die Produktdifferenzierung im Pressebereich erfolgt für gewöhnlich nicht nur mit Blick auf den Pressemarkt, sondern mit simultanen Blick auf den Anzeigenmarkt. Das heißt, die zur Deckung der Kosten der Lancierung nötigen Renten können von beiden Märkten stammen. Welchem der beiden Märkte dabei das Primat eingeräumt wird, ist vom Einzelfall abhängig. Vgl. dazu unten den Abschnitt zum Marktzutritt am Anzeigenmarkt.

verkaufte Auflage von 13,6 Mio. Exemplaren, die sich gemäß Tab. 6 ausschlüsselte. Springer und Bauer waren demnach mit einen Marktanteil von 46,2% bzw. 38,5% unangefochtene Marktführer, während Burda (7,8%) und Sebaldus (7,5%) nur eine relativ kleine Rolle spielten. Dies wird noch deutlicher dadurch, daß der Markt sich in zwei Segmente aufteilte: (1.) die hochpreisigen Titel (HÖRZU, TV HÖREN UND SEHEN, BILD + FUNK, GONG) und (2.) die niedrigpreisigen Titel (FERNSEHWOCHE, FUNK UHR). Beide Segmente waren folglich von der Anzahl der Anbieter her oligopolistisch strukturiert.

Tab. 6: Marktanteile der Programmpresse 1983

Titel	Verlag	verk. Auflage TEX, IV/83	Marktanteil %
HÖRZU	Springer	3.702	27,3
TV HÖREN UND SEHEN	Bauer	2.585	19,0
BILD + FUNK	Burda	1.063	7,8
GONG	Sebaldus	1.022	7,5
FERNSEHWOCHE	Bauer	2.645	19,5
FUNK UHR	Springer	2.565	18,9
6 Titel	4 Verlage	13.582	100,0

Quelle: IVW zitiert nach KOSCHNICK (1988), S. 436. Eigene Berechnungen.

Tab. 7: Marktanteile der Programmpresse 1984

Titel	Verlag	verk. Aufl. TEX, IV/84	Veränd. ggü. IV/83	Marktanteil %
HÖRZU	Springer	3.542	-160	22,2
TV HÖREN UND SEHEN	Bauer	2.409	-176	15,1
BILD + FUNK	Burda	1.036	-27	6,5
GONG	Sebaldus	1.005	-17	6,3
FERNSEHWOCHE	Bauer	2.257	-388	14,1
FUNK UHR	Springer	2.245	-320	14,1
AUF EINEN BLICK	Bauer	2.013	+2.013	12,6
DIE ZWEI	Sebaldus	820	+820	5,1
BILDWOCHE	Springer	636	+636	4,0
9 Titel	4 Verlage	15.963	+2.381	100,0

Quelle: IVW zitiert nach KOSCHNICK (1988), S. 436. Eigene Berechnungen.

Zur Jahreswende 1983/84 kam dann Bewegung in den Markt, nach dem Sebaldus mit DIE ZWEI eine Zeitschrift herausbrachte, die erstmals zwei Genres verband, nämlich Programmzeitschrift und aktuelle Illustrierte, und dies zu einem Preis von DM 0,90, der 10 Pfg. unter den niedrigpreisigen Blättern lag. Durch diesen Angriff sahen die Marktführer insbesondere das Segment von FERNSEHWOCHE und FUNK UHR bedroht und brachten schon 3 Wochen später ihre (Billig-)Imitate heraus: Springer die BILDWOCHE zu DM 0,60 und Bauer AUF EINEN BLICK zu DM 0,60. Beide waren somit 30 Pfg. billiger als der Newcomer DIE ZWEI.[1]
Der Markt der Programmzeitschriften setzte sich damit in 1984 aus 9 Titeln verteilt auf drei Segmente zusammen (s. Tab. 7).

Sebaldus suchte und fand mit DIE ZWEI erfolgreich eine Marktnische, die gleichzeitig weit genug entfernt vom GONG lag, so daß dieser nicht selbst kannibalisiert wurde. Statt dessen waren die FERNSEHWOCHE und FUNK UHR stärker betroffen. Sie mußten einen größeren Auflagenrückgang hinnehmen als die hochpreisigen Titel. Dies deutet auf eine relativ engere Substitutionalität der neuen Titel mit FERNSEHWOCHE und FUNK UHR hin. Ein Grund für das schnelle Nachziehen von Bauer und Springer kann deshalb darin gesehen werden, daß sie sich lieber selbst kannibalisieren wollten, als die Renten Sebaldus zufliessen zu lassen.
Es zeigt sich aber auch, daß die neuen Titel eine aus Konsumentensicht positive Produktdifferenzierung darstellten, in dem Sinne, daß die Gesamtnachfrage nach Programmzeitschriften zunahm, den Konsumentenbedürfnissen folglich besser entsprochen wurde. Zwar wurde die Nachfrage auch von den etablierten Titeln umgelenkt, doch war der Nachfrageschaffungseffekt größer. Der Gesamtverkauf stieg um 2,4 Mio. Exemplare. Dies deutet tendenziell auf eine relativ geringe Kannibalisierung durch die neuen Titel hin. Möglicherweise hatten Bauer und Springer dies erkannt und folgten mit ihren Blättern auch deshalb Sebaldus in die Marktlücke.
Strukturell hatten die neuen Blätter keine grundlegende Veränderung mitsichgebracht, die Marktform des engen Oligopols blieb erhalten. Allerdings war Bauer in der Lage den Auflagerückgang der FERNSEHWOCHE von knapp 400.000 Exemplaren durch den durchschlagenden Erfolg von AUF EINEN BLICK, welches DIE ZWEI schnell überflügelte, zu überkom-

1 Vgl. REIMER (1992), S. 29f.; MAHLER (1986b), S. 52ff.; KOSCHNICK (1988), S. 439f. Die Marktführer sahen sich auch deshalb gefordert, weil ein paar Jahre zuvor Sebaldus schon mit DIE AKTUELLE erfolgreich in die angestammten Märkte (unterhaltende Frauenzeitschriften) von Bauer eingedrungen.

pensieren, so daß Bauer mit einem Marktanteil von 41,8% Springer (40,3%) überholte. Sebaldus steigerte seinen Marktanteil auf 11,4% und Burda fiel leicht zurück auf 6,5%.

Die nächste Neueinführung auf dem Markt der Programmpresse ließ sechs Jahre auf sich warten. 1990 brachten Sebaldus und Burda als Joint Venture SUPER TV in den neuen Bundesländern heraus. Die Zusammenarbeit der beiden Verlage kann möglicherweise als Indiz für befürchtete Vergeltungen von Seiten Bauers und Springers wie bei der Einführung von DIE ZWEI gesehen werden.[1] Solche direkten Vergeltungsmaßnahmen blieben jedoch aus.

Das Neuauftreten der Verlagsgruppe Milchstraße im August 1990 sorgte dagegen für größere Hektik. Bis dato enthielten die klassischen Programmzeitschriften neben dem TV-Teil einen Serviceteil, eine Vielzahl an Berichten und waren für die gesamte Familie konzipiert. Milchstraße erkannte in der gestiegenen TV-Programmvielfalt eine Marktnische und lancierte mit TV SPIELFILM ein monatlich erscheinendes Blatt, daß sich erstmals nicht mehr an die ganze Familie, sondern an die jüngeren Zuschauer wendet, und thematisch auf Spielfilme spezialisiert ist.[2] Nach dem Relaunch und der Umstellung auf 14-tägliche Erscheinung im Februar 1991 gewann TV SPIELFILM schnell an Auflage. Wiederum war es der Bauer Verlag der reagierte, wenn auch erst mit einem deutlichen Time-Lag: Im November 1991 brachte Bauer mit TV MOVIE ein inhaltlich und konzeptionell ähnliches Blatt zu einem günstigeren Copypreis heraus.

Es zeigt sich hier insbesondere, daß der innovative Verlag auch damit rechnen muß, daß andere, schon auf dem Markt vertretene Verlage ihm nicht nur relativ schnell folgen, d.h. sein Produkt imitieren werden, wenn sie kannibalisiert werden, sondern auch, wenn das neue Blatt eine echte Marktlücke füllt, die Zeitschriften also relativ schlechte Substitute darstellen. Schon am Markt bestehende Verlage haben neben der Marktkenntnis zum einen den Vorteil geringerer Entwicklungskosten, und solange sich die Leser-Blatt-Bindung noch nicht so stark ausgeprägt hat, sind die Nachfrager zum anderen noch relativ flexibel und mit weniger großen Aufwand zum Kauf des eigenen Blattes zu bewegen. Dieser Prozeß der Imitation führt dazu, daß der anfängliche Pioniergewinn des Innovators zumindest teilweise erodiert.

---

1 Vgl. REIMER (1992), S. 31.

2 Vgl. TURI (1991), S. 31; REIMER (1992), S. 32. Auch Milchstraße hatte anscheinend aus der Erfahrung von DIE ZWEI und den vehementen Abwehrreaktionen der Etablierten gelernt und kam erst mit TV SPIELFILM auf den Markt, nach dem sich Ende 1989 der zur FIAT-Gruppe gehörende Rizzoli-Verlag mit 74,9% daran beteiligte.

Auch 1992 kam der Markt nicht zur Ruhe. Im Frühjahr brachte der Bastei Verlag den Titel TV SERIENHITS auf den Markt und suchte sich damit die Nische der Serien. Neben dem TV-Programm erhält der Leser insbesondere Informationen über "seine" TV-Serien und deren Stars. Anscheinend fühlten sich die Etablierten hierdurch weder bedroht, noch witterten sie größere Gewinne, denn es erfolgte keine Reaktion auf den Newcomer. Im Herbst 1993 erfolgte denn auch der Verkauf des Blattes an Sebaldus und dessen Relaunch in die 14-tägliche Programmzeitschrift TV SERIEN.
Anders war dies jedoch im Spätsommer 1992. Nach dem Gruner + Jahr mit der Übernahme des ostdeutschen Berliner Verlages in den Besitz der Programmzeitschrift FF DABEI kam, brachten sie die relaunchte Version F.F. als Billigtitel mit Nr. 36/92 auf den westdeutschen Markt.[1] Springer und Bauer hatten schon im Vorfeld keinen Zweifel daran aufkommen lassen, daß sie einer solchen West-Expansion von F.F. mit eigenen Billigtiteln zur Erhaltung ihrer Marktanteile kontern würden.[2] So brachte Springer denn auch seinen neuen Billigtitel TV NEU mit der gleichen Ausgabe (36/92) heraus.[3]
Eine Woche später placierte überraschenderweise auch die Milchstraße ein neues Blatt (KABEL TV), das mit seinen neuen Zeitschema eine neue Marktnische füllen sollte. KABEL TV war allerdings ebenso wenig erfolgreich wie sein Relaunch TV GUIDE, welcher im Sommer 1993 schließlich eingestellt wurde. Kurz darauf, d.h. nach dem F.F., TV NEU und KABEL TV von ihren Einführungspreisen abgegangen waren, war der Marktführer Bauer mit seinen neuen Billigblatt TV KLAR zur Stelle.[4]
Damit gestalte sich der Markt für Programmzeitschriften im 4. Quartal 1993 gemäß Tab. 8. Er umfaßte nun 16 Titel, die sich grob in 5 Segmente untergliedern ließen: (1.) hochpreisige Titel; (2.) mittelpreisige Titel (vormals mittleres und unteres Preissegment); (3.) die neuen Billigtitel, von denen SUPER TV allerdings bisher nur im Osten verbreitet wird; (4) Spielfilmtitel; und (5.) Serientitel. Hiervon haben sich die Spielfilmtitel mit einem Marktanteil von 17,6% als besonders erfolgreich erwiesen.

---

1 F.F. wurde im Herbst 1993 an den Deutschen Supplement Verlag (DSV) verkauft, der auch das Programm-Supplement RTV herausgibt. Der Deutsche Supplement Verlag gehört ebenso wie Gruner + Jahr zu Bertelsmann.

2 Vgl. MARTINI (1991), S. 94.

3 "Wenn wir schon kannibalisiert werden, kannibalisieren wir uns lieber selber" Günter Prinz, stellvertr. Vorstandsvorsitzender des Springer Verlages, zitiert nach SPIEGEL (1992), S. 55.

4 Vgl. auch BWBZ (1992), S. 4f.

Tab. 8: Marktanteile der Programmpresse 1993

Titel	Verlag	Copypreis[1] [DM]	verk. Aufl. TEX, IV/93	Marktanteil[2] %
HÖRZU	Springer	2,30	2.707	12,6
TV HÖREN & SEHEN	Bauer	2,30	2.381	11,1
BILD + FUNK	Burda	2,30	758	3,5
GONG	Sebaldus	2,30	905	4,2
FERNSEHWOCHE	Bauer	1,70	2.082	9,7
FUNK UHR	Springer	1,70	1.880	8,8
AUF EINEN BLICK	Bauer	1,60	2.840	13,2
DIE ZWEI	Sebaldus	1,60	555	2,6
BILDWOCHE	Springer	1,60	502	2,3
SUPER TV	Seb./Burda	1,20	517	2,4
F.F.	DSV	1,20	588 [3]	2,7
TV NEU	Springer	0,80	707	3,3
TV KLAR	Bauer	0,80	1.084	5,1
TV SPIELFILM	Milchstr.	2,50	1.785	8,3
TV MOVIE	Bauer	2,30	1.992	9,3
TV SERIEN	Sebaldus	2,50	200 [4]	0,9
16 Titel	6 Verlage		21.483	100,0

[1] Ausgabe 48/93 bzw. 24/93.
[2] Ungewichtete Marktanteile, d.h. ohne Berücksichtigung der verschiedenen Erscheinungsweisen.
[3] Davon rund 84% in den neuen Bundesländern.
[4] Verlagsangabe Oktober 1993.

Gegenüber 1983 läßt sich zwar eine deutlich größere Produktvielfalt feststellen, gleichzeitig ist der Markt immer noch oligopolistisch strukturiert, da sich die 16 Titel auf nur 6 Verlage verteilen. Durch die ganzen Neueinführungen seit 1983 ergaben sich unter den anbietenden Verlagen aber beträchtliche Verschiebungen. Bauer hat seine Bedeutung als Marktführer durch die immer wieder gezeigte, bemerkenswerte Reaktionsgeschwindigkeit halten können (Gesamtmarktanteil: 48,4%). Dagegen hat Springer deutlich verloren und kommt nur noch auf einen Marktanteil von 27,0%. Sebaldus hält einen Anteil von 8,9%, Milchstraße von 8,3%, Burda von 4,7% und Deutscher Supplement Verlag von 2,7%.[1]

[1] Der Anteil von SUPER TV wurde gemäß der Geschäftsanteile zu je 50% auf Burda und Sebaldus verteilt.

Auch wenn die etablierten Verlage weniger "innovatorische Potenz" bewiesen haben als hohe Reaktionsgeschwindigkeit auf wirksam werdende Konkurrenz,[1] ist der Markt insgesamt deutlich gewachsen. Gegenüber 1984 vergrößerte sich die Gesamtauflage von knapp 16 auf 21,5 Mio. Exemplare pro Erscheinungstag. Das entspricht einer Zunahme von 34,6%. Das bedeutet, daß die Produktdifferenzierungen wie schon 1983 nicht nur eine Nachfrageumlenkung sondern auch eine deutliche Nachfrageschaffung zur Folge hatten.[2]
Der deutliche Zuwachs der Gesamtauflage wird noch bemerkenswerter, wenn er in Verbindung mit den Programm-Supplements gesehen wird. Hierbei handelt es sich um periodisch erscheinende, thematisch auf das TV-Programm spezialisierte Beilagen, die vom Leser nur über das Trägerblatt bezogen werden können.[3] Allein die IVW-gemeldeten Titel, die Tageszeitungen beigefügt werden (BWZ, RTV, IWZ, PRISMA, TELEPRISMA), haben eine Gesamtauflage von knapp 15 Mio. Exemplaren (IV/93).[4] Daß die Programm-Supplements im Wettbewerb zu den anderen Programmzeitschriften stehen, wird auch dadurch deutlich, daß laut Bauer die neuen Billigtitel (TV KLAR etc.) nur die Nutzung der Supplements verringern sollen.[5]
Wenn man die Auflage der Programmzeitschriften und der IVW-gemeldeten Supplements zusammenzählt, ergibt sich eine Gesamtauflage der Programmtitel von 36,5 Mio. Exemplaren. Woraus sich bei 35 Mio. privaten Haushalten in der gesamten Bundesrepublik Deutschland[6] eine rechnerische Dichte 1,04 Exemplaren pro Haushalt ergibt. Zudem befinden sich in allen Tageszeitungen und vielen anderen Publikumszeitschriften TV-Programmübersichten mit weiteren Informationen. Dies alles ließe vermuten, daß Marktzutritte ohne Aussicht auf Erfolg sind. Und doch kam es seit 1990 zu 8 Marktzutritten im

---

1 Vgl. REIMER (1992), S. 31.

2 Es gilt jedoch zu berücksichtigen, daß in diesen Zeitraum die deutsche Wiedervereinigung fiel, so daß die Zahl der potentiellen Nachfrager stark zunahm. Aber auch nachdem sich der einigungsbedingte Nachfrageschub vorüber war, kam es zu Nachfrageschaffungseffekten: gegenüber dem Zeitpunkt vor den letzten Neueinführungen (III/92) stieg die Gesamtauflage um 0,415 Mio. Exemplare.

3 Vgl. KOSCHNICK (1988), S. 522f.

4 Neben diesen existieren noch weitere Supplements (z.B. STERN TV-MAGAZIN, TELEWELT) und Programmzeitschriften, die von den Fernsehsendern selbst herausgegeben werden, z.B. NDR MAGAZIN und PREMIERE. Vgl. auch MARTINI (1991), S. 92ff.

5 Vgl. THIEDE (1992), S. 32.

6 Vgl. STATISTISCHES BUNDESAMT (1993; Hrsg.), S. 26.

Bereich der Programmzeitschriften, von denen (bisher) nur ein Blatt scheiterte.[1]

Hieraus lassen sich zumindest drei Überlegungen anstellen: Erstens werden die Supplements vielleicht gar nicht gelesen, was jedoch durch die Reichweiten der Media-Analyse widerlegt wird.[2] Zweitens mag die Zahl der Haushalte keine geeignete Bezugsgröße sein. Wenn man davon ausgeht, daß die Zeitschrift oftmals auf oder bei dem Fernsehgerät liegt und Haushalte vielfach mehr als ein Gerät haben, wäre die Anzahl der TV-Geräte eine bessere Bezugsgröße. Gerade von Programm-Supplements würde man dann wegen ihrer geringeren Informationen über die Programminhalte erwarten, daß sie eher beim Zweitgerät liegen.[3] Und drittens könnten sich die Zuschauer durch die steigende Programmvielfalt überfordert fühlen und immer wieder nach geeigneten Hilfestellungen bei der Programmauswahl des sie interessierenden Themenbereiches suchen.

3.3. Marktzutrittschancen durch Produktdifferenzierung

Für den Bereich der Programmzeitschriften läßt sich feststellen, daß auf Seiten der Fernsehzuschauer trotz der zahlenmäßigen Enge des Marktes zumindest bisher eine durchaus gute Chance zum Marktzutritt durch Produktdifferenzierung vorhanden war, da ein ausgeprägtes Bedürfnis nach differenzierten Programmzeitschriften existierte.

Seit Beginn der 80er Jahre kam es im Bereich der Publikumszeitschriften aber nicht nur bei den Programmzeitschriften, sondern z.B. auch bei den Frauenzeitschriften[4] und den Special-Interest-Titeln zu zahlreichen Neugründungen. Von 1983 bis 1992 stieg die Zahl der IVW-gemeldeten Publikumszeitschriften von 302 auf 619,[5] und von diesen Neueinführungen haben mehr als 40 Titel eine verkaufte Auflage von über 100.000 Exemplaren erreicht.[6] Die zahlrei-

---

1 Wobei F.F. nur im Westen und SUPER TV nur im Osten neu eingeführt wurde. Gleichzeitig wurden eigene Ausgaben von 3 großen Programm-Supplements mit einer Gesamtauflage von 4,7 Mio. Exemplaren (IV/93) im Osten eingeführt.

2 Zu den Reichweiten siehe unten Tab. 10, S. 135.

3 Vgl. auch W&V (1992b), S. 106.

4 Vgl. MAHLER (1986a), S. 48

5 Vgl. IVW (1993; Hrsg.), S. 22f.

6 Vgl. BAUER (1993; Hrsg.), S. 17; STERN (1991; Hrsg.), S. 19. Zu den zahlreichen Neugründungen der 80er und 90er Jahre vgl. auch SCHÜÜR (1993), S. 87ff.

chen Newcomer haben auch das Grosso-Sortiment im Laufe der 80er Jahre stark anwachsen lassen. Von 1986 bis 1991 nahm das Grosso-Sortiment jährlich um durchschnittlich 270 Titel zu.[1]
Anfang 1993 kam es zur Neueinführung von zwei politischen Blättern (FOCUS und DIE WOCHE) in ein Segment, das von SPIEGEL, STERN, ZEIT, WOCHENPOST u.a. als ausgefüllt angesehen wurde. Trotzdem erreichten FOCUS (Burda) mit 560.000 und DIE WOCHE (Jahreszeiten Verlag) mit 103.000 verkauften Exemplaren beachtliche Auflagen.[2] Insbesondere der herausragende Erfolg von FOCUS (auf dem Leser- *und* dem Anzeigenmarkt) hat denn auch die anderen drei Großverlage (Gruner + Jahr, Springer, Bauer) veranlaßt, die Lancierung eigener politischer Magazine in Angriff zu nehmen.[3]
Dies alles deutet daraufhin, daß zumindest im Bereich der Publikumszeitschriften der Marktzutritt durch Produktdifferenzierung grundsätzlich möglich ist. Dabei ist ein erfolgreicher Marktzutritt um so leichter, je mehr das neue Blatt zusätzliche Nachfrage schafft und je weniger Nachfrage von etablierten Blättern umgelenkt werden muß. Erst bei der Umlenkung der Nachfrage macht sich die Leser-Blatt-Bindung negativ bemerkbar.
Auch im Zuge des Markteintritts von FOCUS und DIE WOCHE waren die Nachfrageschaffungseffekte deutlich größer als die Nachfrageumlenkungseffekte. Die verkaufte Auflage des SPIEGEL sank von I/93 bis I/94 um 112.000 Exemplare, die des STERN um 50.000 und die Auflage der ZEIT und der WOCHENPOST um 11.000 bzw. 10.000 Exemplare, so daß sich eine Marktausdehnung von 480.000 Exemplare ergab.[4]
Die enorm gestiegene Interessensvielfalt der Bevölkerung scheint weitere erfolgreiche Zutritte zu ermöglichen, so daß von einem starken potentiellen Wettbewerb im Bereich der Publikumszeitschriften ausgegangen werden kann.[5] Dieser besteht aber hauptsächlich zwischen den größeren Verlagen, die tendenziell eher in der Lage sind, die hohen Kosten von Markteinführungen im größeren Stil zu tragen. So wird denn auch in den großen Verlagen über weitere Programmzeitschriften nachgedacht.[6]

---

1 Berechnet nach PRESSE-GROSSO (1992), S. 165; ders. (1991), S. 101.

2 IVW I/94.

3 Vgl. KRESS REPORT (1993a), S. 2f.; ders. (1993b), S. 2f.; MAKOWSKY (1993), S. 3; SPIEGEL (1993), S. 53; FAZ (1993c), S. 15.

4 Auflagenzahlen nach IVW.

5 Vgl. MONOPOLKOMMISSION (1990), Tz. 600; dies. (1992), Tz. 675.

6 Vgl. W&V (1994), S. 73f.

4. Wettbewerbsbeschränkendes Verhalten

Für die Lesermärkte wurde festgestellt, daß sich hier oftmals die Marktform des heterogenen Oligopols findet. Da oligopolistische Strukturen grundsätzlich eine gute Voraussetzung für wettbewerbsbeschränkende Verhaltensabsprachen sind, soll nachfolgend anhand des Programmzeitschriftenmarktes untersucht werden, ob die für Publikumszeitschriften konstatierten Preisführerschaften wettbewerbsbeschränkender Art sind.

4.1. Die strategische Situation im Oligopol

Ein Oligopol liegt vor, wenn die Anbieter mögliche Reaktionen ihrer Konkurrenten bei ihren Entscheidungen berücksichtigen.[1] Dies ist typischerweise der Fall, wenn die Anbieterseite aus einer geringen Anzahl von Anbietern mit jeweils bedeutendem Marktanteil besteht. Wegen des signifikanten Marktanteiles eines jeden Oligopolisten beeinflussen seine wettbewerblichen Aktionen die Absatzsituationen der anderen Oligopolisten merklich, vice versa. Aufgrund dieser parametrischen Interdependenz stehen die Oligopolisten in einer strategischen Situation mit zwei grundsätzlichen Optionen: zum einen können sie einen aggressiven Wettbewerb ("cut-throat competition") führen[2] oder zum anderen durch kollusives Verhalten den Wettbewerb beschränken.
Die sich aus der Unsicherheit der Oligopolsituation ergebenden Wirkungen auf die Preise und Gewinne, insbesondere die ständige Angst vor einem "unnötigen", kostspieligen und eventuell existenzbedrohenden Preiskrieg, wird die Oligopolisten üblicherweise dazu veranlassen, ihren Antagonismus und Argwohn zu überwinden zu versuchen und statt dessen eine Form der Kollusion zu etablieren.[3] Dies gilt besonders für enge Oligopole mit etwa zwei bis fünf Anbietern.[4]

---

1 Vgl. MACHLUP (1937), S. 270ff.; ferner FRISCH (1933), S. 24ff. Für einen Überblick über die Oligopoltheorie vgl. FELLNER (1949); BAIN (1952), S. 267ff.; MACHLUP (1966), S. 358ff.; KANTZENBACH/KRUSE (1989), S. 22ff.

2 Der Wettbewerb im Oligopol unterscheidet sich grundlegend vom Wettbewerb im Polypol. Im Oligopol wird er im Bewußtsein der Interdependenz geführt und zielt auf eine Verhaltensänderung oder eine Verdrängung der Rivalen ab. Im Polypol ist dagegen eine Koordination nicht möglich, so daß der Wettbewerb nicht auf eine Beeinflussung der Rivalen abzielt. Statt dessen werden die Konkurrenten als selbstverständlich und gegeben betrachtet, und der Wettbewerb dient dem eigenen Überleben (vgl. FELLNER (1949), S. 177).

3 Vgl. BAIN (1952), S. 281; ROTHSCHILD (1947), S. 363 und 367; MACHLUP (1966), S. 422. "People of the same trade seldom meet together, even for merriment and diversion,

4.2. Kollusives Verhalten

Kollusion bezeichnet die mehr oder weniger geheime und formelle Absprache zur Koordination wettbewerbsbeschränkenden Verhaltens unter den Anbietern.[1] Die Kollusion umfaßt folglich viele Spielarten. Sie reicht von ganz lokkeren Verständigungsformen ohne Kontakt oder Informationsaustausch, z.B. Tradition und Brauch, bis hin zu den vollendetsten Bündnissen und Verträgen.[2] Vorzugsweise bezieht sich Kollusion auf den Preis, da andere Parameter der Unternehmenspolitik wie Produktqualität, Innovationstätigkeit oder Werbung wesentlich schwieriger zu erfassen sind und außerdem der Wettbewerb in diesen Bereichen nicht so gefährlich ist, da allein der Preis jederzeit kurzfristig bis zum Existenskampf genutzt werden kann.[3]
Da die explizite Kollusion, d.h. die Kollusion über ausdrückliche Abkommen wie Kartelle im allgemeinen gesetzlich verboten ist, etablieren sich üblicherweise Quasi-Abkommen.[4] Dies besonders in älteren Industrien, in denen die Konkurrenten ausreichend Zeit hatten sich gegenseitig kennenzulernen, so daß begründete Auffassungen über die Ziele und das Verhalten der anderen bestehen.[5] Diese Quasi-Abkommen spiegeln die relativen Kräfteverhältnisse in der Industrie wider. Ändern sich die Kräfteverhältnisse, so kann es zu einem Kräftemessen kommen, in dem das Quasi-Abkommen gebrochen wird und es zum Verdrängungswettbewerb kommt, an dessen Ende wiederum ein Quasi-Abkommen stehen kann.[6]
Die Neigung zum kollusiven Verhalten wird wesentlich beeinflußt von der Anzahl der Anbieter, dem Ausmaß der Produktheterogenität, den Anbieterkonstellationen auf den Teilmärkten und den Marktzutrittsschranken.[7] Auf den Lesermärkten bestehen wie erwähnt oftmals oligopolistische Strukturen, d.h.

---

but the conversation ends in a conspiracy against the public, or in some contrivance to raise prices" (SMITH (1776), S. 130).

4 Vgl. KANTZENBACH/KRUSE (1989), S. 11.

1 Vgl. KAUFER (1980), S. 25; KANTZENBACH/KRUSE (1989), S. 26.

2 Vgl. MACHLUP (1966), S. 421.

3 Vgl. FELLNER (1949), S. 183ff.; KANTZENBACH (1963), S. 203; MACHLUP (1966), S. 398.

4 Quasi-Abkommen sind das Ergebnis informeller Berücksichtigung der gegenseitigen Reaktionen, nach der die für alle günstigste Verhaltenswahl getroffen wird (vgl. FELLNER (1949), S. 16).

5 Vgl. MACHLUP (1966), S. 423; FELLNER (1949), S. 180.

6 Vgl. FELLNER (1949), S. 178.

7 Vgl. hierzu und zu den folgenden Ausführungen KANTZENBACH/KRUSE (1989), S. 39ff.; SCHERER/ROSS (1990), S. 277ff.

die Anzahl der Anbieter ist wegen der Skaleneffekte im allgemeinen relativ klein und es herrscht eine relativ hohe Konzentration. Dies sind insofern gute Voraussetzungen für eine mögliche Kollusion, als die oligopolistische Interdependenz hoch und die Transaktionskosten der Koordination relativ niedrig sind.

Die Tatsache, daß die auf den einzelnen Teilmärkten gehandelten Blätter heterogene Güter sind, müßte eine Kollusion erschweren, da der Wettbewerb aufgrund dessen mehr als nur die preisliche Dimension hat. Bei heterogenen Produkten bedarf es anstelle der Einigung auf einen einheitlichen Preis der Festlegung der Preisdifferenzen, was i.allg. mit größeren Problemen verbunden ist und somit die Kollusion erschwert. Die anderen Wettbewerbsdimensionen wie Werbung und Produktqualität werden typischerweise wegen der mit ihnen verbunden Meßprobleme aus der Kollusion herausgelassen. Zwar mindert dies den Grad der Kollusion, gleichzeitig bietet sich hiermit aber auch ein Ventil, das den Abbau interner Spannungen bis zu einem gewissen Grad ermöglicht und auf diese Weise einer Kollusion möglicherweise mehr Stabilität gibt. Andererseits bedingen die heterogenen Titel in Verbindung mit ausgeprägten Leser-Blatt-Bindungen üblicherweise weniger elastische individuelle Preis-Absatz-Funktionen. Dies erhöht die Kollusionsneigung, weil die kurzfristigen Gewinnmöglichkeiten des Cheatings, d.h. des Abweichens von der gemeinsamen Linie, geringer sind.

Im Bereich der Presseverlage ist es bei der Beurteilung der Kollusionsneigung von Bedeutung, nicht nur einzelne Teilmärkte zu betrachten, sondern die Anbieterkonstellationen an anderen Teilmärkten ebenfalls. So verlegen z.B. die vier größten deutschen Verlage (Springer, Gruner + Jahr, Bauer, Burda) jeweils eine ganze Reihe von verschiedensten Publikumszeitschriften und treten auf mehreren Märkten als unmittelbare Konkurrenten auf. Aus diesem Grund werden die Unternehmensentscheidungen bzgl. kollusiven Verhaltens nicht mehr isoliert gefällt und ein möglicher Cheating-Anreiz bzw. die Vergeltung muß unter strategischen Gesichtspunkten betrachtet werden.[1] Hierbei wirkt sich positiv aus, daß die Verlage sich schon seit langer Zeit gegenüberstehen und begründete Auffassungen über Ziele und Verhaltensmuster der anderen gewonnen haben. Eine solche Konstellation könnte sich stabilisierend auf eine Kollusion auswirken, da die Rivalen die Vergeltung gerade auf den Märkten vollziehen könnten, auf denen es den Cheater besonders hart treffen würde. Dies gilt auch, wenn dem die Angst entgegensteht, die eigene, vorteilhafte Position zu riskieren, denn bei jeder Vergeltung ist der Ausgang ungewiß und es

---

1 Vgl. KANTZENBACH/KRUSE (1989), S. 57

ist zumeist die alleinige Möglichkeit der Vergeltung, die Kollusionsdisziplin bewirkt.
Die genauen Marktergebnisse der Kollusion sind aber auch insbesondere abhängig vom Ausmaß der Marktzutrittsschranken. Deren Existenz ist eine notwendige, wenn auch keine hinreichende Bedingung für Kollusion.[1] Sind die Zutrittsschranken wie üblicherweise im Bereich der Publikumszeitschriften zwar relativ hoch, aber nicht unüberwindbar und tritt ein Newcomer am Markt auf, stellt sich für die etablierten Oligopolisten die Frage, ob sie diesen mit in die Kollusion einbeziehen sollen oder nicht. Soll der Newcomer integriert werden und liegt eine Integration auch im Interesse des Newcomers, so müßten alle Oligopolisten ihm einen Teil ihrer Rente abtreten. Gleichzeitig stünden sie beim nächsten Newcomer wieder vor dem gleichen Entscheidungsproblem.
Alternativ bleibt den etablierten Oligopolisten die gezielte Verteidigung ihrer angestammten Vorteile über einen aggressiven Verdrängungswettbewerb. Hierbei könnten sie in der Gruppe agieren, ihre diesbezügliche Macht ausspielen und außerdem auf die durch die Kollusion bedingten finanziellen Polster zurückgreifen. Allein schon die Möglichkeit dieser Strategie erhöht die Risiken für Newcomer und mindert deren Eintrittsbereitschaft.[2] Dies wird noch verstärkt, wenn die Etablierten einmal ein solches Exempel statuiert und ihre Geschlossenheit bewiesen haben.[3]
Die Ausführungen verdeutlichen, daß die strukturellen Voraussetzungen für ein kollusives Verhalten auf den Lesermärkten oftmals sehr gut sind. Hierfür spricht auch, daß häufig festgestellt wird, daß an den Pressemärkten sich eher ein Qualitäts-, denn ein Preiswettbewerb vollziehe,[4] da sich Kollusion wie erwähnt eher auf den Preis beschränkt. Auch die oftmals gleichen Erstverkaufstage konkurrierender Titel können ein Indiz für kollusives Verhalten sein. Deshalb steht zu vermuten, daß die von verschiedenen Seiten gerade für den Bereich der Publikumszeitschriften konstatierten Preisführerschaften[5]

---

1 Vgl. KANTZENBACH/KRUSE (1989), S. 72.

2 Vgl. KANTZENBACH/KRUSE (1989), S. 74.

3 Im Bereich der Programmpresse scheinen die vehementen Abwehrreaktion von Springer und Bauer auf DIE ZWEI zumindest 6 Jahre lang etwas genützt zu haben. Auch danach erfolgten die Zutritte zunächst nur in Form von Joint-Ventures (SUPER TV) oder unter Beteiligung kapitalkräftiger Konzerne (TV SPIELFILM). Dauerhaft konnten sie jedoch den Zutritt nicht verhindern.

4 Vgl. PESCH (1960), S. 213; van SPRINGEL (1963), S. 29; OPPENBERG (1969), S. 122; KANTZENBACH/GREIFFENBERG (1980), S. 198.

5 Vgl. BRUMMUND/SCHWINDT (1982), S. 88ff.; OPPENBERG (1969), S. 122; HENSMANN (1980), S. 243; ALTHANS (1989b), S. 766.

eher kollusiver Art sind. Dies soll im folgenden anhand des Marktes für Programmzeitschriften überprüft werden.

4.3. Preisführerschaft

Eine Preisführerschaft zeichnet sich dadurch aus, daß die Firmen auf eine eigenständige Preispolitik verzichten und sich statt dessen an den Vorgaben der als Preisführer anerkannten Firma orientieren. Auf diese Weise können gerade auf oligopolistischen Märkten Kosten und Risiken von Preisänderungen gemindert werden. Es bedarf dafür einzig der allgemeinen Anerkennung eines Preisführers.

4.3.1. Formen der barometrischen Preisführerschaft

Da explizite Kollusion im allgemeinen gesetzlich verboten ist, etablieren sich oftmals Quasi-Abkommen. Eine Form des Quasi-Abkommens ist die kollusive Preisführerschaft, als Spezialfall der barometrischen Preisführerschaft.[1] Der barometrische Preisführer

> "... gebietet Preisgefolgschaft den Konkurrenten nur, weil und soweit sein Preis die Marktbedingungen mit ausreichender Promptheit widerspiegelt."[2]

Der Preisführer fungiert für die anderen Anbieter sozusagen wie "ein Barometer, das die Änderungen in der Marktwetterlage zuverlässig registriert".[3] Er hat folglich keine Macht, die anderen Firmen zur Folgschaft zu zwingen, und nur solange seine Markteinschätzungen sich als richtig erwiesen haben, wird er als Führer akzeptiert. Deshalb kann es zu Wechseln in der Führerschaft kommen.
Insoweit muß der barometrischen Preisführerschaft kein kollusives Verhalten zugrunde liegen, d.h. keine formelle oder informelle Absprache. Die barometrische Firma reagiert vielmehr auf den sich ändernden Datenkranz, und weil

---

1 Zurückgehend auf STIGLER (1947), S. 342ff., werden i.allg. die dominierende und die barometrische Preisführerschaft unterschieden. Im folgenden soll die dominante Preisführerschaft vernachlässigt werden, da es sich bei ihr um die Marktform des Teilmonopols handelt, bei der keine oligopolistische Interdependenz besteht. Vgl. auch KAUFER (1980), S. 241ff.

2 Vgl. STIGLER (1947), S. 343.

3 Vgl. MACHLUP (1966), S. 478.

die anderen Firmen deren Analyse für besser halten als die eigene, sind sie bereit ihr zu folgen.
Die barometrische Preisführerschaft kann aber auch Ausdruck oligopolistischer Koordination sein. Diese Form wird in Anlehnung an MARKHAM auch kollusive Preisführerschaft genannt.[1] Sie zeichnet sich dadurch aus, daß sie auf die Beschränkung des Wettbewerbs abzielt und daß die Beteiligten in diesem Bewußtsein handeln.
Bezüglich der barometrischen Preisführerschaft läßt sich folglich per se nicht festzustellen, ob sie Ausdruck von Kollusion ist oder nicht.[2]

4.3.2. Preisführerschaft auf dem Markt der Programmzeitschriften

Gerade im Bereich der Programmzeitschriften finden sich immer wieder wellenartige Preiserhöhungen insbesondere in den einzelnen Marktsegmenten und z.T innerhalb einer Woche, so z.B. im Frühjahr 1973, Herbst 1975, 1978 und 1979.[3]
Die von Bauer eingeleitete Preisrunde im Spätherbst 1975, der die anderen Verlage mit der nächsten Nummer folgten,waren der Auslöser für das Aktivwerden des Bundeskartellamtes. Die 1976 veranlaßte Durchsuchung verschiedener Büros von Bauer, Burda, Springer, Gruner + Jahr[4] und des Grosso-Verbandes lieferte Beweismaterial, das zur Verurteilung im Februar 1979 führte.[5] Wegen des Verstoßes gegen § 25 Abs. 1 GWB (Verbot abgestimmter Verhaltensweisen) wurden gegen Bauer, Springer Burda sowie einige Mitarbeiter Bußgelder in Höhe von insgesamt DM 26,6 Mio. verhängt.[6]

---

1 Vgl. MARKHAM (1951), S. 901ff.

2 Vgl. auch KAUFER (1980), S. 228ff.

3 Vgl. ausführlich hierzu BRUMMUND/SCHWINDT (1982), S. 88ff.

4 Gruner + Jahr war bis 1980 an GONG beteiligt. Nachdem sie 1977 schon 24,9% ihres 50%-igen Anteiles an Sebaldus zurückgegeben hatten, folgte der Rest Anfang 1980 (vgl. BRUMMUND/SCHWINDT (1982), S. 91 Fn.).

5 Unter anderem fand man bei Burda eine Aktennotiz über ein Telefonat, in dem Bauer die zuvor mit Springer ausgehandelten Preiserhöhungen und die Zeitpunkte des Inkrafttretens mitteilte (vgl. BRUMMUND/SCHWINDT (1982), S. 97).

6 Vgl. BRUMMUND/SCHWINDT (1982), S. 97f.; FAZ (1979), S. 11. Das Berliner Kammergericht senkte in seinem Urteil Ende 1980 die Bußgelder auf DM 5,34 Mio. und stellte das Verfahren gegen Burda und dessen Mitarbeiter ein. Mit dem Rückzug der BGH-Beschwerde von Bauer und Springer 1981 wurde das Urteil rechtskräftig (vgl. BRUMMUND (1985), S. 176ff.).

Nach der Verurteilung kam es zumindest bei den Titeln im oberen Preissegment (HÖRZU, TV HÖREN UND SEHEN, BILD + FUNK, GONG) zu einer längeren Ruhepause. Parallele Preiswellen begannen erst wieder 1987, als Bauer den ersten Schritt machte, und mit Heft 5/87 den Preis von TV HÖREN UND SEHEN von DM 1,70 auf DM 1,80 erhöhte. Eine Woche später folgten HÖRZU, GONG und BILD + FUNK mit der gleichen Erhöhung.[1] Auch in den Jahren 1989 und 1990 findet sich ein ähnliches Schema. 1992 erhöhte abermals Bauer für TV HÖREN UND SEHEN mit Heft Nr. 34/92 als erster den Copypreis von DM 2,10 auf DM 2,20. Im Abstand von jeweils nur einer Woche zog zunächst GONG, dann HÖRZU und zuletzt BILD + FUNK nach.

Im Segment von FERNSEHWOCHE und FUNK UHR gab es zumindest 1980, 1982, 1989 und 1992 parallele Preiserhöhungen. Auch hier war es überwiegend der Bauer Verlag, der voran ging, und dem der Springer Verlag jeweils kurz darauf folgte.

Im unteren Preissegment kam es erst zu parallelen Preiserhöhungen nach dem AUF EINEN BLICK und BILDWOCHE 1986 ihren Preis auf den von DIE ZWEI angehoben hatten. 1987 gingen AUF EINEN BLICK und DIE ZWEI mit Nr. 22/87 von DM 1,00 auf DM 1,10 und eine Woche später zog Springers BILDWOCHE nach. Um den preislichen Abstand zur FERNSEHWOCHE und zur FUNK UHR nicht aufzuheben, erfolgten die Preiserhöhungen ab 1988 im Verbund mit diesen beiden Titeln. So z.B. 1992 als Bauer mit Heft 34/92 den Preis von AUF EINEN BLICK und FERNSEHWOCHE um 10 Pfg. erhöhte und Springer (BILDWOCHE, FUNK UHR) und Sebaldus (DIE ZWEI) es ihm mit Heft 36/92 nachtaten.[2]

Die dargelegten parallelen Preiserhöhungen legen den Schluß nahe, daß hier eine Form der (barometrischen) Preisführerschaft vorliegt. Preisführer für die ausgeführten Segmente scheint der Bauer Verlag zu sein, denn seine Blätter waren in der überwiegenden Zahl der Fälle die ersten, die einen höheren Preis forderten, und denen die anderen Titel dann folgten. Ob dies auch für die neueren Segmente der Spielfilmzeitschriften und der Billigtitel gilt, muß noch offen bleiben.[3]

---

1 Der Zeitpunkt und das Ausmaß der Preiserhöhungen kann den Media-Analysen entnommen werden.

2 Diese Preisrunde umfaßte auch das obere Preissegment (s.o.).

3 Zumindest im Bereich der Billigtitel scheint es jedoch so zu sein, denn nachdem Bauer mit TV KLAR auf den Markt kam als Springer und Gruner + Jahr die Einführungspreise für ihre Titel TV NEU bzw. F.F. auf den regulären Preis von DM 0,90 angehoben hatten, paßte Springer seinen Preis kurz darauf an TV KLAR (DM 0,60) an (vgl. auch BWBZ (1992), S. 5).

Die Preiserhöhungen erfolgten fast im jährlichen Rhythmus mit einer Erhöhung um 10 Pfg. In der ganzen Zeit gab es keine Preissenkung zu verzeichnen. Dies deutet ebenso daraufhin, daß es sich hier um eine kollusive und keine wettbewerbliche Form der Preisführerschaft handelt, wie die vom BKartA 1976 zutage gebrachten Indizien. Auch die Tatsache, daß es sich nur um wenige Verlage handelt, die jeweils relativ große Marktanteile haben, sich schon lange gegenüberstehen und ihre gegenseitigen Verhaltensmuster kennen, erleichert eine möglicherweise kollusive Preisführerschaft.
Gleichzeitig spricht die relativ große Heterogenität der Blätter dagegen. Selbst in den einzelnen Segmenten sind insbesondere die TV-Programmdarstellungssysteme sehr unterschiedlich und gewöhnungsbedürftig. Sobald sich die Leser an ein System gewöhnt haben, werden sie relativ träge. Die hierdurch verringerte Elastizität der Preis-Absatz-Funktionen wird durch die relativ geringen Preiserhöhungen von 10 Pfg. ausgenutzt, da erst bei größeren Preissprüngen mit einem signifikanten Nachfragerückgang zu rechnen ist. Für die unmittelbaren Konkurrenten macht es wegen der relativ trägen Nachfrage keinen Sinn, den alten Preis beizubehalten, da sie in diesem Fall nur einen geringen Nachfragezuwachs verzeichnen würden. Statt dessen erhöhen auch sie ihren Preis.
Es läßt sich nicht abschließend klären, ob es sich bei dem beobachteten parallelen Preisverhalten um eine kollusive Preisführerschaft handelt oder nicht. Es kann aber davon ausgegangen werden, daß zumindest bis 1983, als DIE ZWEI in die angestammten Gebiete von Bauer und Springer einbrach, sich die Etablierten den Markt der Programmzeitschriften einvernehmlich teilten und kollusiv bearbeiteten. Dies wird auch durch das Kartellamtsverfahren gestützt. Seit dem, aber spätestens mit dem erneuten Einbruch in die Phalanx der Etablierten durch TV SPIELFILM und später durch F.F. scheint sich die Situation am Markt deutlich verändert zu haben. Der Markt ist stärker segmentiert und die Wettbewerbsverhältnisse sind komplexer geworden, so daß kollusives Verhalten in einzelnen Segmenten zwar weiterhin möglich sein mag,[1] aber weniger wahrscheinlich geworden ist.

Allgemein scheint der Wettbewerb bei den Publikumszeitschriften im Laufe der Zeit härter geworden zu sein. Die von den Großverlagen verfolgten Strategien waren so unterschiedlich, daß sich bis Anfang der 80er Jahre verschiedene Claims ergaben. Bauer spezialisierte sich auf die billigeren Massen-

---

1 Im Herbst 1993 erhöhten die beiden ostlastigen Titel SUPER TV und F.F. ihren Copypreis fast simultan von DM 1,00 auf 1,20, d.h. um 20%!

titel, Gruner + Jahr auf die anspruchsvolleren und teureren Zeitschriften, Burda etablierte sich dazwischen, und Springers Schwerpunkt lag mehr im Zeitungsgeschäft und weniger bei den Zeitschriften.[1] Auch wenn sie am gleichen Markt in unmittelbarer Konkurrenz zueinander standen, verhielten sie sich eher ruhig und vermieden Auseinandersetzungen.[2]
Dies deutet auf eine sogenannte Marktschrankenkollusion[3] hin, d.h. die Verlage respektierten wechselseitig ihre angestammten Märkte und verzichteten auf die Bedrohung durch Zutritte. Der bestehende Oligopolfriede zerbrach Anfang der 80er Jahre als zuerst Sebaldus mit DIE AKTUELLE und DIE ZWEI und kurz darauf Springer mit BILD DER FRAU in die angestammten Märkte von Bauer und Springer bzw. von Bauer einbrach.[4]
Das zunehmend mehr spezifizierte Informationsinteresse der Bevölkerung gefördert durch die Zulassung des Privatfernsehens bot lukrative Marktnischen, lockte viele Newcomer an, und zwang die Etablierten sich dem Wettbewerb zu stellen. Das alte Markt- und Machtgefüge veränderte sich. Der tatsächliche aber auch der potentielle Wettbewerb zwang und zwingt die Verlage zu wettbewerblichem Verhalten. Seitdem ist zumindest das Verhältnis der Großverlage untereinander als äußerst wettbewerblich zu bezeichnen.
Daß es dabei innerhalb einzelner Segmente zu kollusiven Verhalten kommt, soll damit aber nicht grundsätzlich ausgeschlossen werden.

---

1 Vgl. KOSCHNICK (1988), S. 439.

2 Vgl. REIMER (1992), S. 27; MAHLER (1986a), S. 45; ders. (1986b), S. 52.

3 Vgl. hierzu KANTZENBACH/KRUSE (1989), S. 94; KANTZENBACH/KRÜGER (1990), S. 479.

4 Vgl. KOSCHNICK (1988), S. 439.

3. Kapitel:

Der Anzeigenmarkt

Nach dem Lesermarkt soll nun der Anzeigenmarkt als der zweite Markt, an dem die Verlage simultan auftreten, näher untersucht werden. Hierbei wird nach dem gleichen Schema vorgegangen wie beim Lesermarkt. Zunächst werden Angebots- und Nachfrageseite charakterisiert, dann einige Anmerkungen zur Abgrenzung relevanter Anzeigenmärkte gemacht, bevor Marktstruktur und -verhalten eingehender untersucht werden.

I. Die Angebotsseite

1. Produktabgrenzungen

Anzeigen, Annoncen oder Inserate sind öffentliche Bekanntmachungen, die im Interesse des Auftraggebers liegen und deshalb i.d.R. gegen Bezahlung in einer Zeitung oder Zeitschrift abgedruckt werden.[1] Sie werden im allgemeinen von dem jeweiligen Inserenten selbst bzw. in seinem Auftrag z.B. von einer Werbeagentur erstellt.

Anzeigen lassen sich nach verschiedenen Kriterien differenzieren. So ist eine Unterscheidung z.B. nach Inhalt, Insertionsgegenständen, Verbreitung, Plazierung, Format und Farbigkeit möglich (s. Tab. 9).

Im folgenden soll im wesentlichen die Unterscheidung nach Insertionsgegenständen, ergänzt durch die geographische Verbreitung verwandt werden. Das heißt, es sollen Einzelhandels- und Geschäftsanzeigen mit überwiegend lokaler bzw. regionaler Bedeutung, Markenartikelanzeigen mit im allgemeinen überregionaler Relevanz und Klein- bzw. Rubrikanzeigen, deren Schwerpunkt zumeist im lokalem bzw. regionalem Bereich liegt, unterschieden werden. Unter letztere sollen auch Familien-, Stellenanzeigen u.dgl. subsumiert werden.

---

1 Ähnlich bei KOSCHNICK (1988), S. 35; MUNDHENKE (1991), S. 519.

Tab. 9: Anzeigenarten

Abgrenzungskriterium	Anzeigenart
Inhalt	- reine Ankündigungsanzeigen - Repräsentationsanzeigen - reine Werbeanzeigen - Kleinanzeigen
Insertionsgegenstände	- Einzelhandelsanzeigen - Markenartikelanzeigen - amtliche Anzeigen - Familienanzeigen - Kleinanzeigen - Stellenanzeigen etc.
Verbreitung	- lokale Anzeigen - regionale Anzeigen - überregionale Anzeigen
Placierung	- textanschliessende Anzeigen - rubrizierte Anzeigen
Format	- seitenteilige Anzeigen - Kleinanzeigen
Farbigkeit	- Schwarzweißanzeigen - Farbanzeigen

Erstellt nach KOSCHNICK (1988), S. 35ff.; MUNDHENKE (1991), S. 145; MÜNSTER (1955), S. 133.

Streng genommen ist die Bezeichnung Anzeigenmarkt ebensowenig korrekt wie die Bezeichnung Lesermarkt, da hier nicht Anzeigen angeboten und nachgefragt werden. Statt dessen bieten die Verlage Raum in ihrer Zeitung oder Zeitschrift an, der möglichen Inserenten üblicherweise entgeltlich zur Verfügung gestellt wird. Das Interesse zur Insertion ist deshalb vorhanden, weil auf diese Art und Weise simultan Zugang zu einer Mehrzahl von Personen erlangt wird, so daß sich z.B. Werbebotschaften leicht verbreiten lassen. Deshalb wird auch davon gesprochen, daß die Printmedien, ebenso wie auch die anderen Massenmedien, die Dienstleistung des Zugangs zu einem Publikum anbieten:

> "... [A] more precise and descriptive explanation is that media sell *access to audiences* to advertisers."[1]

Auch diese Definition ist nicht ganz korrekt, denn der Zugang zum Publikum oder die Aufmerksamkeit, die die Zeitungen und Zeitschriften in der Öffentlichkeit erfahren, ist die Motivation der Nachfrage nach Insertionsraum. Die

1 Vgl. PICARD (1989), S. 18 (Hervorhebung im Original).

eigentliche Dienstleistung ist, wie die Bezeichnung "Medium" schon sagt, die Mittlerfunktion. Die Verlage bieten Externen die Dienstleistung der Übermittlung einer Botschaft an, welche den Kauf von Anzeigenraum, dessen Vervielfältigung und Verbreitung umfaßt.
Die Mittlerfunktion wird insbesondere auch durch die Fremdbeilagen in Zeitungen und Zeitschriften deutlich. Hierbei handelt es sich um lose Druckerzeugnisse wie Prospekte, die den einzelnen Exemplaren beigelegt werden.[1] Da sich jedoch die Bezeichnung Anzeigenmarkt durchgesetzt hat, soll im folgenden daran festgehalten werden.[2]

2. Produkteigenschaften

Anzeigen enthalten wie Zeitungsnachrichten Informationen. Der Unterschied zwischen Anzeigen und Nachrichten besteht darin, daß Nachrichten von "öffentlichem Interesse" sind, d.h. von dem Interesse, von dem die Zeitungen glauben, daß es in der Öffentlichkeit geteilt wird, während Anzeigen von privatem Interesse sind. Sind die Anzeigen zugleich von öffentlichem Interesse, so nimmt die Zeitung sie in ihren redaktionellen Beiträgen wieder auf, wie z.B. bei Jahresabschlüssen großer Kapitalgesellschaften.[3] Die Konsequenz dieses Sachverhaltes ist, daß die Nachrichtenlieferanten von den Zeitungen bezahlt werden, während die Inserenten im allgemeinen für den Abdruck ihrer Anzeigen bezahlen müssen.[4]
Anzeigenraum ist ein immaterielles und abstraktes Gut, das erst dann einen konkreten Inhalt annimmt, wenn sich Inserent und Verlag über Kauf bzw. Verkauf geeinigt haben. Der verkaufte, inhaltlich determinierte Anzeigenraum ist dann z.T. ebenso ein verderbliches Gut wie der redaktionelle Inhalt. Zum Beispiel wird die Information über eine zu besetzende Stelle, ein zu verkaufendes Auto oder die Preise bestimmter Güter eines örtlichen Lebensmittelhandels mit zunehmender Zeitdauer ab der Veröffentlichung weniger wert. Die Wahrscheinlichkeit, daß die Stelle schon besetzt oder das Auto schon ver-

---

1 Beilagen haben mehr und mehr an Bedeutung gewonnen. 1991 trugen sie in den alten Ländern im Bereich regionaler Abonnementszeitungen 12,3% zum gesamten Werbeerlös bei, das waren 7,9% des Gesamtumsatzes (vgl. von KUK (1992b), S. 113; ferner KNOCHE/ZERDICK (1991b), S. 26).

2 Weitere gängige Bezeichnungen sind Werbe-, Werbeträger- oder auch Inserentenmarkt.

3 Vgl. MÜNSTER (1955), S. 132.

4 Vgl. MÜNSTER (1955), S. 132.

kauft ist, wird immer größer. Gleiches gilt oftmals für örtliche Geschäftswerbung, bei der die Informationen der Anzeige mit dem erscheinen der nächsten obsolet werden.

3. Modalitäten

Das Anzeigengeschäft vollzieht sich sowohl auf der Nachfrage- als auch auf der Angebotsseite vollkommen freiwillig. Nicht nur die Nachfrager entscheiden sich aus freien Stücken, eine bestimmte Anzeige zu schalten, sondern auch die Verlage haben das Recht, Anzeigenaufträge abzulehnen. Das heißt, es gibt keinen Kontrahierungszwang.[1] Neben allgemeinen und medienspezifischen gesetzlichen Regelungen folgen die Zeitungen und Zeitschriften eigenen, individuellen Grundsätzen hinsichtlich der Annahme von Anzeigen.[2] Dabei kommt es aber nur selten zur Ablehnung einzelner Anzeigenaufträge.
Die zur Verfügung stehenden Anzeigenarten (normale Anzeigen, Beihefter, Beilagen etc.) und Anzeigenformate, Teilbelegungsmöglichkeiten, Anzeigenpreise, Rabattkonditionen nach Mal- und Mengenstaffel, Termine, Abwicklungsmodalitäten und Geschäftsbedingungen werden in den jährlichen Anzeigenpreislisten veröffentlicht.
Die Preise werden branchenüblich im Spätsommer für das ganze folgende Kalenderjahr festgelegt.[3] Sie sind für diesen relativ langen Zeitraum verbindlich gültig, da im Pressebereich eine Preislistentreue besteht, die kurzfristige Preisveränderungen ebenso ausschließt wie das Abweichen von den veröffentlichten Rabattkonditionen.[4] Auch der den Werbeagenturen eingeräumte Rabatt ist branchenüblich einheitlich (15%) und starr.[5] Mit anderen Worten, es herrscht eine relativ große Klarheit, aber auch Starrheit bzgl. der (absoluten) Anzeigenpreise.

---

1 Vgl. MUNDHENKE (1991), S. 162ff.

2 Vgl. STERN (1991; Hrsg.), S. 48.

3 Vgl. HENSMANN (1980), S. 245.

4 Die Rabattkonditionen nach der Mengenstaffel betragen z.B. bei der BRIGITTE (Gruner + Jahr) 1994 von 3% ab einer Seite bis 28% ab 100 Seiten im Abschlußjahr. Bei umfangreicheren Schaltungen werden noch weitere Nachlässe von 3 bis 5% gewährt (vgl. BRIGITTE-Anzeigenpreisliste Nr. 35, 1994).

5 Vgl. ALTHANS (1989b), S. 769.; MUNDHENKE (1991), S. 166. Der Agenturrabatt wird zusätzlich zum sonstigen Mengenrabatt gewährt.

Die Anzeigenpreisliste enthält auch eine Angabe zur garantiert verkauften Auflage bzw. einen Verweis auf die entsprechenden IVW-Listen als Auflagengarantie. Wird diese garantierte Auflage um einen bestimmten Prozentsatz unterschritten, so hat der Inserent einen Anspruch auf eine Rückvergütung. Überschreitungen der garantierten Auflage bedingen dagegen keine Nachforderung von Seiten des Verlages, sondern stellen einen Bonus dar.[1]

---

1 Vgl. Gruner + Jahr (1981; Hrsg.), Bd. 6, S. 8. Ferner die allg. Geschäftsbedingungen gängiger Anzeigenpreislisten.

II. Die Nachfrageseite

Der von den Presseverlagen angebotene Anzeigenraum wird von der werbungtreibenden Wirtschaft, Privatpersonen, Verbänden, Vereinen, Parteien und anderen Institutionen nachgefragt. Im folgenden sollen die Aspekte der Nachfrage der werbungtreibenden Unternehmen und der inserierenden Privatpersonen im Vordergrund stehen. Die gewonnenen Ergebnisse können dann entsprechend auf Verbände und andere Institutionen übertragen werden.[1]

1. Werbungtreibende Unternehmen als Nachfrager

1.1. Werbekonzeption

Der weitaus überwiegende Teil der Werbung seitens der Privatwirtschaft bezieht sich auf Markenartikel. Das Ziel der Werbung ist dabei immer im Rahmen der gesamten Marketing-Konzeption zu betrachten, und besteht im allgemeinen in der Veranlassung des Adressaten zum Kauf des umworbenen Gutes.[2]

Hierfür werden die Werbemittel (z.B. Anzeigen), die die Transformation der Werbebotschaft "vom Gedanklichen ins Stoffliche"[3] darstellen, über die Werbeträger verbreitet. Als Werbeträger werden mithin die Medien bezeichnet, die eine Streuung des Werbemittels ermöglichen, d.h. das Werbemittel an die Umworbenen herantragen. Neben den Zeitungen und Zeitschriften sind dies vor allem Fernsehen, Radio, Kino und Plakatwände.

Die Werbungtreibenden streben eine Optimierung ihres Media-Mix an, d.h eine optimale Werbemittel- und Werbeträgerallokation bei gegebenem Werbebudget bzw. ein bestimmtes Werbeziel mit minimalen Ausgaben. Dabei wird in der Mediaplanung zwischen Grob- und Feinplanung unterschieden.[4] Zunächst erfolgt aufgrund verkaufspsychologischer und technischer Determinanten die Grobauswahl der Werbeträgergruppen (Inter-Media-Selektion). Danach wer-

---

1 Hierbei sollen Anzeigen, die der Erfüllung einer gesetzlichen Publizitätspflicht dienen, also nicht freiwillig geschaltet werden, wie z.B. börsenrechtliche Finanzanzeigen und amtliche Bekanntmachungen (vgl. MUNDHENKE (1991), S. 145), jedoch vernachlässigt werden.

2 Auch Imagekampagnen werden weniger um ihrer selbst willen vorgenommen, sondern dienen letzten Endes der Förderung des Verkaufs.

3 Vgl. NIESCHLAG/DICHTL/HÖRSCHGEN (1991), S. 548.

4 Vgl. BRAUNSCHWEIG/KOEPPLER (1984a), S. 6.

den die einzelnen Werbeträger in den Gruppen ausgewählt (Feinplanung, Intra-Media-Selektion), von denen ein Höchstmaß an Werbewirksamkeit erwartet wird.
Nachfolgend soll angenommen werden, daß die Grobplanung erfolgt ist und nun die intra-mediale Auswahl innerhalb der Gruppe der Zeitungen bzw. Zeitschriften erfolgt.

1.2. Auswahlkriterien

Das eigentliche Ziel der Werbung ist die Veranlassung zum Kauf, z.B. gemessen in Umsätzen oder Marktanteilen. Für die werbungtreibenden Unternehmen stellt sich hier allerdings das Problem der mangelnden Zurechenbarkeit eventueller Umsatzzuwächse auf bestimmte Werbemaßnahmen, da das Kaufverhalten neben der Werbung noch von anderen Marketingaktivitäten sowie weiteren Faktoren beeinflußt wird. Neben diesem Problem der sachlichen Zurechnung ist insbesondere die zeitliche Zurechnung problematisch, da eine Werbemaßnahme meist zeitverzögert und zeitlich verteilt wirkt.[1] Aufgrund dieses Sachverhaltes verlegt man sich bei der Messung auf dem Werbeziel vorgelagerte Ebenen,[2] was sich anhand eines einfachen Zweck-Mittel-Hierarchie-Modells der Werbewirkung verdeutlichen läßt (s. Abb. 6).
Grundlegende Voraussetzung für das Ziel der Veranlassung zum Kauf ist der Kontakt mit dem Werbeträger, d.h. mit der Zeitung oder Zeitschrift, in der die entsprechende Anzeige geschaltet ist. Nur dieser Kontakt bietet die Chance, daß auch ein Kontakt mit dem Werbemittel selbst, d.h. der Anzeige zustande kommt. Der Werbemittelkontakt ist seinerseits die Voraussetzung der Beachtung der Anzeige, welche erst die Verarbeitung der Werbebotschaft ermöglicht. Die Verarbeitung wiederum ist die Voraussetzung für die Verhaltensbeeinflussung.[3]
Dabei gilt, je niedriger die Hierarchieebene, desto besser können die (Unter-) Ziele operationalisiert werden. Deshalb haben die außerökonomischen, verhaltensbezogenen Werbeerfolgskriterien des Berührungserfolges mit dem

---

1 Vgl. KROEBER-RIEL/TROMSDORFF (1980), S. 642.

2 Vgl. hierzu auch BEHRENS (1963), S. 106ff.

3 Hierbei besteht über den konkreten Ablauf der Werbewirkung nur soviel Einigkeit, als daß sie sich über verschiedene Stufen (Phasen) vollzieht, die eine (modelltheoretische) Hierarchie der Effekte bilden (vgl. hierzu NIESCHLAG/DICHTL/HÖRSCHGEN (1991), S. 506f.).

Werbeträger oder -mittel bislang die größte Bedeutung. Zum einen sind sie relativ leicht feststellbar und zum anderen sind Werbeträger- bzw. Werbemittelkontakte notwendige Voraussetzungen für den ökonomischen Werbeerfolg, wenn auch keine hinreichenden.[1]

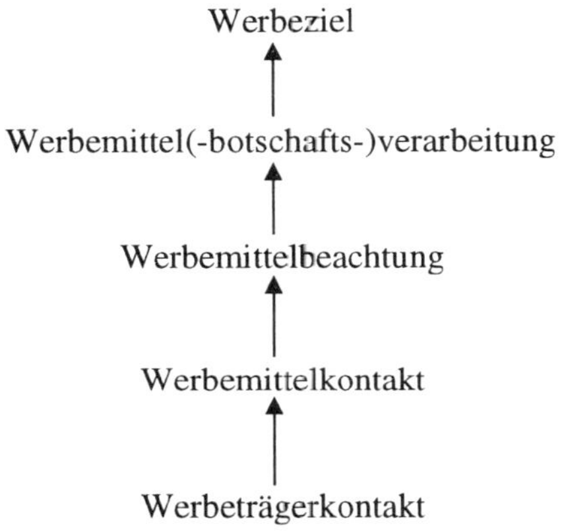

Abb. 6: Zweck-Mittel-Hierarchie der Werbewirkung

Das bedeutet, daß die grundlegenden Entscheidungskriterien bei der Auswahl der Werbeträger die Auflage bzw. Reichweite und der Preis sind. Daneben spielen aber auch noch weitere Kriterien, z.B. qualitativer Art, eine Rolle.

1.2.1. Reichweite

Ausgangs- bzw. Anhaltspunkt für die Ermittlung der Werbeträgerkontakte, d.h. der Kontakte mit der Zeitung oder Zeitschrift kann die jeweilige Auflage sein. Hierbei werden im wesentlichen folgende Arten differenziert: (1.) die Druckauflage; (2.) die verkaufte Auflage, die sich aus dem Einzelverkauf und Abonnementsexemplaren ergibt; und (3.) die verbreitete Auflage, die sich aus der verkauften Auflage sowie den unentgeltlich verbreiteten Exemplaren[2] zu-

---

1 Vgl. BIDLINGMAIER (1970), S. 699.

2 Frei- und Werbeexemplare.

sammensetzt. Von Bedeutung für die Werbungtreibenden sind hiervon jedoch nur die verkaufte bzw. die verbreitete Auflage, da die Anzahl der gedruckten Exemplare keine Anhaltspunkte für Werbeträgerkontakte liefert.
Eine größere Auflage bedingt eine potentiell größere Beachtung der geschalteten Anzeige, so daß davon auszugehen ist, daß mit steigender Auflage im allgemeinen auch die Nachfrage nach Anzeigenraum zunimmt. ROSSE schätzt demgemäß die Elastizität der Anzeigennachfrage in bezug auf die (verkaufte) Auflage bei Zeitungen auf +1,6.[1] Die Zunahme der Auflage um 1% würde danach eine überproportionale Zunahme der Anzeigennachfrage um 1,6% bedingen.
Die Auflage ist jedoch insofern ein unzureichender Indikator für die Kontakte mit dem Blatt, als jedes Exemplar üblicherweise von mehr als einer Person gelesen wird. Dies wird insbesondere bei den Lesezirkelexemplaren deutlich, welche durch ihr Ausliegen z.B. im Wartezimmer von Ärzten eine Vielzahl von Lesern erfahren. Das heißt, die gesamte Leserschaft einer Nummer (Ausgabe) ist die zu ermittelnde, relevante Größe für die Kontaktanzahl.
In der Mediaforschung ist die Leserschaft pro Nummer (LpN) die empirisch ermittelte Anzahl an Lesern einer bestimmten Nummer einer Zeitung oder Zeitschrift in deren Erscheinungsintervall wie sie sich aus der Befragung ergibt.[2] Die Anzahl der Personen und der Kreis der Personen, die von Ausgabe zu Ausgabe erreicht werden, kann jedoch stark schwanken. Deshalb benötigt die Mediaplanung Angaben, die etwas über die wahrscheinliche Größe und Struktur der erreichten Personen aussagen.[3]
Seit 1969 wird denn auch in der Media-Analyse anstelle des LpN-Wertes die Leserschaft pro Ausgabe (LpA) ausgewiesen. Dieser Wert wird i.Ggs. zum LpN über individuelle Nutzungswahrscheinlichkeiten berechnet und bezeichnet die Werbeträgerkontaktwahrscheinlichkeit bzw., auf die Bevölkerung hochgerechnet, die Summe der Leser einer durchschnittlichen Ausgabe.[4] Beispiele für die LpA der Programmzeitschriften und -Supplements finden sich in Tab. 10.

---

1 Vgl. ROSSE (1970), S. 266ff.; ders. (1978), S. 38 Tab. 9.

2 Lesen meint in diesem Zusammenhang immer, daß man das Blatt in der Hand gehabt hat, um darin zu blättern oder zu lesen.

3 Vgl. Gruner + Jahr (1981; Hrsg.), Bd. 6, S. 19ff.

4 Vgl. AG.MA (1991), S. 114; KOSCHNICK (1988), S. 318ff.

Tab. 10: LpA der Programmzeitschriften und Programm-Supplements

Titel	LpA %	LpA Mio.
HÖRZU	14,9	7,02
TV HÖREN UND SEHEN	11,2	9,25
BILD + FUNK	4,4	2,78
GONG	4,7	2,92
FERNSEHWOCHE	8,6	5,36
FUNK UHR	7,7	4,82
AUF EINEN BLICK	8,8	5,53
BILDWOCHE	2,1	1,28
DIE ZWEI	1,7	1,05
SUPER TV	2,5	1,59 [1]
F.F.	3,2	1,99 [2]
TV NEU	n.a.	n.a.
TV KLAR	n.a.	n.a.
TV SPIELFILM	6,3	3,92
TV MOVIE	n.a.	n.a.
TV SERIEN	n.a.	n.a.
RTV	15,9	9,96
BWZ	6,0	3,76
IWZ	5,4	3,38
PRISMA	9,5	5,95
TELEPRISMA	5,1	3,20

Quelle: MA 93.

[1] Im Osten 11,1% bzw. 1,42 Mio.

[2] Im Osten 14,3% bzw. 1,82 Mio.

Der so dargestellte LpA bezeichnet die quantitative Reichweite, ohne weiter unter den Lesern zu unterscheiden. Da aber jede Werbekampagne auf eine bestimmte Zielgruppe ausgerichtet ist, bedürfen die Werbungtreibenden in der Regel Informationen, die es ihnen ermöglichen, ihre Zielgruppe in der Leserschaft zu identifizieren. Handelt es sich bei der Zielgruppe um die gesamte Bevölkerung (Allgemeinwerbung), so ist die absolute Anzahl der Werbeträgerkontakte (LpA) aussagekräftig. Quantitative und qualitative Reichweite entsprechen einander. Handelt es sich dagegen um eine Werbung, die für eine spezifische, kleinere Gruppe konzipiert ist (Gruppenwerbung), so bedarf es zusätzlicher Informationen über die Kontaktanzahl innerhalb dieser Zielgruppe. Die qualitative Reichweite bezeichnet dann die Reichweite innerhalb der Zielgruppe der Werbung bzw. die Anzahl der Leser, die zur Zielgruppe gehören.

Der LpA als Prozentwert gibt die Werbeträgerkontaktwahrscheinlichkeit an. Was die Werbungtreibenden letztlich jedoch stärker interessiert, ist der Kontakt mit dem Werbemittel Anzeige, für den der Werbeträgerkontakt zwar eine notwendige, aber noch keine hinreichende Bedingung darstellt. Um diesem Wunsch der Werbungtreibenden nachzukommen bedurfte es im Rahmen der Arbeitsgemeinschaft Media-Analyse (AG.MA) eines neuen allgemeingültigen Ansatzes, d.h. einer neuen Konvention, der sich alle Beteiligten anzuschließen vermochten.[1] Das Resultat ist der in der MA 92 erstmalig ausgewiesene LpS-Wert (Leser pro Seite).
Ausgehend vom Anteil gelesener Seiten an allen Seiten des letzten Exemplares eines bestimmten Titels ergibt sich der LpS durch die Verknüpfung von Seitenkontaktfaktoren und Werbeträgerkontaktwahrscheinlichkeiten. Er stellt somit ein Maß für die Werbemittelkontaktchance dar, d.h. dafür, mit einer durchschnittlichen Seite in einer durchschnittlichen Ausgabe Kontakt zu haben.[2] Sein Wert liegt im Durchschnitt bei etwa 75% des LpA.[3]
Der LpS stellt momentan eher eine Ergänzung zum LpA dar. Es steht aber zu vermuten, daß er in Zukunft den LpA als zentrale Größe verdrängen könnte, da er einen weiteren Schritt in Richtung des eigentlichen Erkenntniszieles darstellt.

Festhalten läßt sich, daß die entscheidende Streuvariable die qualitative Reichweite (Zielgruppenabdeckung) ist, da jede Werbung sich immer an eine ganz bestimmte Zielgruppe richtet. Handelt es sich um eine an die Allgemeinheit gerichtete Werbung, dann fällt die qualitative Reichweite mit der quantitativen zusammen.[4] Das bedeutet, daß die Werbenden neben der Angabe zur quantitativen Reichweite insbesondere Informationen über Kontakte mit der jeweiligen Zielgruppe benötigen.
Trotz der Bedeutung der Leserzahl wird jedoch längst nicht für jede Zeitung und Zeitschrift der LpA in der MA erhoben oder auf anderem Wege ermittelt. Da jedoch die Auflagezahlen (fast) immer offiziell bekannt sind, wird sich im folgenden oftmals auf die Auflage bezogen. Dies ist insofern nicht allzu problematisch, als eine Veränderung der Auflage normalerweise auch eine gleich-

---

1 Vgl. BEIKE (1992), S. 4.

2 Vgl. BEIKE (1992), S. 6f; FAEHLING (1993), S. 57f. Ferner GWA (1989; Hrsg.), S. 6ff.

3 Vgl. FAEHLING (1993), S. 57f.; GWA (1989; Hrsg.), S. 9.

4 Somit kann die quantitative Reichweite als Spezialfall der qualitativen Reichweite interpretiert werden.

gerichtete Veränderung der Leserzahl bedingt, und zudem die grundsätzlichen Aussagen nicht tangiert werden.

1.2.2. Preis

Die Nachfrage nach Anzeigenraum ist c.p. negativ abhängig vom Anzeigenpreis. ROSSE schätzt die Nachfrageelastizität bei Zeitungen in diesem Zusammenhang auf -1,6.[1] Eine einprozentige Erhöhung des Anzeigenpreises würde demnach einen überproportionalen Rückgang der Nachfrage nach Anzeigen um 1,6% nachsichziehen.

Da sich die Auflagen und Reichweiten verschiedener Blätter z.T. sehr unterscheiden, bedarf es zur Vergleichbarkeit der absoluten Anzeigenpreise einer einheitlichen Bezugsgröße. Hierbei hat es sich eingebürgert, sogenannte Tausenderpreise zu berechnen.[2]

$$\text{Tausender-Auflage-Preis} = \frac{\text{Anzeigenseitenpreis}}{\text{Auflage}} \cdot 1.000$$

Der Tausender-Auflage-Preis gibt den Preis der Anzeigenseite pro 1.000 (verkaufte oder verbreitete) Exemplare an oder anders ausgedrückt, der Anzeigenpreis wird mit der Auflage gewichtet.[3]

Gemäß der oben gemachten Ausführungen ergibt sich aber die quantitative Reichweite aus der gesamten Leserzahl, so daß sich der Tausender-Leser-Preis (TLP) wie folgt ergibt:

$$\text{Tausender-Leser-Preis} = \frac{\text{Anzeigenseitenpreis}}{\text{Leser pro Ausgabe}} \cdot 1.000 \, .$$

Der Tausender-Leser-Preis gibt die Werbeträgerkontaktkosten pro 1.000 Leser bei einmaliger Schaltung an. In diesem Fall ist er identisch mit dem Tausender-Kontakt-Preis (TKP), der sich wie folgt berechnet:

---

1 Vgl. ROSSE (1970), S. 266ff.; ders. (1978), S. 38 Tab. 9.

2 Letztlich ist es gleichgültig, ob die Bezugseinheit z.B. Tausend, Einhundert oder Eins ist.

3 Angaben zu den durchschnittlichen Tausenderpreisen nach Zeitungs- und Zeitschriftenarten finden sich in Anhängen A15 und A16.

$$\text{Tausender-Kontakt-Preis} = \frac{\text{Summe der Anzeigenpreise}}{\text{Summe der Kontakte}} \cdot 1.000.$$

Bei mehrfacher Schaltung einer Anzeige in verschiedenen Ausgaben eines Titels oder verschiedenen Titeln unterscheiden sich TLP und TKP im Ausmaß der internen bzw. externen Überschneidungen.[1] Der TLP bzw. TKP ist intramedial leicht vergleichbar, bedarf jedoch noch der Ergänzung bzw. der Gewichtung mit dem Zielgruppenanteil.[2]
Die Tausenderpreise können statt auf der Basis des Seitenpreises auch auf der Basis des Millimeterpreises[3] oder des Rauminhaltes berechnet werden:[4]

$$\text{Tausender-Millimeter-Preis} = \frac{\text{Millimeterpreis}}{\text{Leser pro Ausgabe}} \cdot 1.000,$$

$$\text{Tausender-Raum-Preis} = \frac{\text{Preis pro 100 cm Anzeigenraum}}{\text{Leser pro Ausgabe}} \cdot 1.000.$$

Manche Autoren halten den "Raumpreis" für den eigentlich relevanten Preis,[5] da es z.B. bei Zeitungen verschiedene Seitenformate mit unterschiedlichen Satzspiegelformaten gibt und folglich die verschiedenen Größen der Anzeigen bei einem adäquaten Vergleich berücksichtigt werden müßten.[6] Der Satzspiegel bezeichnet die vom gedruckten Satz eingenommene Fläche einer Zeitungsseite. Das Nordische Format (400 mm x 570 mm) umfaßt einen Flächeninhalt von 2.280 cm, das Rheinische Format (350 mm x 510 mm) von 1.785 cm und

---

1 Vgl. KOSCHNICK (1988), S. 529. Wenn eine Anzeige nur einmal geschaltet wird entspricht die Anzahl der Leser der Anzahl der Kontakte. Wenn die Anzeige aber in zwei verschiedenen Ausgaben des Titels geschaltet wird, erreicht sie z.B. 2 Mio. Leser, die nur die erste Ausgabe gelesen haben, 2 Mio. Leser, die nur die zweite Ausgabe gelesen haben, sowie 1 Mio. Leser, die die erste und die zweite Ausgabe gelesen haben (= interne Überschneidung). Das impliziert 6 Mio. Kontakte (2+2+2·1), aber nur 5 Mio. Leser (2+2+1).

2 Der inter-mediale Vergleich von TKPs ist wegen des nicht gelösten methodischen Problems der Vergleichbarkeit von Presse- und TV-Kontakten - welche Spotlänge entspricht der Wirkung einer einseitigen Farbanzeige? - zumindest äußerst fragwürdig (vgl. auch KOSCHNICK (1988), S. 253; ferner UENK/LAARMANN (1992), S. 216).

3 Eine Zeitungsseite ist in mehrere Spalten eingeteilt und der Millimeterpreis bezeichnet den Preis für den einen Millimeter hohen, einspaltigen Anzeigenraum.

4 Vgl. BRUMMUND/SCHWINDT (1982), S. 104 Fn.; MUNDHENKE (1991), S. 173ff.; NUSSBERGER (1966b), S. 373.

5 So z.B. NUSSBERGER (1966b), S. 373, und PESCH (1960), S. 58.

6 Der Tausender-Millimeter-Preis berücksichtigt dies nur, wenn die Spaltenbreiten gleich groß sind.

das Berliner Format (315 mm x 470 mm) von 1.480,5 cm.[1] Das heißt, daß sich allein bei diesen verschiedenen Zeitungsformaten eine Differenz von bis zu fast 800 cm ergeben kann. Wenn dann noch berücksichtigt wird, daß Zeitungsseiten im Vergleich zu Zeitschriftenseiten in der Regel flächenmäßig sehr viel größer sind, scheint das Argument noch an Gewicht zu gewinnen.
Die unterschiedlichen Seiten- bzw. Satzspiegelformate wären aber nur dann von Bedeutung, wenn die absolute Größe einer Anzeige einen Einfluß auf die Beachtung durch die Adressaten hätte. Daß die relative Größe einer Anzeige, d.h. die Relation von Anzeigengröße zur Zeitungs- bzw. Zeitschriftenseite, einen Einfluß hat, dürfte ohne Frage sein: nimmt dieselbe Anzeige einmal die ganze Seite ein und ein anderes Mal nur 1/4 der Seite, so erfährt sie im ersten Fall eine größere Beachtung als im zweiten Fall.[2] Wichtig ist in diesem Zusammenhang aber der Vergleich der absoluten Größen zweier im Verhältnis zur Seite, auf der sie erscheinen, gleich großen Anzeigen. Nur wenn z.B. eine ganzseitige Anzeige im Nordischen Format die Adressaten stärker beeindruckt als eine ganzseitige Anzeige im Berliner Format, wäre der Raumpreisargumentation zu folgen. Da dies sehr zweifelhaft ist,[3] soll sich der Argumentation für einen Tausender-Raum-Preis hier nicht angeschlossen werden.

Aus der Verbindung der Ausführungen zur Reichweite und zu den Preisen ergibt sich, daß das maßgebliche Entscheidungskriterium der Werbungtreibenden der Tausender-Kontakt-Preis in der jeweiligen Zielgruppe ist.[4]

1.2.3. Qualitative und andere Kriterien

Neben dem zielgruppenbezogenen Tausender-Kontakt-Preis und dem verfügbaren Budget spielen noch andere, qualitative und technische Kriterien wie Zielgruppenaffinität, Leser-Blatt-Bindung, Image, Überschneidungen, Wiederholungskontakte, Verfügbarkeit und Druckqualität eine mehr oder weniger starke, ergänzende Rolle in der Mediaplanung.

---

1 Neben diesen Formaten gibt es noch weitere Zeitungsformate, wie z.B. das Tabloid-Format (vgl. DOVIFAT (1976), Bd. 2, S. 134).

2 Vgl. SCHENK/DONNERSTAG/HÖFLICH (1990), S. 45 und 157; STÖCKER (1992), S. 125; UENK/LAARMANN (1980), S. 104; dies. (1992), S. 124ff.; BEHRENS (1963), S. 102 Fn.

3 Vgl. BEHRENS (1963), S. 102 Fn.; BRAUNSCHWEIG/KOEPPLER (1984b), S. 10f.

4 Vgl. auch KOCH (1993), S. 15; BRAUNSCHWEIG/KOEPPLER (1984a), S. 4.

Die Zielgruppenaffinität bezeichnet die Selektivität eines Titels gegenüber einer bestimmten Zielgruppe. Je höher die Affinität ist, desto geringer sind die Streuverluste und desto höher ist die Zielgruppenabdeckung. Formal ergibt sie sich als Anteil der Zielgruppe an der Gesamtleserschaft des Blattes bezogen auf den Anteil der Zielgruppe an der Gesamtbevölkerung.[1]
Der Bedeutung der Leser-Blatt-Bindung resultiert aus der Annahme, daß eine hohe LBB mit einer hohen Glaubwürdigkeit einhergeht und deshalb Anzeigen in Blättern mit höherer Leser-Blatt-Bindung eine größere Werbewirkungschance haben.[2] Dies wird zumindest durch die Angaben in Tab. 11 gestützt.[3] Demnach richten sich die Leser mit stärkerer Bindung zur Zeitung deutlich häufiger nach den enthaltenen Anzeigen als Leser mit schwächerer Bindung.

Tab. 11: Leser-Blatt-Bindung und Werbewirkung bei regionalen Abozeitungen

Ausmaß der Leser-Blatt-Bindung	Zustimmung zu *" Ich richte mich oft nach dem, was die Anzeigen in den Tageszeitungen hier aus der Gegend anbieten."*
sehr starke Bindung	69%
starke Bindung	21%
geringe Bindung	7%
ohne Bindung	4%

Quelle: REGIONALPRESSE (1990), Bd. 1, S. 56.
Basis: WLK

Auch Image und Prestige einer Zeitung oder Zeitschrift können nicht nur einen Einfluß auf die redaktionelle Glaubwürdigkeit, sondern auch auf die der Anzeigen haben. Anzeigen in Blättern mit gleichen Reichweiten können dann durchaus verschiedene Beachtungswerte und letztlich verschiedene große Wirkungen haben.[4]
Das Image kann in Verbindung mit bestehenden gesellschaftlichen Moralvorstellungen einen Einfluß auf die Nachfrage der Werbungtreibenden haben. So haben es z.B. us-amerikanische Zeitschriften für Homosexuelle trotz wohlde-

1 Vgl. KOSCHNICK (1988), S. 18f.

2 Vgl. KOSCHNICK (1988), S. 324ff.

3 Vgl. ferner MEYER (1993), S. 37ff.

4 Vgl. OPPENBERG (1969), S. 123; NUSSBERGER (1966a), S. 163; ders. (1971), S. 70; DOVIFAT (1976), Bd. 2., S. 192; OSPEL (1988), S. 22; URHAUSEN (1988), S. 10; PESCH (1960), S. 58.

finierter Leserschaft mit überdurchschnittlichem Einkommen schwer, Markenartikelanzeigen anzuziehen.[1]
Bei Mehrfachschaltung des Werbemittels in verschiedenen Ausgaben eines Werbeträgers oder bei Belegung verschiedener Werbeträger ist zum einen die Nettoreichweite von Bedeutung, das ist die kumulierte Bruttoreichweite abzüglich möglicher Überschneidungen.[2] Die externe Überschneidung bezeichnet dabei die Anzahl der Personen, die bei der Belegung verschiedener Werbeträger mehrfach erreicht werden. Die interne Überschneidung bezeichnet dagegen die Anzahl der mehrfach kontaktierten Personen, wenn die Anzeige im gleichen Blatt, aber in verschiedenen Ausgaben mehrfach geschaltet wird (s.o.).
Zum anderen sind aber auch gerade die Wiederholungskontakte aus den Überschneidungen von Bedeutung, da üblicherweise erst der mehrfache Kontakt mit der Werbebotschaft den gewünschten Erfolg mitsichbringt.[3]
Aus dem gleichen Grund sind auch Kriterien wie die Nutzungsintensität, d.h. die Lesehäufigkeit und Lesedauer von gewisser Bedeutung. Sie lassen weitere Schlüsse über die Quantität und Qualität möglicher Werbemittelkontakte und Wiederholungskontakte zu.[4]
Ferner spielen auch technische Kriterien eine Rolle. Neben der zeitlichen Verfügbarkeit, die bedeutend sein kann, wenn die Werbemaßnahmen aus kommunikationstechnischen und -psychologischen Gründen zu ganz bestimmten Zeitpunkten erfolgen müssen,[5] zählen hierzu Erscheinungshäufigkeit, Dispositionsflexibilität sowie Format, Farbe und Druckqualität.[6]

---

1 Vgl. ECONOMIST (1992), S. 104.

2 Zu den gesamten Streuungsvariablen vgl. etwa BEHRENS (1963), S. 96ff.; STROSCHEIN (1970), S. 641ff.; KROEBER-RIEL/TROMSDORFF (1980), S. 645; NIESCHLAG/DICHTL/HÖRSCHGEN (1991), S. 528ff.

3 Vgl. BRAUNSCHWEIG/KOEPPLER (1985b), S. 24f. Ferner KOCH (1993), S. 24ff.; Gruner + Jahr (1981; Hrsg.), Bd. 2, S. 34ff.; HEYDER (1991), S. 7f.; NIESCHLAG/DICHTL/HÖRSCHGEN (1991), S. 536f.; KOTLER (1989), S. 532f.

4 Vgl. auch Gruner + Jahr (1981; Hrsg.), Bd. 2, S. 50.

5 Vgl. BEHRENS (1963), S. 99f.

6 Vgl. Gruner + Jahr (1981; Hrsg.), Bd. 1, S. 24f.; PESCH (1960), S. 58; URHAUSEN (1988), S. 11.

1.3. Das optimale Werbeniveau

Für die Unternehmen stellt sich die Frage nach dem optimalen Niveau ihrer Werbeaktivitäten. Zwar ist es möglich eine maximale Reichweite innerhalb der Zielgruppe herzustellen, doch ist dies normalerweise ineffizient. Der erneute oder zusätzliche Einsatz weiterer Werbeträger, um die bis dato noch nicht erreichten Zielpersonen auch noch zu kontaktieren, bedingt im allgemeinen, daß auch um so mehr nicht zur Zielgruppe gehörende Personen erfaßt werden und daß einige Personen der Zielgruppe sehr viele Wiederholungskontakte erfahren.

Gerade Wiederholungskontakte haben einen Einfluß auf den Werbeerfolg, da erst mehrere Kontakte mit einer Werbebotschaft den größten Werbeerfolg mitsichbringen. Bis zu dieser optimalen Kontaktanzahl sind folglich die Erfolgszuwächse weiterer Kontakte positiv und darüber hinaus können sie sogar negativ werden.

Aber auch noch positive Erfolgszuwächse bedeuten nicht, daß der Streuplan sich seinem Optimum nähert, denn die marginalen Erfolgszuwächse müssen verglichen werden mit den marginalen Werbeausgaben. Nach DORFMAN/STEINER ist das Optimum der Werbeausgaben bei gegebenen Preisen dann erreicht, wenn ihr Grenzgewinn gleich Null ist, wenn also der Grenzerlös der Werbung den Grenzkosten entspricht.[1]

2. Privatpersonen als Nachfrager

Die von Privatpersonen aufgegebenen Anzeigen umfassen die sogenannten Klein- oder auch Gelegenheitsanzeigen für den An- oder Verkauf von Autos, Fahrrädern, Hausrat u.dgl., sowie das Mieten oder Vermieten von Wohnungen, und Familienanzeigen für die Bekanntgabe familiärer Ereignisse wie Geburt, Verlobung, Hochzeit und Tod.

Für diesen Bereich der Nachfrage wird konstatiert, daß seine Determinanten sich von denen der Nachfrage durch die werbungtreibenden Unternehmen unterscheiden.

> "Bei der Gelegenheitsanzeige geht es weniger um die spezifische als um die absolute Höhe der Kosten, da ihr Zweck nicht darin besteht, die größtmög-

---

1 Vgl. DORFMAN/STEINER (1954), S. 834f.. Ferner KOUTSOYIANNIS (1982), S. 80ff.

liche Leserzahl anzusprechen, als jene relativ wenigen Personen ausfindig zu machen, die als Gegenpart in Frage kommen."[1]

Zunächst ist festzuhalten, daß auch bei der Markenartikelwerbung nicht eine größtmögliche Zahl an Erstkontakten das Ziel ist, sondern eine optimale Zahl an Kontakten in der jeweiligen Zielgruppe.
Welches sind nun aber die Zielgruppen der Gelegenheitsanzeige und der Familienanzeige? Ist z.B. das Ziel einer Gelegenheitsanzeige der Verkauf eines Autos, so hängt die Erfolgswahrscheinlichkeit positiv von der Anzahl der erreichten Personen ab, d.h. ebenso wie bei anderen Anzeigen von der Anzahl der Leser des Blattes. Das Ziel einer Familienanzeige, die z.B. die Heirat zweier Personen bekannt gibt, ist es ebenfalls, eine bestimmte Zielgruppe zu erreichen, nämlich alle diejenigen, die man zum weiteren Freundes- und Bekanntenkreis zählt.[2]
Die Abwägung darüber, ob und wo eine Insertion nun erfolgt, ist auch in diesen Fällen abhängig von den relativen Kontaktpreisen, wenn unterstellt wird, daß die sonstigen Streueigenschaften der zur Wahl stehenden Anzeigenträger gleich sind. Ganz allgemein formuliert sind es wieder die Kontaktpreise in der Zielgruppe, die die Nachfrageentscheidungen leiten.
Deshalb kann festgehalten werden, daß unter Nachfragegesichtspunkten zwischen den Anzeigen der werbungtreibenden Wirtschaft und der Privatpersonen kein grundsätzlicher Unterschied besteht.

3. Presse vs. Rundfunk

Die verschiedenen Werbeträger haben spezifische, kommunikationstechnische Eigenschaften, die sie für bestimmte Botschaften und die Art der Übermittlung dieser Botschaften mehr oder weniger geeignet machen. So haben Radio und Fernsehen im allgemeinen kurze, vom Hörer bzw. Seher nicht zu beeinflussende Einwirkungszeiten, ermöglichen in der Regel keine detaillierten Informationen, setzen auf starke akustische bzw. akustische und visuelle Reize und lassen den Empfänger ohne Eigeninitiative.[3]

---

1 Vgl. NUSSBERGER (1966b), S. 372.

2 Wird mit der Anzeige erst das Datum der Hochzeit mitgeteilt, so ist die Zielsetzung dahingehend zu erweitern, daß man eventuell auch auf den Brauch der Hochzeitsgeschenke hinweisen möchte.

3 Vgl. MONOPOLKOMMISSION (1981), S. 25. Ferner oben den entsprechenden Abschnitt des Lesermarktes. Überblicksartige Vergleiche finden sich bei KOSCHNICK (1988), S. 254f.; STERN (1991; Hrsg.), S. 122f.; PICARD (1989), S. 25.

Von Bedeutung sind hier auch die Konsumgewohnheiten, denn Fernsehen und Radio werden oftmals neben anderen Tätigkeiten konsumiert,[1] so daß sie nur bedingt die Aufmerksamkeit der Seher und Hörer genießen. Im Gegensatz dazu wird den Printmedien i.allg. die volle Aufmerksamkeit während des Konsums gewidmet.[2] Dies ergibt sich daraus, daß die verbale Informationsaufnahme und -verarbeitung eine relativ größere kognitive Aktivität erfordert. Damit es also überhaupt zu einer Aufnahme und Verarbeitung der verbalen Informationen aus der Presse kommt, bedarf es einer größeren Ausgangsbereitschaft.[3] Hieraus ergibt sich auch eine unterschiedliche Aufmerksamkeit gegenüber der Werbung.

Aufgrund dieser divergierenden Eigenschaften sind einige Medien mehr und andere weniger geeignet für bestimmte Werbebotschaften, so daß sich eine Einschränkung des inter-medialen Wettbewerbs zwischen Presse und Rundfunk ergibt.[4] Statt dessen kann zwischen der Presse und dem Rundfunk oftmals eine eher komplementäre, denn eine substitutive Beziehung konstatiert werden.[5] Die eher komplementäre Beziehung kommt auch dadurch zum Ausdruck, daß Presse und Rundfunk in Werbekampagnen oftmals parallel genutzt werden. Der Kombination der unterschiedlichen Wirkungsweisen von Anzeige und Spot wird ein ergänzender Effekt zu gesprochen, der eine meist größere Wirkung im Vergleich zur mono-medialen Streuung erreicht.[6]

Hinzu kommt, daß Publikumszeitschriften gerade bei der Ansprache von genau spezifizierten Zielgruppen gegenüber dem Fernsehen (zumindest noch) deutliche Vorteile haben. Insbesondere die Special-Interest-Titel haben eine deutlich größere Zielgruppenaffinität, d.h. sie erreichen eine bestimmte Zielgruppe mit geringeren Streuverlusten.[7] Dagegen ist das Fernsehen eher für die Ansprache einer breiten Masse geeignet.

---

1 Vgl. z.B. KIEFER (1981), S. 267.

2 Vgl. PICARD (1989), S. 23.

3 Vgl. SCHENK/DONNERSTAG/HÖFLICH (1990), S. 153f.

4 Vgl. PICARD (1989), S. 24; OSPEL (1988), S. 24. Ferner DERTOUZOS/TRAUTMAN (1990), S. 12.

5 Vgl. MONOPOLKOMMISSION (1981), S. 16. Etwas anders sieht dies LANZRATH (1987), S. 190ff.

6 Vgl. BRAUNSCHWEIG/KOEPPLER (1984a), S. 6.

7 Vgl. KOCH (1993), S. 20; STERN (1991; Hrsg.), S. 12; W&V (1993b), S. 69. Dieses könnte sich mit dem Anwachsen der TV-Kanäle zumindest langfristig verändern (vgl. HORIZONT (1993), S. 44).

III. Zur Abgrenzung von Anzeigenmärkten

Für die sachliche Marktabgrenzung ist es zunächst von Bedeutung, welches die Zielgruppe der Werbung ist, wobei grundsätzlich zwischen Allgemein- und Gruppenwerbung unterschieden werden kann. Bei der Allgemeinwerbung stellt die gesamte Bevölkerung die Zielgruppe dar, so daß hier im wesentlichen alle überregionalen Zeitungen und Zeitschriften miteinander konkurrieren.[1] Bedeutender als die Allgemeinwerbung ist im allgemeinen aber die Gruppenwerbung, bei der eine spezifische Bevölkerungsgruppe die Zielgruppe der Werbung darstellt.

Erst nach der Bestimmung der Zielgruppe kann ermittelt werden, welche Zeitungen und Zeitschriften die Zielpersonen zu ihren Lesern zählen. Ist z.B. die Zielgruppe die Menge der Hausfrauen, dann gehören zum sachlich relevanten Markt alle Zeitungen und Zeitschriften, zwischen denen ein enges Substitutionsverhältnis bezüglich des Erreichens dieser Gruppe besteht. Hierzu können bestimmte Frauenzeitschriften, Zeitschriften der Yellow-Press und spezielle Kochzeitschriften ebenso zählen wie Zeitungen, Anzeigenblätter und Kundenzeitschriften. Zeitungen und Anzeigenblätter sind jedoch üblicherweise lokal bzw. regional begrenzt verbreitete Titel, die ihre Bedeutung in diesem Fall nur bei einer zusätzlichen örtlichen Spezifizierung der Zielgruppe erhalten.

Wegen der mangelnden Differenzierung von zielgruppenspezifischen Teilmärkten ist auch die vom BkartA vorgenommene Abgrenzung eines sachlich relevanten Marktes für Publikumszeitschriften und Supplements[2] als unzureichend zu bezeichnen. Wie das BKartA selbst feststellt ist der Bereich der Publikumszeitschriften sehr breit gefächert und umfaßt so verschiedene Arten wie aktuelle Illustrierte und Programmzeitschriften, aber auch Frauen-, Auto- und Hobbyzeitschriften.[3] Da z.B. die Frauenzeitschrift VOGUE und die Autozeitschrift AUTO MOTOR SPORT stark divergierende Zielgruppen haben, kann ihre Substitutionsbeziehung für die Anzeigenkunden nur als äußerst lose bezeichnet werden. Das heißt, für eine adäquate Abgrenzung bedürfte es einer weiteren Aufgliederung in Teilmärkte.

Diesem gemeinsamen Anzeigenmarkt der Publikumszeitschriften stellt das BKartA den Werbemarkt der übrigen klassischen Medien gegenüber, der ne-

---

1 Auch das Konkurrenzverhältnis von Presse und Fernsehen ist bei der Allgemeinwerbung deutlich stärker ausgeprägt als bei der Gruppenwerbung.

2 Vgl. Beschluß des BKartA vom 23.10.1981 - ("Burda - Springer"), BKartA 1924f.

3 Vgl. Beschluß des BKartA vom 23.10.1981 - ("Burda - Springer"), BKartA 1924.

ben dem Rundfunk auch die Zeitungen und Fachzeitschriften umfaßt. Die Zielgruppen von Zeitungen und Fachzeitschriften sind jedoch zu unterschiedlich, als daß eine solche Zusammenfassung zu einem Anzeigenmarkt vertretbar wäre.

Die Abgrenzung von Anzeigenmärkten stellt sich als problematischer dar als die Abgrenzung von Lesermärkten. Dies ergibt sich daraus, daß der Ausgangspunkt der Abgrenzung die Nachfrageanforderungen sein müssen, welche am Anzeigenmarkt vielschichtiger sind als am Lesermarkt. Im Bereich der Werbung gibt es sehr viele verschiedene Zielgruppen, so daß es entsprechend viele Teilmärkte gibt.
Die verschiedenen Informationsinteressen der Bevölkerung bedingen im allgemeinen das Lesen mehrerer Titel durch ein und dieselbe Person, so daß diese Person als Werbeadressat über alle diese verschiedenen Titel erreicht werden kann. Dabei stehen diese Titel üblicherweise nicht in einem engen Konkurrenzverhältnis auf dem Lesermarkt, d.h. sie bilden keinen eigenen Lesermarkt. So kann z.B. im lokalen Gebiet der publizistische Wettbewerb zwischen örtlichen Tageszeitungen und Anzeigenblättern als eher sekundär bezeichnet werden, während das Wettbewerbsverhältnis beider Gruppen hinsichtlich lokaler Einzelhandels- und Geschäftsanzeigen in der Regel sehr eng ist.
Aus der Relevanz der Kriterien der Zielgruppenabdeckung für die Abgrenzung von Anzeigenmärkten[1] ergibt sich zweierlei: zum einen, daß eine vorgenommene Lesermarktabgrenzung nicht automatisch auch auf den Anzeigenmarkt übertragbar ist, und zum anderen, daß der Anzeigenmarkt auf dem ein bestimmter Titel auftritt oftmals weiter abzugrenzen ist als der entsprechende Lesermarkt.[2] Gleichzeitig können Lesermarktabgrenzungen aber brauchbare Anhaltspunkte für Anzeigenmarktabgrenzungen liefern, die es dann im konkreten Fall zu erweitern bzw. zu spezifizieren gilt.

---

1 Vgl. hierzu auch ZOHLNHÖFER (1987), S. 59.

2 Vgl. auch MONOPOLKOMMISSION (1992), Tz. 676.

IV. Marktstruktur und Marktverhalten

1. Marktform

Die Vielzahl an Titeln, die auf dem Anzeigenmarkt ihre Werbeträgerfunktion anbieten, darf nicht dazu verleiten von vornherein auf ausgeprägten, polypolistischen Wettbewerb zu schließen. Ebenso wie am Lesermarkt müssen zunächst die in enger Konkurrenz miteinander stehenden Titel abgegrenzt werden, d.h. der relevante Markt bestimmt werden. Diese Abgrenzung ist wie gesehen vielschichtig, denn das Konkurrenzverhältnis der Publikumszeitschriften CAPITAL und TINA ist nicht nur äußerst lose, wenn es um Werbung des lokalen Einzelhandels in Karlsruhe geht. Zunächst müssen die Teilmärkte zumindest gedanklich abgegrenzt werden und erst dann können Aussagen über typische Marktformen gemacht werden.
Einen Ansatz hierfür bietet Tab. 12, in der das Ausmaß der Wettbewerbsbeziehungen der verschiedenen Zeitungs- und Zeitschriftenarten zusammengefaßt dargestellt ist. Grundlegende Annahme dabei ist, daß die betreffenden Zeitungen und Zeitschriften das gleiche räumliche Verbreitungsgebiet haben.
Tageszeitungen, die in der Mehrzahl lokal/regional verbreitet werden, konkurrieren in erster Linie mit anderen lokalen Tageszeitungen und Anzeigenblättern, die das gleiche Verbreitungsgebiet haben, um lokale Einzelhandels- und Kleinanzeigen. Ist die Tageszeitungsdichte im betreffenden Gebiet hoch, so ist die Tageszeitung auch bei örtlicher Massenwerbung relativ attraktiv, während eine geringe Tageszeitungsdichte die Anzeigenblätter relativ attraktiver werden läßt.[1] Bei überregionalen Tageszeitungen, die zumeist einen Verbreitungsschwerpunkt in und um ihren Erscheinungsort haben,[2] kommt noch ein gewisses Konkurrenzverhältnis zu Publikumszeitschriften hinsichtlich überregionaler Markenartikelanzeigen hinzu.[3]
Die überregional verbreiteten Publikumszeitschriften konkurrieren primär untereinander um Markenartikelanzeigen. Erst in zweiter Linie erwächst ihnen hierbei eine gewisse Konkurrenz durch die überregionalen Tageszeitungen und

---

1 Der Wettbewerb zwischen Tageszeitungen und Anzeigenblättern liegt schwerpunktmäßig bei Anzeigenkunden, die gerade am Erscheinungstag des Anzeigenblattes ihren werblichen Bedarf haben (vgl. URHAUSEN (1993), S. 62).

2 Vgl. auch ERDMANN/FRITSCH (1990), S. 41.

3 Allgemein zu den relativen Vor- und Nachteilen von Tageszeitungen und Publikumszeitschriften als Werbeträger vgl. Gruner + Jahr (1981; Hrsg.), Bd. 11, S. 41ff.; MUNDHENKE (1991), S. 145; PICARD (1989), S. 25; UENK/LARRMANN (1980), S. 197; STÖCKER (1992), S. 122f.

Tab. 12:Struktur und Ausmaß der Wettbewerbsbeziehungen am Anzeigenmarkt

	Tages-zeitungen	Publikums-zeitschriften	Fach-zeitschriften	Anzeigen-blätter	Kunden-zeitschriften
Tageszeitungen (lokal/regional) (überregional)	primär	sekundär	—	primär	—
Publikums-zeitschriften (überregional)	sekundär	primär	—	—	sekundär
Fachzeitschriften (überregional)	—	—	primär	—	—
Anzeigenblätter (lokal/regional)	primär	—	—	primär	—
Kundenzeitschriften (überregional)	—	sekundär	—	—	primär

die überregional verbreiteten Kundenzeitschriften. Fachzeitschriften stehen praktisch nur im Wettbewerb untereinander, und zwar um Markenartikelanzeigen und z.T. auch um überregionale Kleinanzeigen.
Anzeigenblätter konkurrieren um lokale Anzeigen und dies in erster Linie mit örtlichen Tageszeitungen und anderen Anzeigenblättern. Anzeigenblätter haben ggü. Tageszeitungen insbesondere in Großstädten den Vorteil, daß sie als sublokales Stadtteilmedium für den Einzelhändler "an der Ecke" interessant sind, da sie im Vergleich zu örtlichen Zeitungen geringere Streuverluste bedingen und somit kostenmäßig günstiger sind.[1] Auch herrscht bei Anzeigenblättern oftmals eine laxere Trennung zwischen Redaktionellem und Werblichem.[2]
Überregionale Kundenzeitschriften stehen primär miteinander im Wettbewerb, z.T. konkurrieren sie jedoch auch mit Publikumszeitschriften um Markenartikelanzeigen.[3]

Eine Übertragung der Ergebnisse des Lesermarktes auf die obigen Ausführungen ermöglicht grundsätzliche Aussagen über die Anzahl der Marktteilnehmer auf der Anbieterseite, die je nach Anzeigenart divergiert. Im Bereich lokaler Einzelhandels- und Kleinanzeigen ist grundsätzlich mit nur wenigen Anbietern (Tageszeitungen und Anzeigenblättern) in einem bestimmten Gebiet zu rechnen.[4] Dies auch deshalb weil die örtlichen Anzeigenblätter oftmals zu den ansässigen Tageszeitungsverlagen gehören.[5] Auch bei überregionalen Kleinanzeigen ist die Auswahl für den Inserenten i.allg. sehr gering.
Bei den überregionalen Markenartikelanzeigen konkurrieren dagegen sehr viele Titel, insbesondere Publikums- bzw. Fachzeitschriften miteinander. Eine bestimmte Bevölkerungsgruppe, z.B. Frauen, kann man u.a. über Frauenzeitschriften, Illustrierte und Programmzeitschriften erreichen. Das heißt, alle drei Gruppen müßten in diesem Fall zu einem Markt zusammengefaßt werden. Die Anzahl der Konkurrenten kann i.allg. trotzdem als hoch bezeichnet wer-

---

1 Vgl. ZELZER (1992), S. 103; URHAUSEN (1993), S. 62.

2 Vgl. W&V (1991), S. 62.

3 Die vermehrte Herausgabe lokaler/regionaler Kundenzeitschriften bedingt jedoch auch eine wachsende Konkurrenz für die Anzeigenblätter (vgl. W&V (1991), S. 42; dies. (1992c), S. 80.

4 Wobei in dichtbesiedelten, strukturstarken Gebieten Anzeigenblätter überrepräsentiert sind, und zwar nicht nur aufgrund der geringeren Zustellprobleme, sondern insbesondere wegen der größeren Werbepotentiale (vgl. PÄTZOLD/RÖPER (1992), S. 648).

5 Vgl. W&V (1991), S. 62; PÄTZOLD/RÖPER (1992), S. 649; ERDMANN/FRITSCH (1990), S. 70.

den, obwohl z.B. die Großverlage viele Zeitschriften herausgeben und somit die Zahl der anbietenden Verlage ggf. kleiner ist als die der Titel.
Die Zahl der Marktteilnehmer auf der Nachfrageseite ist üblicherweise als hoch zu bezeichnen. Auch wenn hierbei die Größenstruktur recht unterschiedlich sein kann, so kann doch davon ausgegangen werden, daß der jeweilige Nachfrager keinen Einfluß auf das Marktergebnis ausüben kann. Das heißt, es kann von einer atomistischen Struktur auf der Nachfrageseite ausgegangen werden.
Insgesamt liegen demnach am Anzeigenmarkt oligopolistische oder polypolistische Strukturen vor. Wobei allerdings die beiden Formen nicht immer eindeutig zu trennen sind, da z.B. die gleiche Anzahl der Anbieter einmal oligopolistisch und ein anderes mal polypolistisch sein kann, je nachdem inwieweit die Beteiligten ihrem eigenen Verhalten eine Wirkung auf die Konkurrenten beimessen und mit merklichen Reaktionen rechnen.

Die Werbungtreibenden benötigen präzise Informationen über die Leserschaften, deren Eigenschaften und Gewohnheiten, um überhaupt ihre Zielgruppe identifizieren zu können.

> "Je besser es gelingt, diese Zielgruppe in den Auditorien zu erkennen und zu messen, um so sicherer wird es, die für diese Werbung 'besten' Medien zu finden."[1]

Neben den Angaben zur Auflagenhöhe, Abonenntenzahl, geographischer Verteilung, Reichweite, Nutzungsintensität und geographischen Verteilung werden Angaben zur demographischen Struktur der Leserschaft, d.h. Alter, Geschlecht, Einkommen, Bildungsstand, soziale Schicht etc., und zu psychographischen und verhaltensbezogenen Eigenschaften wie z.B. Meinungsführerschaft, Lebensstil, Konsumverhalten und -häufigkeit benötigt, um zu einer fundierten Entscheidung bezüglich der Werbeträgerauswahl zu kommen.
Um diesem Informationsbedürfnis nachzukommen, haben sich in Deutschland verschiedene Instrumente herausgebildet. Zum einen wurde 1949 gemeinsam von den Verlagen und dem Zentralausschuß der Werbewirtschaft (ZAW) die "Informationsgemeinschaft zur Feststellung der Verbreitung von Werbeträgern" (IVW) gegründet. Durch den Beitritt zur IVW erklären sich die Verlage zur Kontrolle ihrer Auflagenzahlen durch unabhängige Prüfer bereit. Das Ziel ist also die Prüfung und Beglaubigung der gemeldeten Auflagenangaben, die vierteljährlich veröffentlicht werden, so daß sich eine gewisse Objektivierung

---

1 Vgl. BRAUNSCHWEIG/KOEPPLER (1984a), S. 6.

des Werbeträgervergleichs ergibt.[1] Die größeren Zeitungen und Zeitschriften sind sich fast ausnahmslos IVW-Mitglieder und lassen ihre Auflage den Richtlinien entsprechend prüfen.
Anzeigenblätter sind nicht zur IVW-Prüfung zugelassen. Um dennoch eine gewisse Glaubhaftigkeit hinsichtlich der gemachten Auflagenzahlen gewährleisten zu können, wurde 1985 die Auflagenkontrolle der Anzeigenblätter (ADA) als eigenständiges Prüfsystem ins Leben gerufen. Alle Mitgliedsverlage des Bundesverband Deutscher Anzeigenblätter (BVDA) sind verpflichtet, die Auflagen der von ihnen herausgegebenen Titel durch unabhängige Wirtschaftsprüfungsgesellschaften kontrollieren zu lassen.[2]
Zum anderen entwickelte sich in Deutschland nach 1945 eine ausgeprägte demoskopische Werbeträgerforschung. Sie liefert die von den Werbungtreibenden benötigten Informationen über die Leserschaften. Eine herausragende Stellung für die großen Zeitungen und Publikumszeitschriften nimmt hierbei die jährlich erscheinende Media-Analyse (MA) der Arbeitsgemeinschaft Media-Analyse (AG.MA) ein. Ihre besondere Bedeutung resultiert daher, daß die größeren Werbeagenturen und Verlage zum einen alle selbst Mitglieder der AG.MA sind und die Verlage zum anderen die Daten ihrer eigenen Markt-/Media-Untersuchungen in ihren Reichweiten rechnerisch an die Mediadaten der jeweils aktuellen MA anpassen.[3]
Neben der sozio-demographisch geprägten MA gibt es eine Reihe weiterer bedeutender Markt-/Media-Studien, die zum großen Teil von den Verlagen selbst herausgegeben werden. Hierzu gehören u.a.

- Allensbacher Werbeträger-Analyse (AWA) vom Institut für Demoskopie Allensbach,
- VerbraucherAnalyse (VA) vom Springer Verlag und Bauer Verlag,
- Typologie der Wünsche (TdW) vom Burda Verlag,
- MarkenProfile (MaPro) vom STERN (Gruner + Jahr),
- KommunikationsAnalyse (KA) von der BRIGITTE (Gruner + Jahr),
- Leseranalyse Entscheidungsträger (LAE) von der Arbeitsgemeinschaft LAE und
- Kinder-Verbraucheranalyse (Kids-VA) vom Bauer Verlag, Springer Verlag, Bastei-Verlag und EHAPA Verlag.

1 Vgl. auch § 1 Abs. 1 IVW-Satzung (IVW (1993; Hrsg.), S. 74).

2 Am 01. Januar 1993 waren 178 Verlage im BVDA organisiert, das waren 36,4% aller Anzeigenblattverlage, die 50,3% der Gesamtauflage repräsentierten (vgl. BVDA (1993; Hrsg.), o.S.).

3 Vgl. auch FAEHLING (1993), S. 57.

Weil die demographischen Kriterien eine relativ unsichere Basis für die Zielgruppenselektion darstellen, wurde in den Markt-/Media-Analysen mehr und mehr dazu übergegangen neben den demographischen Merkmalen auch, und z.T. insbesondere, psychographische Merkmale der Leser zu erheben, um so auf zielgruppenspezifisches Konsumverhalten schließen zu können.[1] Hierzu werden i.allg. neben quantitativen Merkmalen hinsichtlich Besitz und Kaufverhalten Einstellungen, Interessen und andere Persönlichkeitsmerkmale abgefragt und so die Leserschaften z.T. typologisiert.

Bei den anderen Zeitschriftenarten sind die Formen der Leseranalysen noch nicht soweit fortgeschritten und demnach das Informationsniveau geringer. Im Bereich der Fachzeitschriften gibt es Untersuchungen wie die IVW-Analyseprüfung Fachzeitschriften (IVW-APF) oder die Leseranalyse Medizin-Zeitschriften (LA Med). Bei den Anzeigenblättern gibt es die Verbreitungsanalyse Anzeigenblätter der BVDA-Mitglieder oder vereinzelte Untersuchungen wie die BLITZ-TIP Leseranalyse, die bis dato größte Untersuchung im Bereich der Anzeigenblätter.[2]

Die aufgeführten Instrumente ermöglichen den Werbungtreibenden sehr umfangreiche und detaillierte Informationen, die zudem die Möglichkeit der intra-medialen Vergleichbarkeit beinhalten.[3] Aufgrund der dargelegten Informationssituation kann, zumindest für den Bereich der größeren Zeitungen und Publikumszeitschriften, der hier im Vordergrund steht, konstatiert werden, daß auf dem Anzeigenmarkt annähernd vollständige Informationen vorliegen, die eine sehr hohe Markttransparenz bewirken.[4]

Die Auffassung, daß sich mit umfangreicherem und detaillierterem Wissen über die angebotene Werbeträgerleistung die Werbewerte der Blätter weniger direkt vergleichen lassen und der Markt unvollkommener wird,[5] kann dagegen nicht geteilt werden. Hinzu kommt, daß die Nachfrager Mediafachleute sind, denn der Großteil des Anzeigengeschäfts wird über professionelle Agenturen

---

1 Vgl. BRAUNSCHWEIG/KOEPPLER (1984a), S. 4.

2 Vgl. W&V (1993a), S. 70.

3 Die oftmals sehr aufwendigen Markt- und Media-Analysen der Verlage dienen allerdings nicht nur der Informationsbereitstellung und Entscheidungsvorbereitung für die Werbungtreibenden und Agenturen, sondern in hohem Maße der Verkaufsförderung, in dem sie z.B. dem Aufbau von Präferenzen dienen sollen (vgl. REIMER (1992), S. 21; ALTHANS (1989b), S. 768; HENSMANN (1980), S. 246).

4 Vgl. auch ALTHANS (1989b), S. 769; ECONOMIST (1967), S. 261.

5 Vgl. NUSSBERGER (1958), S. 97f.

abgewickelt, die über entsprechend gute Marktkenntnisse verfügen und mit Computerselektionsprogrammen arbeiten.[1]

Das am Anzeigenmarkt nachgefragte und angebotene Gut ist die Übermittlung einer Werbebotschaft. Gleiche technische Abläufe und Ergebnisse unterstellt, handelt es sich hierbei grundsätzlich um homogene Güter.[2] Auch die Tatsache, daß die Leserschaften verschiedener Zeitungen oder Zeitschriften i.allg. nicht identisch sind, ändert daran nichts, denn für die Werbungtreibenden stehen die Zielgruppe und die Kosten zur Erreichung derselben im Vordergrund. Andere Personen oder Personengruppen, die ebenfalls erreicht werden, sind i.allg. nicht von Bedeutung.
Auch sind die sachlichen Präferenzen im Vergleich zum Lesermarkt wesentlich geringer. Hier gibt es üblicherweise keine besondere soziale Eingebundenheit, die eine sachliche Präferierung bedingt. Für die Werbungtreibenden ist die publizistische Qualität oder die politische Richtung im allgemeinen nicht von Bedeutung, denn die Verbreitung ist für den Werbeerfolg relevanter als der redaktionelle Inhalt.[3] Zwar sehen einige Werbungtreibenden ihre Anzeigen lieber in einem "standesgemäßen" Titel oder Verlag, doch zwingt i.allg. der Wettbewerb sie zur Beachtung der höheren Kosten, die aus solchen Präferenzen resultieren. Folglich kann die Anzeigennachfrage als relativ beweglich bezeichnet werden.[4]
Die Angebotsbeweglichkeit kann als sehr hoch bezeichnet werden, denn innerhalb des von der Gesellschaft als moralisch nicht verwerflich akzeptierten Rahmens bestehen normalerweise keine Vorbehalte, Werbekunden bzw. Anzeigen zu akzeptieren.[5] Auch besteht praktisch keine mengenmäßige Obergrenze bei der Annahme von Insertionsaufträgen.

Zusammenfassend kann festgehalten werden, daß die Anzeigenmärkte üblicherweise relativ wenige Unvollkommenheiten aufweisen und die vorherrschende Marktform das Oligopol bzw. die Konkurrenz mit homogenen Gütern ist.

---

1 Vgl. HENSMANN (1980), S. 244; THOMPSON (1989), S. 260.

2 Vgl. auch GREIFFENBERG/ZOHLNHÖFER (1984), S. 586.

3 Vgl. KANTZENBACH/GREIFFENBERG (1980), S. 197; ROYAL COMMISSION ON THE PRESS (1962), S. 86. Ferner BEHRENS (1963), S. 85. Damit soll nicht gesagt sein, daß die Akzeptanz gegenüber Werbeaussagen nicht auch vom publizistischen Umfeld, d.h. vom Ansehen einer Zeitung abhängig sein kann (s.o.).

4 Vgl. GREIFFENBERG/ZOHLNHÖFER (1984), S. 586; ZOHLNHÖFER (1987), S. 60.

5 Vgl. KANTZENBACH/GREIFFENBERG (1980), S. 197; GREIFFENBERG/ZOHLNHÖFER (1984), S. 568.

2. Marktzutritt

2.1. Marktzutrittsschranken

Eine Zeitung oder Zeitschrift kann langfristig nur existieren, wenn sie in der Lage ist, ihre Kosten aus den Vertriebs- und Anzeigenerlösen zu decken, wobei die Anzeigenerlöse u.a. vom Vertriebserfolg abhängen. Unproblematisch sind diese Zusammenhänge in Bezug auf den Marktzutritt solange das Vertriebsgeschäft allein in der Lage ist, die Kosten zu decken. Erst wenn der Lesermarkt nur einen Preis ermöglicht, der nicht kostendeckend ist, ergeben sich zusätzlich zu den am Lesermarkt ausgeführten Marktzutrittsschranken weitere Zutrittsbarrieren für Newcomer. In diesem Fall wird der Erfolg am Anzeigenmarkt elementar für die Existenzfähigkeit. Da aber der Anzeigenerfolg u.a. abhängig ist von der Auflage, bedarf es zur Existenzsicherung sowohl einer bestimmten Verbreitung als auch der Anerkennung als Werbeträger.[1]

Um Anzeigen zu akquirieren, muß z.B. Werbung in entsprechenden Fachblättern betrieben und den potentiellen Inserenten ein bestimmter Werbeträgerkontaktumfang ermöglicht werden. Hierfür ist eine entsprechende Verbreitung notwendige Voraussetzung, und zwar unabhängig davon, ob der neue Titel von den Lesern wirklich in dem Maße nachgefragt wird. Das heißt, daß am Lesermarkt gegebenenfalls Freiexemplare verteilt oder Einführungspreise gewährt werden müssen, so daß sich zusätzliche Kosten ergeben. Da aber das anfängliche Kontaktausmaß trotzdem relativ unsicher bleibt, werden den Anzeigenkunden zudem üblicherweise Einführungsrabatte gewährt, die bei Publikumszeitschriften je nach Anzahl der geschalteten Seiten 20% bis 50% betragen können.

Dies alles bedingt weitere Kosten, die zu den hohen Gesamtkosten der Lancierung einer Zeitung oder Zeitschrift beitragen. Die Resonanz am Lesermarkt und am Anzeigenmarkt zusammen bestimmen in der Regel die Länge der

---

1 Vgl. auch NUSSBERGER (1960), S. 546.

"Reifedauer" und damit die Höhe der Anfangsinvestitionen, in Form von Verlusten.[1]

> "The really daunting thing is not, however, the initial cost of plant but the need for very large resources to finance the inevitable trading losses of the first few years while circulation and advertising revenue are being built up. And if the venture fails a large part of this risk capital is lost."[2]

Die durch den hohen Kapitalbedarf zur Deckung der Anfangsverluste bedingten finanziellen Risiken stellen für die Newcomer Marktzutrittsbarrieren dar, da sie hochgradig irreversibel sind und somit die Kosten des Marktaustritts erhöhen.

Diese Marktzutrittsschranken müssen zusätzlich zu den bzgl. des Lesermarktes ausgeführten Zutrittsschranken berücksichtigt werden. Da der Zutritt üblicherweise an beiden Märkten gleichzeitig erfolgt und ein Anzeigengeschäft ohne Leser nicht möglich ist, sind die Marktzutrittsschranken des Lesermarktes automatisch auch Barrieren für den Anzeigenmarkt.

2.2. Marktzutrittschancen

Da ein Marktzutritt am Anzeigenmarkt nicht ohne einen Zutritt am Lesermarkt erfolgen kann, gilt es die Chancen des Marktzutritts unter simultaner Berücksichtigung beider Märkte zu erörtern.

Durch die Interdependenz von Leser- und Anzeigenmarkt kann ein Marktzutritt im Pressebereich motivational aus zwei Richtungen erfolgen. Das heißt, daß die zur Deckung der Lancierungskosten nötigen Gewinne von beiden Märkten stammen können. Welchem der beiden Märkte dabei das Primat eingeräumt wird, ist vom Einzelfall abhängig. Grundsätzlich können drei Konstellationen unterschieden werden, unter denen es zu einem Zutritt kommt:

(1) Die Gewinne des Lesermarktes sind allein ausreichend für eine Lancierung des Titels (vertriebsorientierter Zutritt). Sollte das Anzeigengeschäft aus irgendeinem Grund Verluste generieren, wäre dies insofern bedeutungslos als der betreffende Titel nicht gezwungen ist Anzeigen aufzunehmen, d.h. sich in diesem Fall vom Anzeigenmarkt zurückziehen würde.

(2) Erst die Summe der Gewinne des Leser- und des Anzeigenmarktes deckt die Lancierungskosten. Das bedeutet, daß die Zugewinne an Produzenten-

---

1 Vgl. NUSSBERGER (1966a), S. 137f. und 165.

2 Vgl. ROYAL COMMISSION ON THE PRESS (1962), S. 81f.

rente und gegebenenfalls die Kannibalismus-Beträge beider Märkte die Lancierungskosten decken müssen. Hier sind zu den Kosten der Lancierung am Lesermarkt noch die Kosten der Lancierung am Anzeigenmarkt hinzuzurechnen.

(3) Die Gewinne des Anzeigenmarktes decken neben den Lancierungskosten noch entstehende Verluste des Lesermarktes (anzeigenorientierter Zutritt). Hier kann nicht analog zum ersten Fall auf ein Angebot am Lesermarkt verzichtet werden, da dieses überhaupt erst die Voraussetzung für das Anzeigengeschäft ist. Das heißt, die Summe aus Produzentenrente und ggf. Kannibalisierung am Anzeigenmarktes muß so hoch sein, daß sie nicht nur die Lancierungskosten am Leser- und am Anzeigenmarkt zu decken vermag, sondern sie muß zusätzlich noch die laufenden Verluste des Lesermarktes kompensieren.

Gerade der letzte Fall findet sich heute des öfteren im Bereich der Publikumszeitschriften. Hier zeigt sich ein wesentlicher Unterschied zu anderen Gütern, bei denen ein erwarteter Stückverlust normalerweise dazu führt, daß das betreffende Gut nicht angeboten wird. Im Pressebereich ist in diesem Fall aber der durch den Vertrieb der Zeitschrift bedingte Verlust die Voraussetzung für das Anzeigengeschäft und kann demnach auch als Verkaufsförderungskosten des Anzeigenbereiches interpretiert werden. Bedeutsam ist lediglich, ob in der Summe aus Vertriebs- und Anzeigengeschäft der Zeitschrift Gewinne respektive Verluste entstehen.
Nachfolgend sollen zunächst die erfolgreichen Marktzutritte der letzten 5 Jahre im Bereich der Publikumszeitschriften auf ihre Orientierung hin betrachtet werden. Im Anschluß daran soll die anzeigenorientierte Nischenstrategie der sogenannten Special-Interest-Zeitschriften erörtert werden.

2.2.1. Erfolgreiche Marktzutritte im Bereich der Publikumszeitschriften

Die Strategie die hinter einem Marktzutritt steht, kann in erster Linie auf den Lesermarkt oder auf den Anzeigenmarkt abzielen oder beiden Märkten mehr oder weniger das gleiche Gewicht einräumen. Dabei kann aber wegen der Interdependenz der Märkte der anzeigenorientierte Zutritt keinesfalls den Lesermarkt ignorieren, da dieser die Geschäftsgrundlage für den Anzeigenbereich stellt.

Tab. 13: Erfolgreiche Marktzutritte im Bereich der Publikumszeitschriften von 1988-1993

Titel	Gründungs-jahr	Verlag	verkaufte Auflage 1993 [TEX]	Anzeigen-umfang 1993 [Seiten]
FOCUS	1993	Burda	487	3.648
MACH MAL PAUSE	1993	Bauer	433	n.a.
TV NEU	1992	Springer	651	414
TV KLAR	1992	Bauer	936	n.a.
BLITZ ILLU	1992	Bauer	557	353
MEIN KIND+ ICH	1992	G+J	165	298
MAX	1991	Milchstraße	213	1.389
TV MOVIE	1991	Bauer	1.819	1.412
MARIE CLAIRE	1990	G+J	167	1.304
TV SPIELFILM	1990	Milchstraße	1.573	2.125
SUPER TV	1990	Burda/Sebaldus	537	1.085
SUPER ILLU[1]	1990	Burda/Sebaldus	552	1.047
NEUES WOHNEN	1990	G+J	187	203
FORBES	1990	Burda	123	668
SAISON	1989	G+J	139	387
ELLE	1988	Burda	205	1.669
SPORT BILD	1988	Springer	673	1.218
BRAVO GIRL	1988	Bauer	740	567
COUPÉ	1988 [2]	Bauer	613	140

Quelle: IVW bzw. ZAS (zitiert nach HORIZONT (1994), S. 34).

[1] SUPER ILLU wurde zum 31.12.1993 vollständig von Burda übernommen.

[2] Ursprünglich vom Verlag Klaus Helbert 1985 gegründet, erreichte COUPÉ bis Ende 1988 nur eine Auflage von ca. 60.000 Exemplaren. Erst mit dem Relaunch in Richtung Sex und dem Einstieg von Bauer gelang der Durchbruch: Ende 1989 lag die Auflage schon über 300.000 Exemplaren (vgl. V. SCHMIDT (1992), S. 104).

In Tab. 13 sind die bedeutenderen Publikumszeitschriften mit einer Auflage von über 100.000 Exemplaren, die seit 1988 erfolgreich in den Pressemarkt eingeführt wurden, kurz porträtiert.[1] Tab. 14 stellt die dazugehörigen Relationen der Anzeigen- und Vertriebserlöse für 1993 dar.

---

[1] Beispiele für gescheiterte Neueinführungen sind VIVA (Gruner + Jahr), ESQUIRE (Bauer) und MISS VOGUE (Condé Nast Verlag) (vgl. V. SCHMIDT (1992), S. 102ff.; SCHÜÜR (1993), S. 87ff.).

Tab. 14: Relation der Vertriebs- und Werbeerlöse bei den Newcomern der Publikumszeitschriften von 1988-1993

Titel	Brutto-Vertriebserlöse[1] TDM	%	Brutto-Werbeerlöse TDM	%
ELLE	18.553	28,6	46.292	71,4
MARIE CLAIRE	13.420	31,4	29.328	68,6
MAX	15.336	34,8	28.755	65,2
FOCUS	93.600	46,3	108.659 [2]	53,7
SUPER TV	29.205	47,2	32.619	52,8
FORBES	11.070	49,1	11.473	50,9
TV SPIELFILM	102.245	55,1	83.320	44,9
SAISON	9.811	55,2	7.957	44,8
SUPER ILLU	31.317	54,2	26.498	45,8
MEIN KIND + ICH	7.376	52,5	6.669	47,5
SPORT BILD	52.494	57,6	38.703	42,4
TV MOVIE	107.279	62,3	64.991	37,7
NEUES WOHNEN	7.854	75,3	2.577	24,7
BRAVO GIRL	57.742	80,3	14.170	19,7
TV NEU	24.214	83,4	4.830	16,6
COUPÉ	40.458	87,8	5.633	12,2
BLITZ ILLU	52.358	88,9	6.516	11,1
MACH MAL PAUSE	37.411	96,2	1.473	3,8
TV KLAR	35.591	98,0	720 [3]	2,0

Quelle: Eigene Berechnungen und Nielsen Werbeforschung, S+P.

[1] Der Brutto-Vertriebserlös ist das Produkt von Copy-Preis, Erscheinungshäufigkeit und verkaufter Auflage, unter Berücksichtigung von Preisänderungen. Bei fehlenden IVW-Meldungen, z.B. FOCUS I/93 und II/93, erfolgte eine Schätzung der Auflage. In der hier berechneten Form kann der Brutto-Vertriebserlös allerdings nur als Anhaltspunkt fungieren, da unterstellt wird, daß sämtliche Exemplare im Einzelverkauf abgesetzt wurden.

[2] Hier zeigt sich der herausragende Erfolg, den FOCUS nicht nur am Leser-, sondern auch am Anzeigenmarkt realisieren konnte, und der die anderen Großverlage anlockt.

[3] Eigene Schätzung, da nicht ausgewiesen.

Tab. 14 macht deutlich, daß die Newcomer sehr verschiedene Geschäftsschwerpunkte haben. Zeitschriften wie TV KLAR, BLITZ ILLU und TV NEU, deren Erlöse zu über 75% vom Lesermarkt stammen, können als vertriebsorientierte Neueinführungen bezeichnet werden, deren Bestehen am Markt (fast) unabhängig vom Anzeigenaufkommen ist. Relativ geringe Heftumfänge und eine qualitativ minderwertige, kostengünstige Produktausstattung sollen unabhängig vom Anzeigengeschäft positive Deckungsbeiträge generieren.[1] Die vertriebsorientierte Strategie wird insbesondere vom Bauer Verlag verfolgt: von den 7 Titeln mit einem Vertriebsumsatzanteil über 75% stammen 5 von Bauer. In der Startphase der Neueinführungen konzentriert sich Bauer üblicherweise vollständig auf den Lesermarkt, während das Anzeigengeschäft sehr zurückhaltend angegangen wird. Erst wenn der betreffende Titel eine gewisse Auflagenstabilität erreicht hat, d.h. fest am Lesermarkt positioniert ist, wird das Anzeigengeschäft forciert.[2]

Andere Zeitschriften wie ELLE, MARIE CLAIRE und MAX, bei denen über 65% des Gesamterlöses aus dem Anzeigengeschäft stammt, können demgegenüber ziemlich eindeutig als anzeigenorientierte Marktzutritte bezeichnet werden. Bei anzeigenorientierten Marktzutritten bzw. Zeitschriften steht das Ziel des Erreichens einer für die Anzeigenkunden attraktiven Leserschaft im Vordergrund. Das vertriebliche Ergebnis ist dabei eher sekundär. Große Heftumfänge in Verbindung mit qualitativ hochwertigen, teuren Heftausstattungen bedingen hierbei negative Deckungsbeiträge, wenn das Vertiebsgeschäft isoliert betrachtet wird.[3]

Bei vielen Titeln machen Vertriebs- und Anzeigenumsätze aber mehr oder weniger den gleichen Teil aus. Sie können kaum als eindeutig anzeigen- oder eindeutig vertriebsorientiert eingestuft werden. Bei ihnen wird keinem der beiden Märkte ein eindeutiges Primat eingeräumt, sondern erst die gesicherte Position am Leser- *und* am Anzeigenmarkt vermag die Lancierungskosten zu decken und die Existenz zu sichern. Das bedeutet aber auch, daß diese Titel ohne das Anzeigengeschäft nicht existenzfähig wären.

Die Ausführungen machen deutlich, daß in der Mehrzahl der Fälle ein Marktzutritt am Lesermarkt ohne einen simultanen, ertragreichen Marktzutritt am Anzeigenmarkt kaum möglich gewesen wäre. Erst die Gewinne des Anzeigen-

---

1 Vgl. BRUMMUND (1985), S. 147.

2 Dies hat z.B. bei TV KLAR dazu geführt, daß man erst ein gutes Jahr nach der Einführung mit der Aufnahme von Anzeigen begonnen hat, und dies auch nur in einem Umfang von sehr wenigen Seiten.

3 Vgl. BRUMMUND (1985), S. 147.

geschäfts lassen den Marktzutritt erfolgreich werden und sichern den Fortbestand der Zeitschrift am Lesermarkt.

2.2.2. Special-Interest-Zeitschriften

Die große Bedeutung, die Anzeigenerlöse heute im Vergleich zu Vertriebserlösen haben, läßt den Trend der zunehmenden Entwicklung von Zeitschriften, die auf ganz spezielle, für die Anzeigenkunden attraktive Leserschaften abstellen, nicht verwunderlich erscheinen. Das Anzeigengeschäft verbessert auf diese Weise auch die Möglichkeiten des Überlebens im Wettbewerb mit größeren Titeln. Da Titel mit einer geringeren Auflage aufgrund der Skaleneffekte deutliche Stückkostennachteile gegenüber hochauflagigen Wettbewerbern haben, sind sie langfristig nur durch eine in zweierlei Hinsicht erfolgreiche Produktdifferenzierung konkurrenzfähig.
Hierbei ermöglichen die äußerst vielschichtigen Interessen und Präferenzen der Leser das Finden von Marktnischen und somit das Überleben trotz höherer Kosten. Durch die Produktdifferenzierung wird eine spezielle Leserschaft gewonnen, die das Blatt üblicherweise für die Werbungtreibenden attraktiver werden läßt, sofern sich wohldefinierte Zielgruppen ergeben. Die damit verbundenen geringeren Streuverluste ermöglichen höhere Anzeigenpreise und sichern ggf. die Existenz in der Nische über das Anzeigengeschäft ab.[1] Das heißt, daß eine Produktdifferenzierung erst dann erfolgreich war, wenn sie zu einer Leserschaft führt, für die die Werbungtreibenden bereit sind, soviel zu bezahlen, daß die Existenz gesichert werden kann.[2]
Diese Zusammenhänge werden insbesondere durch die sogenannten Special-Interest-Zeitschriften deutlich. Special-Interest-Zeitschriften sind Publikumszeitschriften mit klarem thematischen Schwerpunkt im redaktionellen Teil, der in jeder Ausgabe der gleiche ist. Sie werden nicht aus beruflichem Interesse gelesen, sondern dienen den persönlichen, freizeitorientierten Neigungen des Einzelnen. Im Gegensatz zu Fachzeitschriften sind sie an ein breites Publikum gerichtet und versuchen die aufgegriffenen Themen allgemeinverständlich darzustellen.[3] Ihre redaktionellen Schwerpunkte liegen z.B. im Be-

---

1 Vgl. auch PRATTEN (1975), S. 251.

2 Vgl. ROSSE (1978), S. 32.

3 Vgl. W&V (1993b), S. 62; KOSCHNICK (1988), S. 509. Zur Definitions- bzw. Abgrenzungsproblematik ferner SCHEFFLER (1993), S. 80f.

reich Wohnen, Garten, Sport, Autos, Motorräder, HiFi, Video, Fotografie oder EDV.
Der Special-Interest dieser Zeitschriften ermöglicht es ihnen, relativ höhere Anzeigenpreise zu nehmen. So beträgt der Tausender-Auflage-Preis bei Publikumszeitschriften durchschnittlich DM 58,61, während er z.B. für die im Arbeitskreis Qualifizierte Special-Interest-Zeitschriften zusammengeschlossenen Titel durchschnittlich bei DM 127,49 liegt.[1] Die relativ hohen Tausenderpreise der Special-Interest-Titel erklären sich zum einen dadurch, daß sie sehr gut separierbare Zielgruppen mit nur geringen Streuverlusten erreichen. Zum anderen setzt der spezifische Inhalt beim Käufer (Leser) ein hohes Maß an Interesse am Themenbereich voraus. Da sich dieses Interesse aber in der Regel nicht nur auf redaktionellen Teil beschränkt, sondern gerade auch die werblichen Informationen zum Thema umfaßt, und das Produktfeldinteresse einer der wenigen gut gesicherten Faktoren mit positiver Werbewirkung ist,[2] ergibt sich eine relativ hohe Zahlungsbereitschaft bei den Werbungtreibenden.
Das ausgeprägte, aktive Themeninteresse der Leser und der Beratungscharakter bedingt zudem, daß sie bereit sind, relativ höhere Copypreise zu bezahlen.
Das Eingehen auf die Präferenzen der Leser und der Werbungtreibenden, d.h. das Erobern bestimmter Leser- und in Folge dessen Anzeigenmarktnischen ermöglicht es den Special-Interest-Zeitschriften, relativ höhere Anzeigenpreise und relativ höhere Copypreise zu nehmen und auf diese Weise die Existenz trotz relativ geringer Auflagen zu sichern.

---

1 Bezogen auf die verkaufte Auflage sowie 1/1 Seite schwarzweiß. Eigene Berechnungen nach STATISTISCHES BUNDESAMT (1992a; Hrsg.), S. 46ff., sowie QSI (1993), S. A8.

2 Vgl. BRAUNSCHWEIG/KOEPPLER (1984a), S. 5; dies. (1984b), S. 9f.; MEIER (1993), S. 17, 49ff.; PRIESMANN (1993), S. 98f.; UENK/LAARMANN (1980), S. 113; STERN (1991; Hrsg.), S. 51.

4. Kapitel:

Zur Interdependenz von Leser- und Anzeigenmarkt

Nach dem der Leser- und der Anzeigenmarkt bisher relativ unabhängig voneinander behandelt wurden, soll im folgenden zunächst die Interdependenz der beiden Märkte modellhaft verdeutlicht werden. Daran anschließend werden sich aus dieser Interdependenz ergebende Besonderheiten hinsichtlich der Produktgestaltung, des Wettbewerbs (Anzeigen-Auflagen-Spirale) und der gewinnmaximalen Auflage erörtert. Zum Schluß soll dann die vermeintliche Gefahr der Abhängigkeit vom Anzeigengeschäft betrachtet werden.

I. Verdeutlichung der Interdependenz

Auf dem Anzeigenmarkt fragen die werbungtreibenden Unternehmen und privaten Haushalte Insertionsraum nach, welcher von den Zeitungen und Zeitschriften angeboten wird. Die Qualität dieses Angebots ist für die Inserenten einerseits abhängig von der Anzahl der Leser des betreffenden Blattes und andererseits von der Struktur der Leserschaft. Diese beiden Determinanten des Werbewertes sind aber ihrerseits das Ergebnis des Lesermarktes. Die Reaktion der Käuferschaft auf die angebotene Zeitung oder Zeitschrift bedingt zum einen die Auflagenhöhe und zum anderen auch die Sozialstruktur der Leserschaft. Mit anderen Worten, das Ergebnis des Lesermarktes hat einen unmittelbaren Einfluß auf den Anzeigenmarkt.
Gleichzeitig kann aber auch das Ausmaß der Anzeigen in einer Zeitung oder Zeitschrift die Nachfrage nach diesem Blatt positiv oder negativ beeinflussen, so daß auch das Ergebnis des Anzeigenmarktes auf den Lesermarkt wirkt. Der Anzeigenmarkt und der Lesermarkt weisen somit eine Interdependenz auf, die eine simultane Berücksichtigung beider Märkte bei Unternehmensentscheidungen durch die Verlage erfordert. Diese Besonderheit läßt die Verlage aus dem Rahmen des traditionellen Unternehmensmodells mikroökonomischer Lehrbücher herausfallen[1].
Die interdependenten Wirkungen zwischen den beiden Märkten sollen im folgenden am Beispiel eines einzelnen Blattes genauer dargestellt werden. Aus-

---

1 Vgl. SOHMEN (1971), S. 6.

gangspunkt hierfür sind die in den obigen Kapiteln ausgeführten Determinanten der Nachfrage und des Angebots auf dem Leser- bzw. Anzeigenmarkt. Zur besseren Darstellung werden allerdings einige vereinfachende Annahmen gemacht.

Für die Nachfrage am Anzeigenmarkt (N^A) wurde festgehalten, daß sie im wesentlichen beeinflußt wird vom Tausender-Kontakt-Preis, mithin vom Anzeigenpreis und der Reichweite approximiert durch die Auflage (X). Um die Wirkungen von Auflagenveränderungen zu isolieren, sollen alle Nachfragedeterminanten außer der Auflage im folgenden als konstant unterstellt werden. Das heißt, die Anzeigennachfrage stellt sich als Funktion der Auflage mit positiver Abhängigkeit dar.

$$N^A = N^A (X) \qquad \text{mit } (dN^A/dX)>0$$

Das Angebot am Anzeigenmarkt (A^A) ist vollkommen elastisch, da die Grenzkosten einer vermehrten Anzeigenaufnahme, die sich üblicherweise aus Abwicklung, Druck und ggf. Verbreitung ergeben, als konstant erachtet werden können.[1]

Die Nachfrage am Lesermarkt (N^Z) ist abhängig vom Anzeigenvolumen (AV), da die anderen Faktoren wie Copypreis, Umfang der redaktionellen Beiträge etc. als konstant unterstellt werden sollen, so daß nur das Anzeigenvolumen im Mittelpunkt der Analyse steht. Hierbei kann die Abhängigkeit der Nachfrage vom Anzeigenvolumen sowohl positiv als auch negativ sein. Dies ist im wesentlichen abhängig von der Art und dem erreichten Ausmaß der Anzeigen.

$$N^Z = N^Z (AV) \qquad \text{mit } (dN^Z/dAV)\geq 0 \text{ oder } (dN^Z/dAV)\leq 0$$

Das Angebot des Verlages am Lesermarkt (A^Z) ist aufgrund der konstanten Grenzkosten bei zunehmender Auflage vollkommen elastisch.[2]

Ausgangspunkt für die Darstellung der Interdependenz (s. Abb. 7) sei eine exogene bedingte Zunahme der Nachfrage am Lesermarkt. Das hat zur Folge, daß sich die Nachfragekurve am Lesermarkt ($N^Z{}_0$) nach rechts verschiebt auf $N^Z{}_1$. Als Ergebnis steigt die Auflage von X_0 auf X_1. Dieser Auflagenzuwachs bewirkt, eine Senkung des Tausenderpreises, so daß sich c.p. die Nachfrage am Anzeigenmarkt ebenfalls ausdehnt: $N^A{}_0$ verschiebt sich nach rechts auf $N^A{}_1$, und das Anzeigenvolumen erhöht sich von AV_0 auf AV_1.

---

1 Vgl. ROSSE (1978), S. 18f.

2 Vgl. ROSSE (1978), S. 14ff. Ferner siehe oben den Abschnitt zur Kostensituation im Presseverlag.

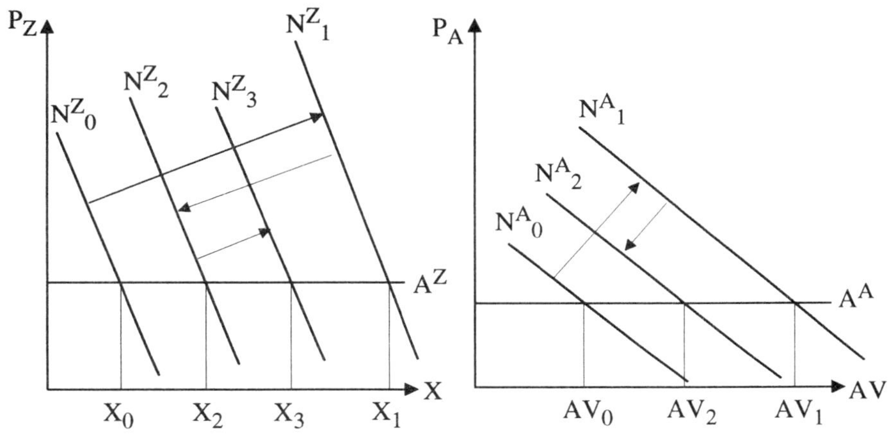

Abb. 7: Interdependenz von Leser- und Anzeigenmarkt

Es sei nun unterstellt, daß die Mehrzahl der Leser eine Ausdehnung des Anzeigenvolumens als belästigend empfindet, weil es sich um Markenartikelanzeigen handelt und die Anzeigen schon einen relativ hohen Anteil am gesamten Heftumfang ausmachen. Das heißt, durch das gestiegene Anzeigenaufkommen geht die Nachfrage wieder zurück:[1] N^Z_1 sinkt auf N^Z_2 und die Auflage infolgedessen von X_1 auf X_2. Die gesunkene Auflage bedingt nun ihrerseits wieder eine Abnahme der Anzeigennachfrage (N^A_1 nach links auf N^A_2) und mithin einen Rückgang des Anzeigenvolumens auf AV_2. Jener führt seinerseits auf dem Lesermarkt wieder zu einer Zunahme der Nachfrage (N^Z_2 nach rechts auf N^Z_3) usw. Dieser Prozeß vollzieht sich solange, bis die Effekte ausgelaufen sind und ein neues simultanes Gleichgewicht erreicht ist.

Die Konvergenz und das Ausmaß der Wirkungen sind abhängig von den Reagibilitäten der Nachfragefunktionen: zum einen der Elastizität der Anzeigennachfrage in Bezug auf eine Auflagenänderung ($\varepsilon_{N^A,X}$) und zum anderen der Elastizität der Lesernachfrage in Bezug auf eine Änderung des Anzeigenvolumens ($\varepsilon_{N^Z,AV}$).[2]

Notwendige und hinreichende Bedingung dafür, daß das System nach einer exogenen Änderung wieder konvergiert, ist $\varepsilon_{N^A,X} > |\varepsilon_{N^Z,AV}|$. Das heißt, die Elastizität der Anzeigennachfrage in Bezug auf eine Änderung der Auflage muß größer sein als der Betrag der Elastizität der Zeitungs- bzw. Zeitschrif-

---

1 Für eine positive Abhängigkeit der Pressenachfrage vom Anzeigenvolumen ergeben sich die umgekehrten Ergebnisse.

2 Mit $\varepsilon_{N^A,X}=(dN^A/N^A)/(dX/X)$ und $\varepsilon_{N^Z,AV}=(dN^Z/N^Z)/(dAV/AV)$.

tennachfrage in Bezug auf eine Änderung des Anzeigenvolumens. Nur wenn die Anzeigenachfrage auf eine Auflagenänderung stärker reagiert als die Lesernachfrage auf eine Veränderung des Anzeigenvolumens schwächen sich die Wirkungen gegenseitig ab und kann das System konvergieren.[1] Ansonsten würde ein exogener Schock über die Wirkungen auf den Anzeigenmarkt und die dadurch induzierten Rückwirkungen immer größere Veränderungen bewirken.
Daß $\varepsilon_N{}^A{}_{,X} > |\varepsilon_N{}^Z{}_{,AV}|$ ist, ist insofern eine plausible Annahme, da festgestellt wurde, daß die Reaktion am Anzeigenmarkt im Gegensatz zum Lesermarkt sehr schnell und stark ist, weil die Güter aufgrund der geringen Präferenzen viel homogener sind. Ob $\varepsilon_N{}^Z{}_{,AV}$ positiv oder negativ ist, hängt wie erwähnt insbesondere von der Art und dem Ausmaß der Anzeigen ab. Reagieren die Leser positiv auf vermehrte Anzeigen, ergibt sich multiplikativer Effekt. Reagieren die Leser negativ auf vermehrte Anzeigen, ergibt sich ein gegenläufiger Effekt.

Die obigen Ausführungen dienten nur der Verdeutlichung der grundsätzlich bestehenden Interdependenz. Wie stark dabei die Gesamteffekte der Nachfragen im einzelnen sind, ist dagegen eine relativ schwierige empirische Frage.
Legt man ROSSEs Schätzung der Nachfrageelastizitäten ($\varepsilon_N{}^A{}_{,X}=1{,}6$ und $\varepsilon_N{}^Z{}_{,AV}=+0{,}468$ (s.o.)) zugrunde, so würde sich bei einer anfänglichen Auflagensteigerung von 10% eine Gesamtauflagenzunahme von 39,8% und eine Gesamtausdehnung des Anzeigenaufkommens von 63,7% ergeben. Dies wird denn auch von ihm als unrealistisches Ergebnis eines "kontrollierten Experiments" bezeichnet.[2] Trotzdem dient es der Verdeutlichung der Relevanz der interdependenten Wirkungen der beiden Märkte bei verlegerischen Entscheidungen: Für den Verlag gilt es, nicht nur die primären Wirkungen abzuschätzen, sondern ebenso mögliche, wechselseitige Rückwirkungen.

---

1 Ist eine der beiden Elastizitäten gleich null, kommt es nur zu einer einmaligen Änderung.

2 Vgl. ROSSE (1978), S. 43.

II. Produktgestaltung und Produktionsform

Die als optimal erachtete Anzeigen-Text-Relation hat einen Einfluß auf den Heftumfang, wenn die Aufnahme weiterer Anzeigen zusätzliche redaktionelle Seiten erfordert. Deshalb wird zunächst die optimale Anzeigen-Text-Relation ermittelt und der optimale Heftumfang erst im Anschluß daran erörtert. Zum Abschluß dieses Abschnittes gilt es noch zu untersuchen, ob Redaktions- und Anzeigenteil Kuppelprodukte darstellen bzw. welche Produktionsform statt dessen beim Veröffentlichungsprozeß vorliegen könnte.

1. Optimale Anzeigen-Text-Relation

Die optimale Anzeigen-Text-Relation ergibt sich einerseits aus den kostenmäßigen Bedingungen und andererseits aus den Nachfragebedingungen. Ausgangspunkt der Darstellung dieser Zusammenhänge sei eine Publikumszeitschrift mit einer konstanten Anzahl an redaktionellen Seiten. Der Verlag stellt sich bei der Überlegung über das Ausmaß der aufzunehmenden Anzeigen[1] die Frage, wie dieses die Erlöse und die Kosten der Zeitschrift beeinflussen würde.

Einerseits entstehen durch die Aufnahme weiterer Anzeigen zusätzliche, unmittelbare Kosten im Anzeigenbereich durch die Anzeigenabwicklung, die Druckformherstellung, die Vervielfältigung und ggf. die Verbreitung. Die zusätzlichen Anzeigen können aber auch mittelbare Kosten durch eventuelle Erlöseinbußen beim Absatz am Lesermarkt bedingen, da einige Käufer sich durch die Ausdehnung des Anzeigenanteiles gestört fühlen mögen und auf den Kauf der Zeitschrift verzichten bzw. sich für ein Konkurrenzprodukt entscheiden. Solche Erlöseinbußen dürften bei Publikumszeitschriften aber erst ab einem relativ hohen Niveau des Anzeigenanteiles an Bedeutung gewinnen.[2] Andererseits bedingen die zusätzlichen Anzeigen höhere Erlöse, da die Inserenten für die Anzeigen bezahlen.[3] Zu beachten sind auch die interdependenten Wir-

---

1 Es sei unterstellt, daß auf dem Anzeigenmarkt eine ausreichende Nachfrage nach dem betreffenden Titel vorhanden ist.

2 Ab einer bestimmten Anzeigen-Text-Relation besteht zudem die Gefahr, die Zulassung zum begünstigten Postzeitungsdienst zu verlieren.

3 Möglicherweise ergeben sich auch zusätzliche Erlöse dadurch, daß einige Käufer sich jetzt gerade wegen der vermehrten Anzeigen für das Blatt entscheiden und die Auflage wächst. Dies dürfte jedoch für Tageszeitungen eine größere Bedeutung haben als für Publikumszeitschriften, in denen überwiegend Markenartikelanzeigen geschaltet werden.

kungen, das heißt inwieweit sich eine möglicherweise gestiegene bzw. gesunkene Auflage wiederum auf die Anzeigenerlöse auswirkt.
Die gewinnmaximale Anzeigen-Text-Relation ergibt sich dann aufgrund einer Grenzbetrachtung: die Ausdehnung des Anzeigenanteils erfolgt solange, bis die hierdurch bedingten Kosten gerade noch von den zusätzlichen Erlösen kompensiert werden können. Da die Grenzerlöse zusätzlicher Anzeigenseiten c.p. deren Grenzkosten in aller Regel übersteigen, ergibt sich ein Anreiz für einen außerordentlich umfangreichen Anzeigenteil. Dadurch aber, daß die Leser sich ab einer bestimmten Anzeigen-Text-Relation vom Blatt abwenden und in Folge dessen die Auflage sinkt, ergibt sich als Regulativ eine zurückgehende Lesernachfrage und damit einhergehend eine ebenfalls zurückgehende Anzeigennachfrage. Diese Nachfragerückgänge bremsen die grundsätzliche Neigung zur Ausdehnung des Anzeigenanteiles.

Die Einhaltung der Anzeigen-Text-Relation kann grundsätzlich auf zwei Wegen erfolgen. Zum einen kann der Anzeigenteil in Abhängigkeit des Textteiles festgelegt werden. Dem Primat des Textteiles wären dann die Anzeigen untergeordnet, die je nach erstelltem Textumfang ergänzt werden. Zum anderen kann aber auch die umgekehrte Beziehung gelten, daß also der Textteil in Abhängigkeit vom Anzeigenteil festgelegt wird. In diesem Fall haben sich die Textbeiträge dem Primat der Anzeigen zu beugen, d.h. der Textteil wird an den Umfang der verkauften Anzeigenseiten angepaßt.[1]
In der Praxis findet man bei Publikumszeitschriften oftmals eine Kombination beider Möglichkeiten. Hier wird resultierend aus dem "Leseranspruch auf angemessene Textseiten"[2] ein längerfristiger redaktioneller Sockel (z.B. 60 Seiten) sowie eine maximale (optimale) Anzeigen-Text-Relation, d.h. ein Mindestanteil an redaktionellen Beiträgen von beispielsweise 60% festgelegt.[3] Der redaktionelle Sockel wird dann durch die verkauften Anzeigenseiten ergänzt. Wird dabei die maximale Anzeigen-Text-Relation überschritten, so werden weitere redaktionelle Beiträge aufgenommen.[4] Diese Zusammenhänge sind in Abb. 8 graphisch dargestellt.

---

1 Vgl. OPPENBERG (1969), S. 127.

2 Vgl. NUSSBERGER (1966a), S. 126.

3 Vgl. auch KELLER (1986), S. 85, der dies in ähnlicher Weise für Zeitungen konstatiert.

4 Die großen saisonalen Schwankungen im Anzeigengeschäft der Publikumszeitschriften mit ihren Spitzen im Frühjahr und Herbst bewirken dann in Verbindung mit dem relativ konstanten redaktionellen Sockel die starken Schwankungen im Gesamtumfang der Hefte.

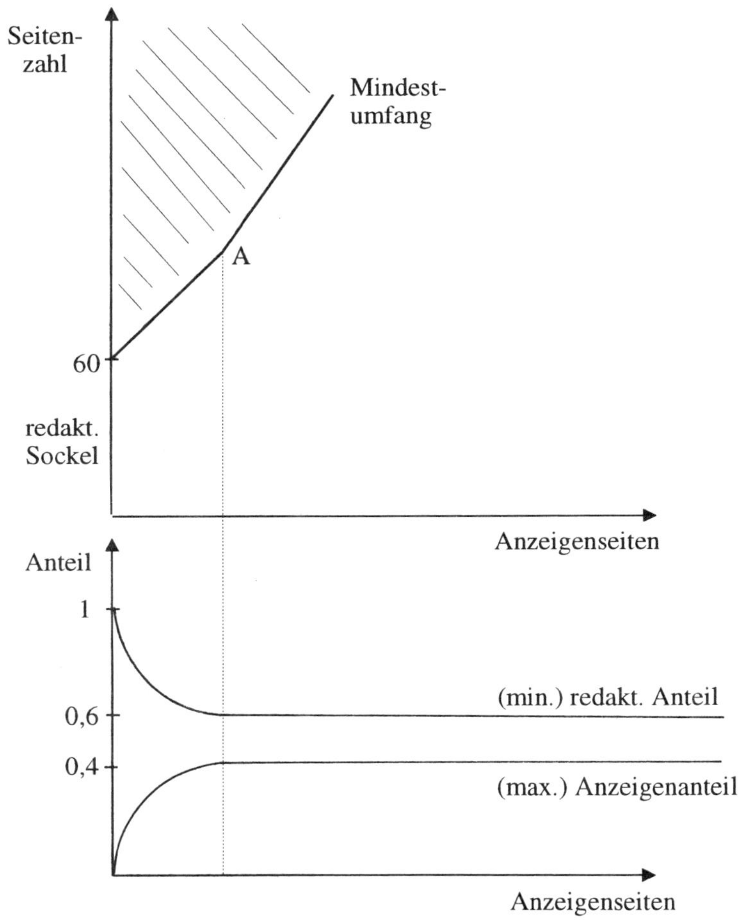

Abb. 8: Mindestumfang und redaktioneller Mindestanteil in Abhängigkeit vom Anzeigenaufkommen

Im oberen Teil der Abbildung sind die möglichen Seitenumfänge des Blattes bei variierendem Anzeigenaufkommen dargestellt (schraffierte Fläche). Die untere Grenze der schraffierten Fläche gibt den Mindestumfang des Blattes, der sich aus der Nebenbedingung der maximalen Anzeigen-Text-Relation ergibt, in Abhängigkeit von der Menge der enthaltenen Anzeigenseiten wieder. Die Funktion beginnt in Höhe des redaktionellen Sockels (hier 60 Seiten). Mit zunehmenden Anzeigenseiten steigt der (Mindest-)Umfang, während die Anzahl der redaktionellen Seiten zunächst unverändert bleibt. Erst wenn durch die steigenden Anzeigenseiten die maximale Anzeigen-Text-Relation (Punkt A) erreicht wird, werden auch die redaktionellen Seiten ausgedehnt, um den redaktionellen Anteil nicht weiter absinken zu lassen. Dies hat zur Folge, daß die Funktion des Mindestumfangs ab Punkt A eine größere Steigung aufweist.

Im unteren Teil der Abbildung sind die einhergehenden Anteile des Redaktions- und Anzeigenteils in Abhängigkeit von der Anzahl der Anzeigenseiten abgebildet. Während der redaktionelle Anteil mit abnehmenden Raten auf sein Minimum (hier 60%) sinkt, steigt der Anzeigenanteil mit abnehmenden Zuwächsen bis er sein Maximum (hier 40%) erreicht. Beide Funktionen erreichen ihren Extremwert bei der Anzeigenseitenzahl, die mit Punkt A im oberen Teil der Abbildung korrespondiert.

Es zeigt sich, daß die als optimal erachtete Anzeigen-Text-Relation einen Einfluß auf den Heftumfang haben kann, da ab einem bestimmten Niveau des Anzeigenanteils die Aufnahme weiterer Anzeigenseiten zusätzliche Textseiten erfordert, um die vorgegebene Anzeigen-Text-Relation zu gewähren.

2. Optimaler Heftumfang

Bei der Ermittlung des optimalen Heftumfanges geht es hier nur um die Berücksichtigung von Faktoren, die sich aus der Interdependenz der beiden Märkte ergeben. Andere Faktoren wie druck- oder verbreitungstechnische Kostenfaktoren bleiben dagegen unberücksichtigt.

Zwar ist der Umfang einer Zeitung oder Zeitschrift und damit auch der Platz für Werbung bzw. Anzeigen allgemein in jeder Ausgabe praktisch unbegrenzt ist,[1] aber auch der optimale Heftumfang unter Beachtung der optimalen Anzeigen-Text-Relation ergibt sich für jeden Titel einzeln aufgrund einer Marginalbetrachtung. Das heißt, die gewinnmaximale Seitenzahl ist dann gegeben, wenn die Erlöse einer weiteren Seite gerade den durch sie verursachten Kosten entsprechen, der Grenzgewinn mithin gerade gleich null ist.

Zum einen bedingt die Ausdehnung des Blattes bei konstanter Anzeigen-Text-Relation zusätzliche Kosten. Die Grenzkosten redaktioneller Beiträge ergeben sich daraus, daß diese zunächst erstellt und dann vervielfältigt und verbreitet werden müssen. Die Grenzkosten zusätzlicher Anzeigen ergeben sich üblicherweise aus Abwicklung, Druck und Verbreitung.

---

1 Vgl. URHAUSEN (1988), S. 11.

Zum anderen beeinflußt ein größerer Umfang die Erlöse. Eine höhere Zahl an Seiten bedeutet bei konstanter Anzeigen-Text-Relation mehr Text und mehr Anzeigen, so daß aus welchem Hauptmotiv die Zeitschrift auch gekauft wird dem Käufer c.p. eine verbesserte Qualität geboten wird, was eine Zunahme des Zeitschriftenabsatzes bedingen dürfte. Dies allerdings nur dann, wenn die weiteren Redaktionsseiten nicht ausschließlich kompensatorische Nutzeneffekte bzgl. des gestiegenen Anzeigenvolumens bei den Käufern haben. Gleichzeitig führt die Ausdehnung des Umfangs zu höheren Anzeigenumsätzen.
Bei der Variation des Heftumfanges ist zu beachten, daß der Verlag nicht vor der Wahl steht, die Seitenzahl um eine Seite zu erhöhen bzw. zu senken. Zum einem gibt es die Restriktion der Einhaltung der optimalen Anzeigen-Text-Relation, die bei zunehmendem Anzeigenseiten gegebenenfalls auch zusätzliche redaktionelle Seiten erforderlich macht. Zum anderen gibt es die drucktechnische Restriktion, daß der Umfang nur um zwei bzw. vier Seiten variiert werden kann. Diese Besonderheit ändert aber nichts an der grundsätzlichen Überlegung der marginalen Betrachtung. Es bedeutet lediglich, daß jeweils zwei bzw. vier Seiten die Variationseinheit darstellen, die die Kosten und die Erlöse beeinflußt.
Die sich letztlich ergebende, optimale Seitenzahl kann sehr groß sein, wie das Beispiel der mehrere Pfund schweren Sonntagsausgabe der NEW YORK TIMES zeigt:

> "An einem normalen Sonntag hat die *New York Times* in zehn 'Sektionen' 472 bedruckte Seiten. Dazu kommen 220 Magazinseiten. Nicht mitgerechnet sind sechs Glanzpapierbeilagen mit Reklame."[1]

3. Produktionsform

Verlage sind in dem Sinne Mehrproduktunternehmen, als sie nicht nur oftmals mehr als eine Zeitung oder Zeitschrift verlegen, sondern zwei verschiedene Leistungen (redaktionelle und werbliche) an zwei verschiedenen Märkten anbieten. Die Produktion der beiden inhaltlichen Teile, die anschließend vervielfältigt und verbreitet werden, erfolgt dabei grundsätzlich in drei Schritten, von denen die ersten beiden parallel ablaufen: (1.) Erstellung der Redaktionsbeiträge, (2.) Verkauf von Anzeigenraum und (3.) Zusammenfügung des Textes und der Anzeigen zum Zeitungs- bzw. Zeitschriftenunikat.

---

1 Vgl. DAHRENDORF (1987), S. 10 (Hervorhebung im Original).

Dies verdeutlicht, daß es sich hierbei nicht um eine Kuppelproduktion handelt, wie zum Teil konstatiert wird,[1] da keine Zwangsläufigkeit gegeben ist. Eine Kuppelproduktion liegt dann vor, wenn es sich um komplementäre Produktionsprozesse handelt, d.h. wenn bei der Produktion eines Gutes aufgrund technischer Gegebenheiten zwangsläufig weitere Güter anfallen.[2] Die vermehrte Erstellung von redaktionellen Beiträgen erhöht jedoch nicht zwangsläufig das Anzeigenaufkommen, und auch ein vermehrter Verkauf von Anzeigenraum bedingt nicht notwendigerweise eine höhere Produktion von Redaktionsbeiträgen. In beiden Fällen ergibt sich als einzige Zwangsläufigkeit c.p. eine Zunahme des Seitenumfanges.

Der Grund hierfür liegt darin, daß beide Produktionsprozesse nicht notwendigerweise miteinander verbunden sind.[3] Es besteht sowohl die Möglichkeit Presseerzeugnisse, die nur Textbeiträge und keine Anzeigen enthalten, herauszubringen, als auch solche, die nur Anzeigen und keine Textbeiträge enthalten.[4] Zudem bilden der redaktionelle Teil und der Anzeigenteil nach der Zusammenfassung zum Zeitungs- bzw. Zeitschriftenunikat eine Einheit und sind nicht voneinander trennbar. Die beiden Geschäftsbereiche sind so miteinander verknüpft, daß der Erfolg am Lesermarkt den Erfolg am Anzeigenmarkt beeinflußt und ggf. vice versa. Dies ist bei Kuppelprodukten wie z.B. Benzin und Heizöl nicht der Fall.[5]

Die Erstellung von Presseerzeugnissen ist aber auch nicht eindeutig dem Bereich der Alternativ- oder der Parallelproduktion zuzuordnen. Bis zur Zusammenfügung der redaktionellen Teile mit den Anzeigen liegt eine Parallelproduktion vor, da die Produktionsprozesse unabhängig voneinander sind. Die Produktion des redaktionellen Teiles beeinflußt nicht die Produktion des Anzeigenteiles. Hiernach aber, mit dem Beginn der Zusammenfügung, der anschließenden Vervielfältigung und Verbreitung handelt es sich um eine Form der Alternativproduktion. Beide Teile konkurrieren hier u.a. um die Produktionsfaktoren Druckerei und Vertrieb. Das heißt, die Erstellung von Presseerzeugnissen ist i.allg. eine Mischform aus Parallel- und Alternativproduktion.

---

1 Vgl. SOHMEN (1971), S. 8; KOPPER (1983), S. 163; HEINRICH (1984), S. 79.

2 Zu den verschiedenen Produktionsformen der verbundenen und unverbundenen Art vgl. FEHL/OBERENDER (1985), S. 131ff.; SCHUMANN (1987), S. 171ff.; ZIMMERMANN (1974), S. 172f.

3 Vgl. auch PESCH (1960), S. 33.

4 Als Beispiel für die Titel ohne Anzeigen kann BLICK DURCH DIE WIRTSCHAFT der FAZ gelten. Exemplarisch für die Titel, die nur Anzeigen enthalten, sind dagegen die Anzeigenzeitungen.

5 Vgl. PESCH (1960), S. 34f.

III. Anzeigen-Auflagen-Spirale

Das Modell der Anzeigen-Auflagen-Spirale leitet aus der Interdependenz von Anzeigengeschäft und Auflage einen multiplikativen Wettbewerbsprozeß mit Monopoltendenz ab. Dabei beziehen sich die Ausführungen üblicherweise nur auf lokale/regionale Tageszeitungen und nicht auf Zeitschriften. Dem soll zunächst gefolgt werden, und erst am Schluß soll eine mögliche Übertragbarkeit auf den Bereich der Zeitschriften geprüft werden.

1. Darstellung

Ausgangspunkt der Überlegungen sei eine Auflagensteigerung, welche in zweierlei Hinsicht Erlöse und Gewinne beeinflußt. Einerseits hat eine Auflagensteigerung zur Folge, daß Größenersparnisse realisiert werden, d.h. die Stückkosten sinken, und c.p. Umsatz und Gewinn zunehmen. Andererseits beeinflußt die gestiegene Auflage auch das Anzeigengeschäft. Die Zunahme der Auflage impliziert c.p. eine größere Reichweite und bei gleichbleibendem Anzeigenpreis eine Abnahme des Tausenderpreises.[1] Hieraus ergibt sich in aller Regel eine vermehrte Anzeigenakquisition und neben einem höheren Umsatz auch ein positiver Effekt auf den Gewinn.[2]
Der auf diese Weise realisierte Gewinnzuwachs läßt sich seinerseits für den Qualitätswettbewerb am Lesermarkt einsetzen, in dem z.B. der redaktionelle Inhalt erweitert oder die Zahl der Korrespondenten oder Nachrichtenagenturen erhöht wird.[3] Die verbesserte publizistische Qualität führt wiederum zu einem Auflagenzuwachs, so daß sich der Kreis schließt und der Prozeß sich erneut in Form einer "Spirale" von vorne vollziehen kann (s. Abb. 9).

---

1 Zum empirischen Phänomen niedrigerer Tausenderpreise bei höheren Auflagen von Tageszeitungen vgl. z.B. ZOHLNHÖFER (1987), S. 63.

2 Wird durch eine Erhöhung des Anzeigenpreises der Tausenderpreis konstant gehalten, so ergibt sich statt der Zunahme des Anzeigenaufkommens (Mengeneffekt) ein Preiseffekt durch den höheren Anzeigenpreis, der sich ebenfalls positiv auf den Gewinn auswirkt (vgl. GREIFFENBERG/ZOHLNHÖFER (1984), S. 591

3 Zwar besteht ebenso die Möglichkeit, den Copypreis zu senken, aber der Preiswettbewerb spielt gegenüber dem Qualitätswettbewerb am Pressemarkt nur eine untergeordnete Rolle (vgl. KANTZENBACH/GREIFFENBERG (1980), S. 198. Ferner KNOCHE/ZERDICK (1991b), S. 30ff.). Letztlich ist der Einsatz des absatzpolitischen Instrumentariums aber davon abhängig, von welchem Marketing-Mix sich der Verlag den größten Auflagenzuwachs verspricht.

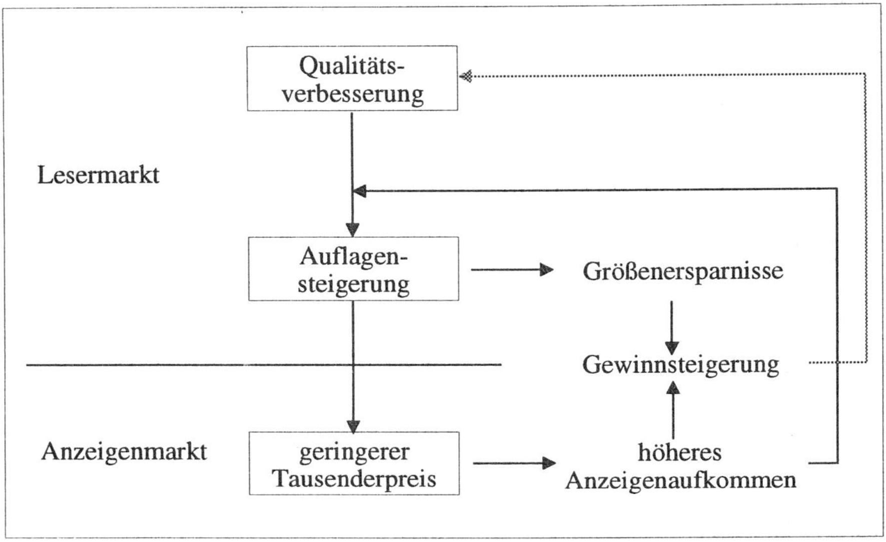

Abb. 9: Anzeigen-Auflagen-Spirale

Die Spirale enthält jedoch mit dem gestiegenen Anzeigenaufkommen noch einen zweiten Multiplikator, der ebenfalls zu einer Steigerung der Auflage führen kann. Ein besonderes Interesse der Leser hinsichtlich Anzeigen besteht vornehmlich bei Klein- und Rubrikanzeigen mit Selektionswirkung. Den größten Aufmerksamkeitswert für Anzeigen mit Selektionswirkung erreicht die Zeitung, die die meisten Anzeigen einer bestimmten Rubrik abdruckt. Da dies in der Regel die örtliche Erstzeitung ist, d.h. die Zeitung mit der in der Relation zur unmittelbaren örtlichen Konkurrenz höchsten Auflage, kann sich eine Auflagensteigerung allein dadurch ergeben, daß Nicht-Leser oder Leser der Konkurrenzblätter die Erstzeitung wegen ihres Anzeigenteiles kaufen.[1]

Umgekehrt läßt sich das Modell durch die interdependenten Wirkungen aber auch zur Abwärtsspirale konstruieren. Eine sinkende Auflage verschlechtert das Anzeigengeschäft und bedingt höhere Stückkosten. Beides verknappt die finanziellen Mittel und erzeugt einen Druck zur Kostensenkung. Wird im Zuge

1 Vgl. J. NOLL (1977), S. 51ff.; GREIFFENBERG/ZOHLNHÖFER (1984), S. 591f.; ZOHLNHÖFER (1987), S. 62; ERDMANN/FRITSCH (1990), S. 55.

dessen die publizistische Qualität eingeschränkt, führt dies dazu, daß sich Leser vom Blatt abwenden und die Auflage weiter sinkt.[1]

> "Es entsteht eine Spirale des Niedergangs, die wechselseitig durch Verringerung des Werbeaufkommens, Einschränkungen des publizistischen Aufwands, Senkung der Vertriebsauflage und erneuter Minderung des Werbeaufkommens gekennzeichnet ist."[2]

Aus dieser fortlaufenden, kumulativen Wechselbeziehung läßt sich im Ergebnis ein multiplikativer Wettbewerbsprozeß mit ausgeprägter Monopoltendenz ableiten, da sich aus der steigenden Auflage wirtschaftliche Vorteile gegenüber der Konkurrenz ergeben, vice versa.[3]

2. Beurteilung

Bei der Beurteilung des Modells der Anzeigen-Auflagen-Spirale muß zunächst gefragt werden, wodurch die initiale Auflagensteigerung ausgelöst wird. Wenn einmal von irgendwelchen exogenen Faktoren wie Bevölkerungswachstum abgesehen wird, resultiert die Auflagenausweitung aus (endogenen) wettbewerblichen Anstrengungen des Verlages. Als Aktionsparameter kommen hierbei der redaktionelle Inhalt (Produktpolitik), der Preis (Preispolitik), das Vertriebssystem (Distributionspolitik) und die Werbung u.dgl. (Kommunikationspolitik) in Betracht.[4] Dem ganzen absatzpolitischen Instrumentarium ist aber gemeinsam, daß es Kosten verursacht. Das heißt, daß die Auflagensteigerung mit Initialkosten verbunden ist, die es zu berücksichtigen gilt.[5]

Die durch die Anzeigen-Auflagen-Spirale bedingte Konzentrationstendenz ist um so ausgeprägter, um so beweglicher die Nachfrage am Leser- und am Anzeigenmarkt ist. Während festgestellt wurde, daß die Reagibilität der Nachfra-

---

1 Zur Anzeigen-Auflagen-Spirale vgl. KANTZENBACH/ GREIFFENBERG (1980), S. 198ff.; GREIFFENBERG/ZOHLNHÖFER (1984), S. 591f.; ROSSE (1978), S. 45; ERDMANN/FRITSCH (1990), S. 55f.; ZOHLNHÖFER (1987), S. 60ff.; BUNDESREGIERUNG (1986), S. 51 Fn.; BRUMMUND/SCHWINDT (1982), S. 101; SCHÜTZ (1989), S. 321; NUSSBERGER (1960), S. 546; ders. (1966a), S. 29; WITTE (1984), S. 75; DOVIFAT (1976), Bd. 2, S. 208.

2 Vgl. WITTE (1984), S. 75.

3 Vgl. KANTZENBACH/GREIFFENBERG (1980), S. 200; SCHÜTZ (1989), S. 321.

4 Vgl. NIESCHLAG/DICHTL/HÖRSCHGEN (1991), S. 15f.. Zu den jeweiligen Aktionsparametern vgl. dies. (1991), Kapitel 3-6.

5 Vgl. auch NUSSBERGER (1966b), S. 379.

ge am Anzeigenmarkt relativ hoch ist, wurde für die Nachfrage am Lesermarkt aufgrund ausgeprägter Leser-Blatt-Bindungen insbesondere bei Tageszeitungen eine geringe Reagibilität festgestellt.[1] Diese geringe Nachfragebeweglickeit am Lesermarkt begrenzt den möglichen Auflagenzuwachs mengenmäßig und zeitlich, so daß nicht mit kurzfristigen Änderungen der Kaufgewohnheiten zu rechnen ist. Erst wenn die redaktionelle Leistung der eigenen Zeitung längerfristig deutlich an Qualität verloren hat bzw. die andere Zeitung deutlich an Qualität gewonnen hat, ist mit einem Wechsel zur anderen Zeitung zu rechnen. Langfristige deutliche Qualitätsverbesserungen erfordern aber entsprechend große finanzielle Mittel und bedingen höhere Kosten, die dem Gewinnzuwachs gegenübergestellt werden müssen. Im Endeffekt ergibt sich eine Gewinnsteigerung nur, wenn die Kosten der initialen Auflagenausweitung geringer sind als die Summe aus zusätzlichem Vertriebsgewinn aufgrund der Kostendegression und dem zusätzlichen Anzeigengewinn.

Bezüglich des Anzeigengeschäfts gilt es zu berücksichtigen, daß die ganze Betrachtung ceteris paribus erfolgte. Ausgangspunkt der Anzeigen-Auflagen-Spirale war, daß die Auflagenerhöhung eine Steigerung des Wertes der Zeitung als Werbeträger bedingt. Das heißt, daß die Auflagenausweitung eine Erhöhung der Anzahl der Zielgruppenkontakte implizieren muß, sonst kommt es nicht zu einem Rückgang des Tausender-Kontakt-Preises, und ist nicht mit einer entsprechenden Ausdehnung des Anzeigenaufkommens zu rechnen.

Ferner ist von Bedeutung, wie die Käufer auf eine Zunahme der Anzeigen reagieren. Liegt anstelle des aktiven Informationsinteresse der Leser eine Abneigung gegen Anzeigen vor, bedarf es einer Verbesserung der redaktionellen Qualität zur nutzenmäßigen Kompensation, damit die (Grenz-)Leser nicht vom Kauf absehen, wodurch sich wiederum höhere Kosten ergeben.

Letztlich sind auch die Reaktionen der anderen Wettbewerber zu berücksichtigen. Dies insbesondere deshalb, weil die Tageszeitungsmärkte i.allg. als gesättigt bezeichnet werden können. Eine hohe Marktsättigung impliziert, daß die Auflagensteigerung, die eine Zeitung erzielt, zum größten Teil zu Lasten ihrer unmittelbaren Konkurrenten geht. Während sich für die wachsende Zeitung also eine Aufwärtsspirale in Gang setzt, bedingt der Auflagenrückgang bei den anderen Zeitungen tendenziell eine abwärtsgerichtete Spirale. Deshalb steht zu erwarten, daß letztere dies nicht so einfach hinnehmen werden, sondern ihrerseits versuchen, die eigene Auflage durch geeignete Maßnahmen zu steigern oder zumindest zu stabilisieren. Denn auch die Abwärtsspirale unterliegt keinem zwangsläufigen Automatismus, sondern kann an jeder Stelle vom Verlag

---

1 Vgl. auch KANTZENBACH/GREIFFENBERG (1980), S. 200; ZOHLNHÖFER (1987), S. 62.

durchbrochen werden.[1] Das heißt, daß insbesondere dann, wenn die betroffenen Konkurrenten die möglichen Wirkungen der Anzeigen-Auflagen-Spirale durchschaut haben - wovon i.allg. ausgegangen werden kann -, mit entsprechenden Gegenmaßnahmen von ihnen zu rechnen ist, die in ihrer Wirkung die Konsequenzen der Aufwärtsspirale wenn nicht neutralisieren, so doch zumindest abschwächen.

Bisher bezogen sich die Ausführungen explizit auf den Bereich der Zeitungen. Die Wirkungen der Anzeigen-Auflagen-Spirale und ebenso die gemachten Einschränkungen können aber prinzipiell auch für den Bereich der Zeitschriften Gültigkeit beanspruchen. Dennoch bedarf es für bestimmte Zeitschriftenarten der Feststellung einiger Besonderheiten, die die Gültigkeit der Wirkungen der Anzeigen-Auflagen-Spirale zusätzlich abschwächen.

Publikumszeitschriften beinhalten kaum Kleinanzeigen mit Selektionswirkung, so daß der zweite Multiplikator (ein gestiegenes Anzeigenaufkommen bedingt eine höhere Lesernachfrage) entfällt.

Konkurrieren mehrere Anzeigenblätter im gleichen geographischen Gebiet, so haben sie auch eine gleichhohe Auflage (= Anzahl der Haushalte). Auflagengewinne können sie ohne Ausdehnung des Verbreitungsraumes normalerweise nicht erzielen. Da Letzteres wegen der sublokalen Orientierung eher die Herausgabe einer eigenen Ausgabe zur Folge hat, steht die Steigerung der Akzeptanz und der Beachtung anstelle der Auflagensteigerung im Vordergrund wettbewerblicher Maßnahmen der Anzeigenblätter am Lesermarkt.

Trotz der verschiedenen Beschränkungen, die die Wirkungen relativieren, ist die Anzeigen-Auflagen-Spirale durch ihre funktionale Verknüpfung der Skaleneffekte und der interdependenten Nachfragefunktionen zur Erklärung von Konzentrationstendenzen insbesondere im Zeitungsbereich von Nutzen. Ihr kumulativer Wettbewerbsprozeß mit ausgeprägter Monopoltendenz liefert realistische Beschreibungen der möglichen Wirkungszusammenhänge, wenn Wettbewerbshandlungen vorgenommen werden.[2] Dies soll aber nicht heißen, daß die Wirkungen der Anzeigen-Auflagen-Spirale die monokausale Erklärung von Konkursen im Bereich der lokalen/regionalen Zeitungen liefern. Statt dessen spielen hier üblicherweise viele verschiedene Faktoren wie mangelnde Produktdifferenzierung, Managementfehler, Rezession, Kostensteigerungen u.ä. mit hinein.[3]

---

1 Vgl. WITTE (1984), S. 75.

2 Vgl. KANTZENBACH/GREIFFENBERG (1980), S. 199f.

3 Vgl. ROSSE (1978), S. 48ff.

IV. Die gewinnmaximale Auflage

1. Vertriebsorientierte vs. anzeigenorientierte Blätter

Für die Optimierung der Auflage einer Zeitung oder Zeitschrift wird es oftmals für wesentlich gehalten, ob es sich bei dem betreffenden Titel um ein vertriebs- oder anzeigenorientiertes Objekt handelt.[1] Vertriebsorientierte Objekte zeichnen sich dadurch aus, daß sie schon unabhängig vom Anzeigengeschäft positive Deckungsbeiträge erzielen. Ein positiver Deckungsbeitrag impliziert, daß die Differenz zwischen Verkaufspreis und variablen Stückkosten größer Null ist.[2]

> "Das Ziel [vertriebsorientierter Titel] ist eine isolierte vertriebsorientierte Auflagenoptimierung oder, anders ausgedrückt, eine Auflagenmaximierung."[3]

Das Ziel der Auflagenmaximierung entspricht in diesem Fall deshalb der Auflagenoptimierung, da ein mit steigender Auflage zurückgehender Anzeigenumsatz nicht plausibel erscheint. Grundsätzlich muß aber bei der Ermittlung der optimalen Auflage simultan immer das Anzeigengeschäft beachtet werden.

Anzeigenorientierte Titel erzielen dagegen bei alleiniger Betrachtung des Vertriebsbereiches negative Deckungsbeiträge. Das heißt, daß in diesem Fall bei isolierter Betrachtung des Lesermarktergebnisses Verluste entstehen und daß diese Verluste durch das Anzeigengeschäft gedeckt werden müssen. Wenn nun der Lesermarkt nur einen so niedrigen Copypreis ermöglicht, der nicht einmal die Grenzkosten einer zunehmenden Auflage zu decken vermag, ist eine Auflagensteigerung aus Sicht des Verlages nur dann sinnvoll, wenn das Anzeigengeschäft in der Lage ist, den sonst entstehenden Grenzverlust zu kompensieren.[4]

> "Es kann demnach der Fall eintreten, daß der Anzeigenerlös dem steigenden Massenabsatz nicht mehr zu folgen vermag, und daß der 'Subventions'-Beitrag der werbenden Wirtschaft nicht mehr ausreicht, um den Zuschuß an den Leser noch zu bezahlen. Dieser Punkt wird um so eher erreicht, je mehr sich der Verkaufspreis des einzelnen Stückes seinem Rohstoffwert, d.h. dem Papierwert, nähert, denn dieser ist unter allen Umständen eine

1 Vgl. WICKMANN (1975), S. 52f.; BRUMMUND (1985), S. 147; MAY (1975), S. 7.

2 Dem Deckungsbeitrag gilt es dann, die First Copy Costs gegenüber zu stellen.

3 Vgl. WICKMANN (1975), S. 53.

4 Vgl. PESCH (1960), S. 38.

zusätzliche Ausgabe für den Verleger."[1]

Dieser Punkt wird als "Papiergrenze"[2] oder auch als "Papierpunkt"[3] bezeichnet. Unter diesen Bedingungen wäre eine Auflagenausweitung zwangsläufig mit einem Gewinnrückgang bzw. Verlust verbunden. Ob es sich hierbei nur um einen theoretischen Fall handelt[4] oder um einen Fall mit durchaus realem Bezug,[5] ist zumindest strittig.
Deutlich wird jedoch, daß auch Auflagenreduktionen durchaus im Interesse des Verlages sein können, wenn nämlich im Zuge der verringerten Auflage die Vertriebsverluste in stärkerem Maße sinken als die Anzeigengewinne. Besteht von Seiten der Anzeigenkunden an bestimmten Teilgruppen der Leserschaft kein Interesse, könnte sich der Verlag entschließen, diese unrentablen Auflagenteile zu kappen, in dem z.B. verbilligte Studentenabonnements oder bestimmte redaktionelle Teile abgeschafft werden.[6]
Bei diesen grundsätzlichen Überlegungen zur Auflagenoptimierung handelt es sich aber keineswegs um Anomalien des Pressewesens,[7] denn in jedem Unternehmen werden nur solange Gewinne erzielt bis die Grenzerlöse den Grenzkosten entsprechen. Deshalb ist es grundsätzlich auch gleichgültig, ob es sich bei dem betrachteten Blatt um einen vertriebs- oder anzeigenorientierten Titel handelt.
Die Besonderheit der Presse ergibt sich nur daraus, daß ihre Erlöse aus zwei verschiedenen, aber verbundenen Quellen fließen, die folglich simultan berücksichtigt werden müssen. Für den Verlag sind immer die Auswirkungen einer Auflagensteigerung auf beide Märkte simultan von Bedeutung, d.h er muß berücksichtigen, wie sich die Zunahme der Auflage um ein weiteres Exemplar auf sein Vertriebsergebnis und, gleichzeitig, wie es sich auf sein Anzeigenergebnis auswirkt. Das Optimum ergibt sich für ihn dort, wo die Summe der Grenzerlöse den Grenzkosten entspricht. Dies soll nachfolgend anhand eines einfachen Modell verdeutlicht werden.

---

1 Vgl. HAGEMANN (1955), S. 213f.

2 Vgl. HAGEMANN (1955), S. 214.

3 Vgl. DOVIFAT (1976), Bd. 2, S. 209.

4 Vgl. DOVIFAT (1976), Bd. 2, S. 209.

5 Vgl. BRUMMUND/SCHWINDT (1982), S. 108f.

6 Vgl. BRUMMUND (1985), S. 150.

7 Vgl. auch PESCH (1960), S. 39f.

2. Ein einfaches Modell der Auflagenoptimierung

Im folgenden soll ein einfaches Modell für die Ermittlung der gewinnmaximalen Auflagenhöhe entwickelt werden, das die Interdependenz von Leser- und Anzeigenmarkt berücksichtigt.
Der Erlös (E) der Zeitung oder Zeitschrift ergibt sich aus den am Leser- und Anzeigenmarkt erzielten Preisen multipliziert mit der jeweils abgesetzten Menge. Dabei sei angenommen, daß die Auflage (X) negativ abhängig vom Preis des Blattes (P_Z) ist. Bei den Anzeigen handle es sich vornehmlich um Markenartikelanzeigen, die ab einem gewissen Ausmaß die Leser stören, so daß sich eine negative Abhängigkeit der Auflage von der Anzeigen-Text-Relation (AV/RV) ergibt. Andere Einflußgrößen der Auflage sollen als konstant unterstellt werden, so daß sie vernachlässigt werden können.
Das Anzeigenvolumen (AV) kann z.B. nach der Zahl verkaufter Spaltenmillimeter oder Seiten bemessen werden, hierbei sei es negativ abhängig vom Anzeigenpreis (P_A) und positiv abhängig von der Auflage, da eine größere Auflage in aller Regel auch vermehrte Zielgruppenkontakte zur Folge hat. Weitere Einflußgrößen des Anzeigenaufkommens sollen ebenfalls als konstant vernachlässigt werden.
Der Copypreis sowie der Anzeigenpreis sollen für den Betrachtungszeitraum als gegeben unterstellt werden, so daß ein Einfluß möglicher Preissetzungsspielräume auf die Auflage entfällt und nur der Einfluß der Interdependenz der Märkte zum Tragen kommt. Dementsprechend ergibt sich der Erlös als Funktion der Auflage und des Anzeigenaufkommens:

$$E(X,AV) = P_Z \cdot X(P_Z, AV/RV) + P_A \cdot AV(P_A, X) \qquad (1)$$

Der Anteil redaktioneller Beiträge am Gesamtumfang soll als optimal erachtet werden, so daß die Anzeigen-Text-Relation konstant bleibt. Das heißt, daß redaktionelle Volumen (RV) ergibt sich in Abhängigkeit vom Anzeigenvolumen:

$$RV(AV) = a \cdot AV \text{ , mit } 0 < a < 1 \text{ und konstant.} \qquad (2)$$

Die Kosten (K) setzen sich zusammen aus den variablen Anzeigenkosten (VK_A) in Abhängigkeit vom Anzeigenvolumen, den variablen redaktionellen Kosten (VK_R), welche beeinflußt werden vom Umfang redaktioneller Beiträge, den variablen Auflagekosten (VK_X), die sich im wesentlichen aus Druck und Verbreitung zusammensetzen, und den First Copy Costs (FCC).

$$K(X,AV,RV) = VK_A(AV) + VK_R(RV) + VK_X(X) + FCC \quad (3)$$

Der Gewinn ergibt sich Erlös minus Kosten, und die erste Ableitung der Gewinnfunktion nach der Auflage resultiert in folgender Bedingung erster Ordnung:

$$P_Z + P_A \cdot \frac{dAV}{dX} = \frac{dVK_X}{dX} + \frac{dVK_A}{dAV} \cdot \frac{dAV}{dX} + \frac{dVK_R}{dRV} \cdot \frac{dRV}{dAV} \cdot \frac{dAV}{dX} \quad (4)$$

bzw.

$$GE_Z + GE_A = GK_X + GK_{AV} + GK_{RV}. \quad (5)$$

Das heißt, die optimale Auflagenhöhe ist dann gegeben, wenn die Summe der Grenzerlöse gerade der Summe der Grenzkosten entspricht. Die Grenzerlöse (GE) bestehen hierbei aus zwei Komponenten, nämlich den Grenzerlösen, die die gestiegene Auflage am Lesermarkt (GE_Z) und am Anzeigenmarkt (GE_A) hervorruft. Auch die Grenzkosten (GK) setzen sich aus mehreren Teilen zusammen: den Grenzkosten der Auflage, des Anzeigenvolumens und des redaktionellen Volumens. Einerseits bewirkt eine höhere Auflage ganz allgemein zusätzliche Kosten durch den Druck und die Verbreitung (GK_X). Daneben steigt durch die höhere Auflage auch das Anzeigenaufkommen und im Zuge dessen entstehen zusätzlich Anzeigenkosten (GK_{AV}). Und ferner hat das gestiegene Anzeigenvolumen wegen der konstanten Anzeigen-Text-Relation einen größeren Umfang an redaktionellen Beiträgen zur Folge, welche ihrerseits zusätzliche Kosten bereiten (GK_{RV}).

Die Bedingung (4) ist aber nur notwendig und noch nicht hinreichend. Damit ein Gewinnmaximum und kein Gewinnminimum vorliegt, muß die zweite Ableitung der Gewinnfunktion kleiner Null sein. Hieraus ergibt sich als Bedingung zweiter Ordnung:

$$P_A \cdot \frac{d^2AV}{dX^2} < \frac{d^2VK_X}{dX^2} + \frac{d^2VK_A}{dAV^2} \cdot \frac{d^2AV}{dX^2} + \frac{d^2VK_R}{dRV^2} \cdot \frac{d^2RV}{dAV^2} \cdot \frac{d^2AV}{dX^2}. \quad (6)$$

Die Grenzkosten der Auflage können ebenso als approximativ konstant betrachtet werden wie die Grenzkosten in Bezug auf das Anzeigenvolumen und das redaktionelle Volumen, die sich im wesentlichen aus dem Abwicklungs-

bzw. redaktionellen Aufwand, Druck und Papier zusammensetzen.[1] Das bedeutet, daß der rechte Teil der Ungleichung (6) gleich Null ist. Für das Anzeigenaufkommen bei steigender Auflage ist anzunehmen, daß es zwar zunimmt, aber mit abnehmenden Zuwächsen ($(d^2AV/dX^2)<0$). Dies erklärt sich dadurch, daß eine steigende Auflage nicht notgedrungen gleichbleibende Zielgruppenkontaktzuwächse für die Werbungtreibenden ermöglicht, sondern diese tendenziell geringer werden. Die gestiegene Auflage geht dann mit größeren Streuverlusten einher und die Anzeigennachfrage nimmt c.p. relativ weniger zu. Unter diesen Gegebenheiten ist die Bedingung zweiter Ordnung (6) erfüllt, d.h. es liegt ein Gewinnmaximum vor.

Trotz der gemachten Vereinfachungen zeigt sich, daß die Ermittlung der gewinnmaximalen Auflage nicht grundsätzlich von der allgemeinen Ermittlung des optimalen Produktionsplanes bei herkömmlichen Unternehmungen abweicht. Die optimale Auflage ist erreicht, sobald die Grenzkosten dem Grenzerlös entsprechen. Die Besonderheit der Verlage liegt dagegen darin, daß die Interdependenz der Märkte nicht nur bedingt, daß eine Outputsteigerung Erlöse aus zwei verschiedenen Quellen zur Folge hat, sondern auch, daß die sich durch die gestiegene Auflage ergebenden Kosten aus verschiedenen Bereichen stammen.

---

1 Vgl. auch ROSSE (1978), S. 18f.

V. Zur "Abhängigkeit" vom Anzeigengeschäft

In den Anhängen A4 und A5 sind die durchschnittlichen Anteile der Vertriebs- und Anzeigenerlöse an den Gesamterlösen nach Zeitungs- bzw. Zeitschriftenarten dargestellt. Es zeigt sich, daß im Bereich der Zeitungen das Anzeigengeschäft 1990 durchschnittlich fast zwei drittel der Gesamterlöse bestritten hat. Nur bei den Kaufzeitungen, den Wochenzeitungen und den überregionalen Zeitungen hielten sich beide Erlösarten in etwa die Waage. Im Bereich der Zeitschriften dominierte das Anzeigengeschäft insgesamt weniger stark (54,3%), aber mit deutlichen Unterschieden in den einzelnen Zeitschriftengruppen. Während bei den Anzeigenblättern und den Fachzeitschriften die Anzeigenumsätze einen größeren Teil des Gesamtumsatzes ausmachten (96,3% bzw. 57,4%), war dies bei den Publikumszeitschriften (42,1%) und den Kundenzeitschriften (33,8%) umgekehrt.
Allgemein kann somit festgestellt werden, daß das Anzeigengeschäft zumeist einen überaus bedeutenden Stellenwert für den Geschäftserfolg von Zeitungen und Zeitschriften hat.
Dieses empirische Phänomen bzw. das Ausnutzen der Gewinnchancen des Anzeigenmarktes wird des öfteren als Subventionierung des redaktionellen Teils durch den Anzeigenteil beklagt.[1] DOVIFAT spricht in diesem Zusammenhang von der "Gefahr einseitigem Erwerbsstrebens" und HAGEMANN führt aus:

> "Sobald die Subvention der Anzeigenkunden den prozentualen Anteil des Anzeigenteils an der Gesamtzeitung überschreitet, betritt die Zeitung eine geistige und finanzielle Gefahrenzone ...".[2]

BRUMMUND/SCHWINDT werfen den Verlegern vor,

> "... über ihr Gewinnstreben die Gefahr einer Abhängigkeit von den Anzeigenerlösen zu spät erkannt oder ignoriert zu haben".[3]

Hintergrund solcher Vorwürfe ist zum einen, daß dem Anzeigengeschäft eine gewisse "Unzuverlässigkeit" unterstellt wird, welche die Existenz der Zeitung bzw. Zeitschrift bedrohen könnte, und zum anderen daß die große Bedeutung der Anzeigenerlöse einen Einfluß der Inserenten auf redaktionelle Inhalte ermöglichen könnte.[4]
Bezüglich der Unzuverlässigkeit des Anzeigengeschäftes gilt es festzuhalten, daß es sich beim Kauf und Verkauf von Insertionsraum um ein ganz normales

---

1 Vgl. SOHMEN (1971), S. 9f.; ROYAL COMMISSION ON THE PRESS (1962), S. 65f.

2 Vgl. DOVIFAT (1976), Bd. 2, S. 181; HAGEMANN (1955), S. 214.

3 Vgl. BRUMMUND/SCHWINDT (1982), S. 119.

4 Vgl. ROYAL COMMISSION ON THE PRESS (1982), S. 83.

Geschäft handelt, das auch nicht weniger verläßlich ist als andere Geschäfte. Letzten Endes bleibt es aber dem Verlag bzw. Verleger überlassen, die Zuverlässigkeit oder Unzuverlässigkeit einzuschätzen und Chancen und Risiken entsprechend zu kalkulieren. Das Ausmaß, in dem sich die Verlage im Anzeigengeschäft engagieren, deutet allerdings nicht daraufhin, daß es in irgendeiner Weise unzuverlässig ist.
Im Gegensatz zu anderen Wirtschaftsbereichen haben die Verlage die Möglichkeit, die Resonanz, die ihre Produkte in der Öffentlichkeit erfahren, auf einem anderen Markte anbieten zu können. Hieraus ergeben sich für sie zwei Erlösquellen und damit zwei wirtschaftliche Absicherungsmöglichkeiten. Gäbe es die Möglichkeit des Anzeigengeschäfts nicht, wäre die Anzahl der existenzfähigen Titel wesentlich geringer. Wenn ein Verleger eine Zeitschrift herausgeben möchte, deren am Lesermarkt erzielbarer Preis nicht ausreichen würde, die Kosten zu decken, müßte er auf die Herausgabe dieses Titels verzichten. Die Möglichkeit, Anzeigen aufzunehmen, ermöglicht es ihm nun aber gegebenenfalls doch, die geplante Zeitschrift herauszugeben, da er über das Anzeigengeschäft möglicherweise Gewinne erzielt. Auf diese Weise könnte er gegebenenfalls die Verluste des Lesermarktes decken und eventuell auch noch den Preis der Zeitschrift senken, so daß die Auflage steigt.
Von einer "Abhängigkeit" könnte also nur in der Form gesprochen werden, daß das Anzeigengeschäft oftmals erst die Herausgabe einer Zeitung oder Zeitschrift ermöglicht. Kommt es unter diesen Bedingungen zu einem Nachfragerückgang am Anzeigenmarkt, so kann es sein, daß die betreffende Zeitschrift eingestellt werden muß. Diese Zeitschrift wäre aber ohne das Anzeigengeschäft a priori gar nicht existenzfähig gewesen, erst die "Subventionen der Anzeigenkunden" ermöglichten ihre Existenz.

Die Entscheidung hinsichtlich der Einflußmöglichkeiten der Inserenten auf die redaktionelle Berichterstattung liegt ebenfalls allein in der Entscheidungsgewalt des Verlages. Seine finanzielle Kalkulation verbunden mit seinen Moralvorstellungen geben dabei den Ausschlag.[1]
Gerade in finanziell angespannten Situationen, in denen es um das Überleben des Blattes geht, dürfte die Bereitschaft, auf die Wünsche bzw. Nötigungen von Seiten bedeutender Inserenten einzugehen, größer sein als sonst. Von Bedeutung ist hierbei für den Verleger aber, daß die Leser normalerweise nicht bereit sein werden, jedes Maß an externer Beeinflussung zu tolerieren. Statt des-

1 Damit bleibt es Dritten wie SOHMEN (1971), S. 10, unbenommen, eine eventuelle redaktionelle Einflußnahme durch Inserenten eher als Nachteil den als Vorteil der Werbung zu werten.

sen ist damit zu rechnen, daß sich ab einen gewissen, vom Leser feststellbaren Einmischungsniveau ein Vertrauensverlust vollzieht, der einen Auflagenrückgang zur Folge haben wird, welcher sich negativ auf den Zeitungsumsatz und auf das Anzeigengeschäft auswirkt. Diese mögliche Beeinträchtigung ist vom Verleger stets zu berücksichtigen, so daß er, wenn einmal von jeglichen moralischen Werten abstrahiert wird, direkt oder indirekt konditionierten Anzeigenaufträgen bis zu dem Maße zustimmen wird, bei dem der Grenzerlös solcher Anzeigenaufträge den Grenzkosten, insbesondere in Form von sinkender Auflage und im Zuge dessen zurückgehender Anzeigennachfrage, entspricht.
Ist das Ziel der Einflußnahme des Inserenten allerdings das Verhindern der Verbreitung einer bestimmten Information, so scheint dies ohnehin kaum möglich, sofern am Informationsmarkt Wettbewerb herrscht. In diesem Fall liegt es nicht in der Macht eines einzelnen Mediums, die Verbreitung mittelfristig zu verhindern, da auch andere Medien die Information verbreiten. Das heißt, der Inserent würde keinen Vorteil aus dem Boykott einer bestimmten Zeitung oder Zeitschrift erzielen, und der Boykott seinen Sinn verlieren.[1]

Zusammenfassend kann festgehalten werden, daß der Verkauf einer Zeitung oder Zeitschrift unter Herstellungskosten langfristig nicht möglich wäre, wenn für den Verlag nicht zusätzlich die Möglichkeit des Verkaufs von Anzeigenraum gegeben wäre. Da sich jedoch beide Geschäftsmöglichkeiten eröffnen, erfolgt die Preiskalkulation notwendigerweise mit simultanen Blick auf beide Märkte. Bei dieser Kalkulation ist es Sache des Verlages, zu entscheiden, wie sehr er sich in die "Abhängigkeit" vom Anzeigengeschäft und/oder in die "Abhängigkeit" vom Vertriebsgeschäft begeben will.

---

1 Vgl. auch OWEN (1975), S. 30.

Anhangsverzeichnis Seite

A1: Leserinteresse an Inhalten von Tageszeitungen

Rubrik	Leserinteresse %
lokale Berichte	84
Innenpolitik	58
Anzeigen	51
Alltagsberichte	50
Leserbriefe	46
Sport	45
Außenpolitik	44
Leitartikel	44
Frauenseite	35
Prozeßberichte	35
Kultur	33
Wirtschaft	30
Technik, Wissenschaft	25

Quelle: Allensbacher Archiv, versch. IFD-Umfragen zitiert nach BDZV (1992; Hrsg.)

A2: Relation der Text- und Anzeigenseiten nach Zeitungsarten

1990 (alte Länder)	Seitenzahl des Jahrgangs[1] in 1.000 insgesamt	Textseiten		Anzeigenseiten	
Zeitungen insgesamt	3.085	1.934	62,7%	1.151	37,3%
- Tageszeitungen	3.061	1.919	62,7%	1.142	37,3%
- Wochenzeitungen	24	14	58,3%	10	41,7%
- Abozeitungen	2.976	1.867	62,7%	1.109	37,3%
- Kaufzeitungen	109	66	60,6%	42	38,5%
- Zeitungen mit lokaler Berichterstattung	3.025	1.889	62,4%	1.136	37,6%
- Zeitungen ohne lokale Berichterstattung	60	45	75,0%	15	25,0%
- Tageszeitungen mit verkaufter Auflage					
unter 10.000	814	557	68,4%	258	31,7%
10.000 - 25.000	738	497	67,3%	241	32,7%
25.000 - 50.000	465	291	62,6%	174	37,4%
50.000 - 75.000	178	104	58,4%	74	41,6%
75.000 - 125.000	305	183	60,0%	122	40,0%
125.000 - 250.000	418	226	54,1%	192	45,9%
über 250.000	142	62	43,7%	80	56,3%

Quelle: STATISTISCHES BUNDESAMT (1992a; Hrsg.), S. 38f. Eigene Berechnungen.

[1] Für die Hauptausgabe

A3: Relation der Text- und Anzeigenseiten nach Zeitschriftenarten

1990 (alte Länder)	Seitenzahl des Jahrgangs in 1.000 insgesamt	Textseiten		Anzeigenseiten	
polit. Wochenblätter	102	64	62,7%	38	37,3%
konfess. Zeitschriften	147	134	91,2%	13	8,8%
Publikumszeitschriften	1.216	928	76,3%	289	23,8%
Fachzeitschriften					
- wissenschaftliche	1.110	961	86,6%	149	13,4%
- andere	1.372	970	70,7%	403	29,4%
- insgesamt	2.482	1.931	77,8%	552	22,2%
Kundenzeitschriften	28	22	78,6%	6	21,4%
amtliche Blätter	1.035	771	74,5%	264	25,5%
Anzeigenblätter	905	304	33,6%	601	66,4%
sonstige Zeitschriften	182	109	59,9%	72	39,6%
Zeitschriften insgesamt	6.099	4.264	69,9%	1.835	30,1%

Quelle: STATISTISCHES BUNDESAMT (1992a; Hrsg.), S. 46ff. Eigene Berechnungen.

A4: Umsatzrelationen nach Zeitungsarten

1990 (alte Länder)	Umsatz insgesamt Mio. DM	Vertrieb Mio. DM		Anzeigen Mio. DM	
Zeitungen insgesamt	12.828	4.605	35,9%	8.223	64,1%
- Tageszeitungen	12.304	4.355	35,4%	7.949	64,6%
- Wochenzeitungen	524	250	47,7%	274	52,3%
- Abozeitungen	11.298	3.822	33,8%	7.477	66,2%
- Kaufzeitungen	1.530	783	51,2%	746	48,8%
- Zeitungen mit lokaler Berichterstattung	12.213	4.300	35,2%	7.912	64,8%
- Zeitungen ohne lokale Berichterstattung	615	305	49,6%	311	50,6%

Quelle: STATISTISCHES BUNDESAMT (1992a; Hrsg.), S. 38f. Eigene Berechnungen.

A5: Umsatzrelationen nach Zeitschriftenarten

1990 (alte Länder)	Umsatz insgesamt Mio. DM	Vertrieb Mio. DM		Anzeigen Mio. DM	
polit. Wochenblätter	516	192	37,2%	324	62,8%
konfess. Zeitschriften	249	221	88,8%	28	11,2%
Publikumszeitschriften	6.957	4.030	57,9%	2.927	42,1%
Fachzeitschriften					
- wissenschaftliche	1.015	566	55,8%	449	44,2%
- andere	2.337	861	36,8%	1.476	63,2%
- insgesamt	3.352	1.427	42,6%	1.925	57,4%
Kundenzeitschriften	225	149	66,2%	76	33,8%
amtliche Blätter	154	49	31,8%	104	67,5%
Anzeigenblätter	1.775	65	3,7%	1.710	96,3%
sonstige Zeitschriften	251	25	10,0%	226	90,0%
Zeitschriften insgesamt	13.478	6.158	45,7%	7.320	54,3%
darunter Verbandszeitschriften	1.498	610	40,7%	888	59,3%

Quelle: STATISTISCHES BUNDESAMT (1992a; Hrsg.), S. 46ff. Eigene Berechnungen.

A6: Regionale vs. überregionale Verbreitung von Zeitschriften

1990 (alte Länder)	Anzahl lokal/regional verbreiteter Zeitschriften		Anzahl Überregional verbreiteter Zeitschriften		Gesamtzahl (100%)
polit. Wochenblätter	89	93,7%	6	6,3%	95
konfess. Zeitschriften	72	22,6%	246	77,4%	318
Publikumszeitschriften	497	32,6%	1.029	67,4%	1.526
Fachzeitschriften					
- wissenschaftliche	49	3,4%	1.397	96,6%	1.446
- andere	304	15,6%	1.650	84,4%	1.954
- insgesamt	353	10,4%	3.047	89,6%	3.400
Kundenzeitschriften	13	11,6%	99	88,4%	112
amtliche Blätter	1.274	98,5%	19	1,5%	1.293
Anzeigenblätter	1.092	99,2%	9	0,8%	1.101 [1]
sonstige Zeitschriften	224	85,8%	37	14,2%	261
Zeitschriften insgesamt	3.614	44,6%	4.492	55,4%	8.106
darunter Verbandszeitschriften	822	38,4%	1.320	61,6%	2.142

Quelle: STATISTISCHES BUNDESAMT (1992a; Hrsg.), S. 62ff. Eigene Berechnungen.

[1] Mit 1.819 Ausgaben

A7: Remissionsquoten auf dem Berliner Zeitungsmarkt (II/93)

Titel	verbr. Auflage	EV-Lieferung	EV-Auflage	absolute Remission	Remissionsquote
B.Z.					
- Mo-Sa	324.859	385.262	323.519	61.743	16,0%
- am Sonntag	140.682	182.613	140.306	42.307	23,2%
Berliner Morgenpost					
- Mo-Sa	186.928	44.952	27.727	17.225	38,3%
- So	287.651	148.102	113.431	34.671	23,4%
Der Tagesspiegel					
- Mo-Sa	137.908	48.146	30.599	17.547	36,4%
- So	144.251	50.956	31.751	19.205	37,7%
Die Tageszeitung (B)					
- Mo-Sa	15.099	13.562	6.227	7.335	54,1%
Neues Deutschland (B)					
- Mo-Sa	29.440	5.479	2.494	2.985	54,5%
Berliner Kurier					
- Mo-Sa	169.740	207.241	164.623	42.618	20,6%
- am Sonntag	102.218	136.210	101.043	35.167	25,8%
Berliner Zeitung					
- Mo-Sa	259.460	72.858	48.153	24.705	33,9%
Bild (B)					
- Mo-Sa	132.940	167.197	130.669	36.528	21,8%
Junge Welt					
- Mo-Sa	52.842	5.919	1.899	4.020	67,9%
Welt am Sonntag (B)	21.620	8.552	3.688	4.864	56,9%

Quelle: Eigene Berechnungen nach IVW II/93.
B:= Ausgabe Berlin

A8: Erlösstruktur regionaler Abonnementszeitungen

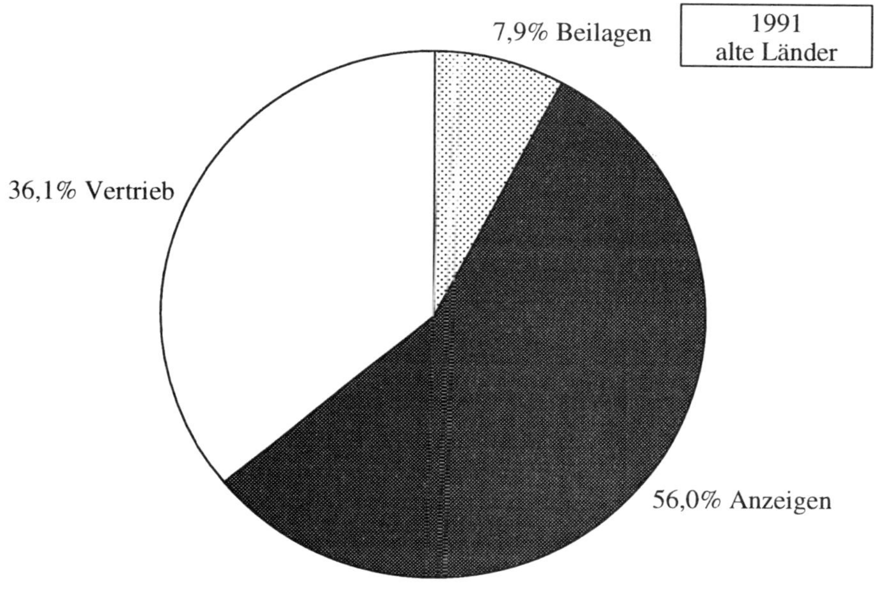

Quelle: BDZV zitiert nach von KUK (1992), S. 113. Eigene Berechnung.

A9: Kostenstruktur regionaler Abonnementszeitungen

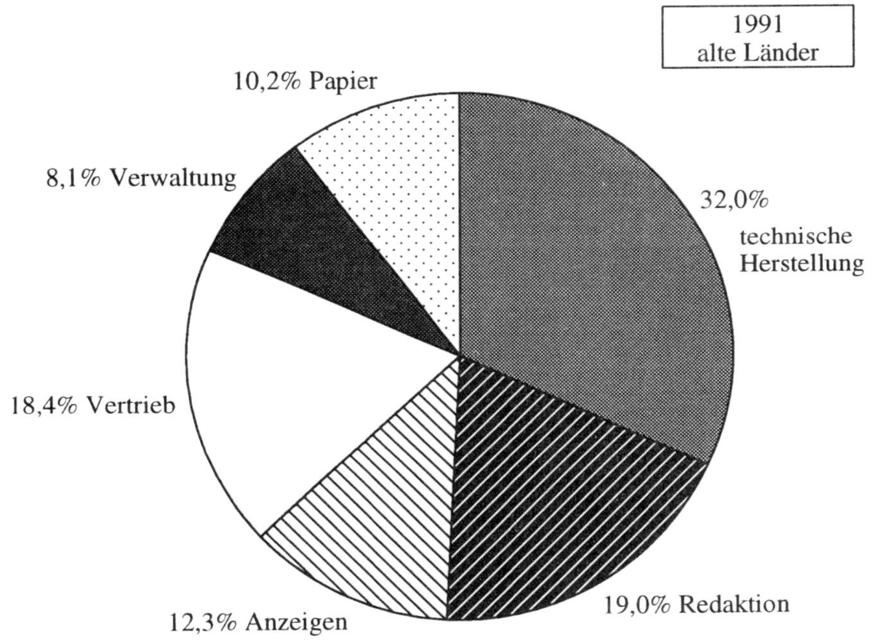

Quelle: BDZV zitiert nach von KUK (1992), S. 113.

A10: Relative Bedeutung der Vertriebsformen nach Zeitungsarten [TEX]

1990 (alte Länder)	verkaufte Auflage[1]	Einzel-verkauf	Abonnement insgesamt	Abonnement eigenes Vertriebssystem	Abonnement Postzustellung	Abonnement übrige Zustellformen
Zeitungen insgesamt	25.427	10.245	15.182	10.136	1.390	3.656
		40,3%	59,7%	66,8%	9,2%	24,1%
- Tageszeitungen	20.947	7.189	13.758	9.983	959	2.816
		34,3%	65,7%	72,6%	7,0%	20,5%
- Wochenzeitungen	4.481	3.057	1.424	152	431	841
		68,2%	31,8%	10,7%	30,3%	59,1%
- Abozeitungen	16.832	1.825	15.007	10.033	1.369	3.605
		10,8%	89,2%	66,9%	9,1%	24,0%
- Kaufzeitungen	8.595	8.420	175	103	20	51
		98,0%	2,0%	58,9%	11,4%	29,1%
- Zeitungen mit lokaler	21.154	7.400	13.754	10.135	828	2.791
Berichterstattung		35,0%	65,0%	73,7%	6,0%	20,3%
- Zeitungen ohne lokale	4.273	2.845	1.428	1	561	865
		66,6%	33,4%	0,1%	39,3%	60,6%
- Tageszeitungen verk. Auflage						
unter 10.000	617	38	579	503	50	26
		6,2%	93,8%	86,9%	8,6%	4,5%
10.000 - 25.000	1.380	114	1.267	1.019	121	127
		8,3%	91,8%	80,4%	9,6%	10,0%
25.000 - 50.000	1.605	113	1.492	1.416	74	3
		7,0%	93,0%	94,9%	5,0%	0,2%
50.000 - 75.000	970	112	858	618	77	163
		11,5%	88,5%	72,0%	9,0%	19,0%
75.000 - 125.000	2.576	264	2.313	1.889	146	277
		10,2%	89,8%	81,7%	6,3%	12,0%
125.000 - 250.000	6.566	1.219	5.347	3.540	378	1.429
		18,6%	81,4%	66,2%	7,1%	26,7%
über 250.000	7.231	5.329	1.902	998	114	790
		73,7%	26,3%	52,5%	6,0%	41,5%

Quelle: STATISTISCHES BUNDESAMT (1992; Hrsg.), S. 40f. Eigene Berechnungen.

[1] Durchschnittlich verkaufte Auflage der Gesamtausgabe je Erscheinungstag im 4. Quartal.

A11: Relative Bedeutung der Vertriebsformen nach Zeitschriftenarten [TEX]

1990 (alte Länder)	verkaufte Auflage[1]	Einzelverkauf	Abonnement				
			insgesamt	eigenes Vertriebssyst.	Postzustellung	Lesezirkel	übrige Zustellformen
Zeitschriften insgesamt	169.885	65.444	104.441	7.369	89.130	3.243	4.700
	51,8%	38,5%	61,5%	7,1%	85,3%	3,1%	4,5%
- Publikumszeitschriften	103.169	60.399	42.771	3.250	34.263	3.150	2.108
	86,4%	58,5%	41,5%	7,6%	80,1%	7,4%	4,9%
- Fachzeitschriften							
• wissenschaftliche	6.595	685	5.911	73	5.753	7	78
	68,4%	10,4%	89,6%	1,2%	97,3%	0,1%	1,3%
• andere	48.020	2.164	45.856	620	44.204	7	1.024
	84,2%	4,5%	95,5%	1,4%	96,4%	0,0%	2,2%
• insgesamt	54.615	2.849	51.767	693	49.957	14	1.102
	81,9%	5,2%	94,8%	1,3%	96,5%	0,0%	2,1%

Quelle: STATISTISCHES BUNDESAMT (1992; Hrsg.), S. 60ff. Eigene Berechnungen.

1 Durchschnittlich verkaufte Auflage der Gesamtausgabe je Erscheinungstag im 4 . Quartal.
Differenz zu 100% entspricht der unentgeltlich verbreiteten Auflage.

A12: Redaktionsgemeinschaften und Anzeigenringe nach Zeitungsarten

1990 (alte Länder)	Haupt-ausgaben	Anschluß an eine(n) Redaktions-gemeinschaft		Anzeigen-ring	
Zeitungen insgesamt	352	185	52,6%	276	78,4%
- Tageszeitungen	343	185	53,9%	275	80,2%
- Wochenzeitungen	9	0	0,0%	1	11,1%
- Abozeitungen	338	184	54,4%	271	80,2%
- Kaufzeitungen	14	1	7,1%	5	35,7%
- Zeitungen mit lokaler Berichterstattung	340	184	54,1%	275	80,9%
- Zeitungen ohne lokale Berichterstattung	12	1	8,3%	1	8,3%
- Tageszeitungen mit verkaufter Auflage					
unter 10.000	124	89	71,8%	104	83,9%
10.000 - 25.000	85	61	71,8%	75	88,2%
25.000 - 50.000	45	20	44,4%	41	91,1%
50.000 - 75.000	16	4	25,0%	11	68,8%
75.000 - 125.000	27	4	14,8%	16	59,3%
125.000 - 250.000	36	5	13,9%	22	61,1%
über 250.000	10	2	20,0%	6	60,0%

Quelle: STATISTISCHES BUNDESAMT (1992a; Hrsg.), S. 42f. Eigene Berechnungen.

A13: Ausmaß redaktioneller Fremderstellung nach Zeitschriftenarten

1990 (alte Länder)	Anzahl	redaktionelle Herstellung ***weder vollständig noch teilweise*** in eigener Redaktion	
Zeitschriften insgesamt	8.106	2.761	34,1%
- Publikumszeitschriften	1.526	332	21,8%
- Fachzeitschriften			
• wissenschaftliche	1.446	859	59,4%
• andere	1.954	526	26,9%
• insgesamt	3.400	1.385	40,7%
- Kundenzeitschriften	112	28	25,0%
- Anzeigenblätter[1]	1.101	106	9,6%

Quelle: STATISTISCHES BUNDESAMT (1992a; Hrsg.), S. 73ff. Eigene Berechnungen.

[1] Mit 1.819 Ausgaben.

A14: Verlagseigene Druckereien

1990 (alte Länder)	Unternehmen		Anzahl der verlegten Zeitungen [1]	Zeitschriften
Verlage insgesamt	2.564	100,0%	324	7.262
- mit eigener Druckerei	370	14,4%	198	2.180
- ohne eigener Druckerei	2.194	85,6%	126	5.082
Zeitungsverlage	293	100,0%	320	404
- mit eigener Druckerei	173	59,0%	195	269
- ohne eigener Druckerei	120	41,0%	125	135
Zeitschriftenverlage	1.850	100,0%	4	5.321
- mit eigener Druckerei	158	8,5%	3	1.723
- ohne eigener Druckerei	1.692	91,5%	1	3.598
sonstige Verlage	421	100,0%	0	1.537
- mit eigener Druckerei	39	9,3%	0	188
- ohne eigener Druckerei	382	90,7%	0	1.349

Quelle: STATISTISCHES BUNDESAMT (1992a; Hrsg.), S. 12.

[1] Hauptausgaben

A15: Tausend-Millimeter-Preise nach Zeitungsarten

1990 (alte Länder)	Anzeigen-preis[1] [DM]	verkaufte Auflage pro Titel	Tausender-Millimeter-Preis [DM]
- Tageszeitungen	3,99	17.184	0,23
- Wochenzeitungen	9,95	320.071	0,03
- Abozeitungen	4,00	14.156	0,28
- Kaufzeitungen	12,13	195.341	0,06
- Zeitungen mit lokaler Berichterstattung	4,01	17.368	0,23
- Zeitungen ohne lokale Berichterstattung	7,83	284.867	0,03

Quelle: STATISTISCHES BUNDESAMT (1992a; Hrsg.), S. 38f. Eigene Berechnungen.

1 Für die 45mm breite Millimeterzeile der Wochentags(Haupt-)ausgabe.

A16: Tausend-Millimeter-Preise nach Zeitschriftenarten

1990 (alte Länder)	Anzeigen- preis[1] [DM]	verkaufte Auflage pro Titel	Tausender- Millimeter-Preis [DM]
Publikumszeitschriften	3.962,15	78.249	50,64
Fachzeitschriften			
-wissenschaftliche	2.195,79	6.667	329,35
-andere	3.353,63	29.176	114,94
Kundenzeitschriften	12.045,30	463.670	25,98
Anzeigenblätter	4.568,26	57.670	79,21

Quelle: STATISTISCHES BUNDESAMT (1992a; Hrsg.), S. 46ff. Eigene Berechnungen.

[1] 1/1 Seite s/w.

A17: Anzahl und Veränderung der Einzeitungskreise[1]

Jahr	Anzahl	in % aller Kreise
1954	85	15,2
1964	121	21,4
1967	145	25,7
1969	164	29,8
1973	153	38,3
1976	156	45,3
1979	150	45,2
1981	152	46,2
1983	154	46,8
1985	157	47,9

Quelle: BUNDESREGIERUNG (1986), S. 169.

[1] Einzeitungskreise sind Kreise und kreisfreie Städte, in denen die Einwohnerzahl der Gebiete überwiegt, deren Bevölkerung sich nur aus einer Tageszeitung über das aktuelle örtliche Geschehen unterrichten kann.

Abbildungsverzeichnis

Seite

Tabellenverzeichnis

Seite

Abkürzungsverzeichnis

Abs.	Absatz
ADA	Auflagenkontrolle der Anzeigenblätter
AG	Arbeitsgemeinschaft
AGB	Allgemeine Geschäftsbedingungen
AG.MA	Arbeitsgemeinschaft Media-Analyse
Art.	Artikel
ASV	Axel Springer Verlag
AWA	Allensbacher Werbeträger-Analyse
BBH	Bahnhofsbuchhandel
BDZV	Bundesverband Deutscher Zeitungsverleger
BGH	Bundesgerichtshof
BK	Bayernkurier
BKartA	Bundeskartellamt
BVDA	Bundesverband Deutscher Anzeigenblätter
BVerfGE	Bundesverfassungsgerichtsentscheid
BWBZ	Bundesverband Werbender Buch- und Zeitschriftenhandel
c.p.	ceteris paribus
DAS	Deutsches Allgemeines Sonntagsblatt
d.h.	das heißt
Diss.	Dissertation
DNV	Der Neue Vertrieb
DSV	Deutscher Supplement Verlag
ebd.	ebenda
EH	Einzelhandel
EHASTRA	Einzelhandelsstrukturanalyse
EV	Einzelverkauf
FAZ	Frankfurter Allgemeine Zeitung
FCC	first-copy costs
Fn	Fußnote
FR	Frankfurter Rundschau

ggf.	gegebenenfalls
G+J	Gruner + Jahr
Grosso	Pressegroßhandel
GWA	Gesamtverband Werbeagenturen
GWB	Gesetz gegen Wettbewerbsbeschränkungen
HBV	Heinrich Bauer Verlag
i.allg.	im allgemeinen
i.d.R.	in der Regel
i.e.S.	im engeren Sinne
i.V.m.	in Verbindung mit
IVW	Informationsgemeinschaft zur Feststellung der Verbreitung von Werbeträgern e.V.
IVW-APF	IVW-Analyseprüfung Fachzeitschriften
Jg.	Jahrgang
KA	KommunikationsAnalyse
Kap.	Kapitel
KG	Kammergericht
konfess.	konfessionell
Kids-VA	Kinder-Verbraucheranalyse
LAE	Leseranalyse Entscheidungsträger
LA-Med	Leseranalyse Medizin-Zeitschriften
LBB	Leser-Blatt-Bindung
LpA	Leser pro Ausgabe
LpE	Leser pro Exemplar
LpN	Leser pro Nummer
LpS	Leser pro Seite
LZ	Lesezirkel
MA	Media-Analyse
m.a.W.	mit anderen Worten
Mio.	Millionen
MOG	mindestoptimale Betriebsgröße
MP	Media Perspektiven
Mrd.	Milliarden

MwSt.	Mehrwertsteuer
MZS	Marktzutrittsschranken
n.a.	nicht ausgewiesen
NYT	New York Times
NZZ	Neue Zürcher Zeitung
o.ä.	oder ähnlichem
o.dgl.	oder dergleichen
o.J.	ohne Jahresangabe
o.O.	ohne Ortsangabe
o.S.	ohne Seitenangabe
o.Verf.	ohne Verfasser
pass.	passim
PZD	Postzeitungsdienst
polit.	politisch
QSI	Qualifizierte Special Interest-Zeitschriften
RM	Rheinischer Merkur
sog.	sogenannt
s/w	schwarzweiß
SZ	Süddeutsche Zeitung
TAZ	die tageszeitung ("taz")
TEX	tausend Exemplare
TDM	tausend DM
TdW	Typologie der Wünsche
TKP	Tausender-Kontakt-Preis
TP	Tausenderpreis
u.a.	unter anderem
u.dgl.	und dergleichen
VA	VerbraucherAnalyse
VDLZ	Verband Deutscher Lesezirkel
VDZ	Verband Deutscher Zeitschriftenverleger

verbr.	verbreitet
verk.	verkauft
4c	vierfarbig
Vol.	Volume (Jahrgang)
VW	Vorwärts
WamS	Welt am Sonntag
WAZ	Westdeutsche Allgmeine Zeitung
WBZ	Werbender Buch- und Zeitschriftenhandel
WIK	Wissenschaftliches Institut für Kommunikationsdienste
WLK	weitester Leserkreis
WNK	weitester Nutzerkreis
W&V	Werben und Verkaufen
WuW	Wirtschaft und Wettbewerb
ZAS	Zentrale AnzeigenStatistik
ZAW	Zentralausschuß der Werbewirtschaft e.V.
z.B.	zum Beispiel
ZIS	Zeitschriften-Informations-Services
z.T.	zum Teil
ZV+ZV	Zeitungs-Verlag und Zeitschriften-Verlag, Zeitschrift für Medien und Werbung

<u>**Literaturverzeichnis**</u>

ABBOTT, Lawerence (1955), Quality and Competition. An Essay in Economic Theory, New York.

ABERLE, Gerd (1980), Wettbewerbstheorie und Wettbewerbspolitik, Stuttgart.

AG.MA (o.J.), AG.MA - Aufnahme-, Erhebungs-, Ausweisungs- und Finanzierungsrichtlinien, Fassung vom 15. Dezember 1989, Frankfurt a.M.

AG.MA (1991), Media-Analyse 1991, Textausgabe Erläuterungen, Frankfurt a.M.

AG.MA (1992), Media-Analyse 1992. Nationale Darstellung/West: Zeitschriften Supplements, Tageszeitungen, Konpress, Lesezirkel und Kino, Frankfurt a.M.

ALTHANS, Jürgen (1989a), Bedeutung des europäischen Binnenmarktes für das Verlagsmarketing - am Beispiel eines international tätigen Zeitschriftenhauses. In: BRUHN/WEHRLE (1989; Hrsg.), S. 209-216.

ALTHANS, Jürgen (1989b), Verlagsmarketing. In: Bruhn, Manfred (1989; Hrsg.), Handbuch des Marketing. Anforderungen an Marketingkonzeptionen aus Wissenschaft und Praxis, München, S. 759-776.

ARMBRUSTER, Hubert et al. (1972), Entwurf eines Gesetzes zum Schutze freier Meinungsbildung, Tübingen.

ARNDT, Helmut (1958), Anpassung und Gleichgewicht, 1. und 2. Teil. In: "Jahrbücher für Nationalökonomie und Statistik", Vol. 170, S. 217-286.

ARNDT, Helmut (1967), Die Konzentration in der Presse und die Problematik des Verleger-Fernsehens, Frankfurt a.M.

ARNDT, Helmut (1973), Markt und Macht, 2., grundl. veränd. Aufl. von Mikroökonomische Theorie Band I, Tübingen.

ARROW, Kenneth J. (1975), Vertical Integration and Communication. In: "Bell Journal of Economics", Vol. 6, S. 173-183.

AUTORENTEAM, Werbung. Grundlagen, Planung, Umsetzung, 5., überarb. Aufl., Landsberg/Lech.

AWA (1991), Allensbacher Markt-Analyse 1991/Werbeträger-Analyse 1991, Bd. IV Methode/Fragebogen, Allensbach.

BADTKE, Eberhard (1990), Nach dem Vakuum: Mehr Wirkung und Akzeptanz. In: W&V (1990a), S. 88-89.

BAIN, Joe S. (1952), Price Theory, New York.

BAIN, Joe S. (1956), Barriers to New Competition. Their Character and Consequences in Manufacturing Industries, Cambridge (Mass.).

BAIN, Joe S. (1960), Price Leaders, Barometers, and Kinks. In: "Journal of Business", Vol. 33, S. 193-203.

BAIN, Joe S. (1968), Industrial Organization, 2. Aufl., New York.

BAUER (1993; Hrsg.), Medienmarkt Deutschland, Aktuelle Daten und Fakten zum wachsenden Medienangebot, Ausgabe 1993/94, Heinrich Bauer Verlag, Hamburg.

BAUM, Herbert (1980), Der relevante Markt als Problem der Wettbewerbspolitik. In: "Wirtschaft und Wettbewerb", Vol. 30, S. 401-407.

BAUMOL, William J. (1982), Contestable Markets: An Uprising in the Theory of Industry Structure. In: "American Economic Review", Vol. 72, S. 1-15.

BDZV (1992; Hrsg.), Zeitungen '92, Bonn.

BECKER, Gary S. (1965), A Theory of the Allocation of Time. In: "Economic Journal", Vol. 75, S. 493-517.

BECKER, Jörg (1991), Offertenblätter konkurrieren im lokalen Markt. In: "Horizont", Heft 39, S. 76.

BEHRENS, Karl Christian (1963), Absatzwerbung, Wiesbaden.

BEHRENS, Karl Christian (1970; Hrsg.), Handbuch der Werbung, Wiesbaden.

BEIKE, Peter (1992), Seiten-Reichweiten. Der Weg zur Werbemittel-Kontaktchance bei Printmedien in der Pressetranche der MA 92, Morsum.

BERG, Hartmut (1978), Markteintrittsbarrieren, potentielle Konkurrenz und wirksamer Wettbewerb. In: "Wirtschaftsstudium", Vol. 7, S. 282-287.

BGH, siehe unten "Gerichtliche Entscheidungen"

BIDLINGMAIER, Johannes (1970), Kategorien des Werbeerfolgs. In: BEHRENS (1970; Hrsg.), S. 699-712.

BITTER, Georg (1951), Zur Typologie des deutschen Zeitungswesen in der Bundesrepublik Deutschland, München.

BKartA, siehe unten "Gerichtliche Entscheidungen"

BÖVENTER, Edwin von (1991), Einführung in die Mikroökonomie, 7., durchges. u. verbess. Aufl., München.

BORCHERT, Manfred; **GROSSEKETTLER**, Heinz (1985), Preis- und Wettbewerbstheorie. Marktprozesse als analytisches Problem und ordnungspolitische Gestaltungsaufgabe, Stuttgart.

BRAND, Peter; **SCHULZE**, Volker (1982; Hrsg.), Medienkundliches Handbuch. Die Zeitung, Braunschweig.

BRAND, Eva; **BRAND**, Peter; **SCHULZE**, Volker (1988; Hrsg.), Medienkundliches Handbuch. Die Zeitungsanzeige, 2. Aufl., Braunschweig.

BRAUNSCHWEIG, Ernst; **KOEPPLER**, Karlfritz (1984a), Stufen der Werbewirkung (I). In: "Vierteljahreshefte für Mediaplanung", Heft 3, S. 2-6.

BRAUNSCHWEIG, Ernst; **KOEPPLER**, Karlfritz (1984b), Stufen der Werbewirkung (II). In: "Vierteljahreshefte für Mediaplanung", Heft 4, S. 8-12.

BRAUNSCHWEIG, Ernst; **KOEPPLER**, Karlfritz (1985a), Stufen der Werbewirkung (III). In: "Vierteljahreshefte für Mediaplanung", Heft 1, S. 12-16.

BRAUNSCHWEIG, Ernst; **KOEPPLER**, Karlfritz (1985b), Stufen der Werbewirkung (IV). In: "Vierteljahreshefte für Mediaplanung", Heft 2, S. 22-27.

BRAUNSCHWEIG, Ernst; **KOEPPLER**, Karlfritz (1985c), Stufen der Werbewirkung (V). In: "Vierteljahreshefte für Mediaplanung", Heft 3, S. 2-7.

BRIGITTE (1992; Hrsg.), KommunikationsAnalyse 5 mit Frauentypologie Ost, Gruner + Jahr, Hamburg.

BRÜNE, Gerd; **HAMMANN**, Peter; **KLEINALTENKAMP**, Michael (1987), Der relevante Markt der Wochenzeitung "Die Zeit". Eine empirische Untersuchung als Grundlage für die wettbewerbliche Beurteilung der Beteiligung von Gruner + Jahr am Zeitverlag, Arbeitspapiere zu Marketing Nr. 21, Ruhr-Universität Bochum.

BRUHN, Manfred; **WEHRLE**, Friedrich (1989; Hrsg.), Europa 1992 - Chancen und Risiken für das Marketing, Münster-Hiltrup.

BRUMMUND, Peter (1985), Struktur und Organisation des Pressevertriebs. Teil 1: Der deutsche Zeitungs- und Zeitschriftengroßhandel, München.

BRUMMUND, Peter; **SCHWINDT**, Peter (1982), Der Pressemarkt in der Bundesrepublik Deutschland. Öffentliche Aufgabe und privatwirtschaftliche Organisation der Presse, Köln.

BUNDESREGIERUNG (1986), Bericht über die Lage der Medien in der Bundesrepublik Deutschland 1985. Medienbericht '85, Bundestagsdrucksache 10/5663 vom 16.06.1986.

BUSTERNA, John C. (1988), Welfare Economics and Media Performance. In: "Journal of Media Economics", Vol. 1, S. 75-88.

BVDA (1988; Hrsg.), Mitten im Markt. Anzeigenblätter in Deutschland, Bonn.

BVDA (1993a; Hrsg.), Das Anzeigenblatt im deutschen Medienmarkt, Bonn.

BVDA (1993b; Hrsg.), Anzeigenblätter Media-Informationen, Bonn.

BVerfGE, siehe unten "Gerichtliche Entscheidungen".

BWBZ (1992), Geschäftsbericht 1992, o.O.

COASE, Ronald H. (1937), The Nature of the Firm. In: "Economica", Vol. 16, S. 386-405.

COASE, Ronald H. (1974), The Market for Goods and the Market for Ideas. In: "American Economic Review", Vol. 64, Papers and Proceedings, S. 384-391.

CORDEN, Warner M. (1953), The Maximisation of Profit by a Newspaper. In: "Review of Economic Studies", Vol. 20, S. 181-190.

CURWEN, P. J. (1976), The Theory of The Firm, London.

CZAJKA, Dieter (1968), Pressefreiheit und "öffentliche Aufgabe" der Presse, Stuttgart.

DAHRENDORF, Ralf (1987), Was ist los in der Welt? Über die Technik des Zeitungslesens. In: "Die Zeit", 24. April 1987, S. 10.

DELLE DONNE, Vincenzo (1992), Benedetti, Olivetti, La Republica & Co. Warum italienische Unternehmer sich gern den Luxus einer eigenen Tageszeitung leisten. In: "Süddeutsche Zeitung", 02. April 1992, S. 34.

DERTOUZOS, James N.; **TRAUTMAN**, William B. (1990), Economic Effects of Media Concentration: Estimates from a Model of the Newspaper Firm. In: "Journal of Industrial Economics", Vol. 39, S. 1-14.

DITTMERS, Manfred (1980), Zur Bedeutung der Markträume für die Konzentrationsuntersuchung in der Tagespresse. In: KLAUE/KNOCHE/ZERDICK (1980; Hrsg.), S. 53-56.

DNV (1981), Das Angebot an Nationalvertrieben, Heft 8, S. 7-12.

DNV (1990), Nationalvertrieb - Bündelung zum gemeinsamen Nutzen, Heft 7, S. 13-16.

DONSBACH, Wolfgang (1991), Medienwirkung trotz Selektion. Einflußfaktoren auf die Zuwendung zu Zeitungsinhalten, Köln.

DORFMAN, Robert; **STEINER**, Peter O. (1954), Optimal Advertising And Optimal Quality. In: "American Economic Review", Vol. 44, S. 826-836.

DOVIFAT, Emil (1976), Zeitungslehre. 6., neubearb. Aufl. von Jürgen Wilke, Berlin.
Band 1: Theoretische und rechtliche Grundlagen, Nachricht und Meinung, Sprache und Form.
Band 2: Redaktion, die Sparten Verlag und Vertrieb, Wirtschaft und Technik, Sicherung der öffentlichen Aufgabe.

DOVIFAT, Emil (1969; Hrsg.), Handbuch für Publizistik, Berlin.
Band 1: Allgemeine Publizistik.
Band 2: Praktische Publizistik, 1. Teil.
Band 3: Praktische Publizistik, 2. Teil.

DREPPENSTEDT, Enno (1969), Der Zeitungs- und Zeitschriftenmarkt, Hamburg.

DUNNETT, Peter J.S. (1988), The World Newspaper Industry, London.

ECONOMIST (1967), Reflections on the "Mirror", 21. Oktober 1967, S. 261.

ECONOMIST (1985), Axel Springer - Über alles, 1. Juni 1985, S. 60-61.

ECONOMIST (1992), Gays come out, 20. Juni 1992, S. 104.

EHREN, Hans-Joachim von (1980), Logistik einer überregionalen Tageszeitung. In: "Der Neue Vertrieb", Heft 2, S. 12-17.

ERDMANN, Georg; **FRITSCH**, Bruno (1990), Zeitungsvielfalt im Vergleich. Das Angebot an Tageszeitungen in Europa, Mainz.

FAEHLING, Dieter (1993), Voraussetzungen und praktische Ansätze für einen wirksamen Mediaeinsatz. In: FAEHLING/KOCH (1993), S. 33-109.

FAEHLING, Dieter; **KOCH**, Thomas (1993), Planen im Media-Mix: Voraussetzung und Wirkung, STERN Bibliothek, Gruner + Jahr, Hamburg.

FAZ (1979), 26 Millionen Buße für Springer, Bauer und Burda, 8. Februar 1979, S. 11.

FAZ (1993a), Zeitungen in Amerika experimentieren mit elektronischen Medien, 3. August 1993, S. 14.

FAZ (1993b), Die billige "Times" gewinnt an Auflage, 19. Oktober 1993, S. 15.

FAZ (1993c), Der Erfolg von "Focus" und "News" lockt Nachahmer, 11. Dezember 1993, S. 15.

FAZ (1990; Hrsg.), Dokumentation 'Alles über die Zeitung'. überarb. Nachdruck der 21. Aufl., Frankfurt a.M.

FEHL, Ulrich; **OBERENDER**, Peter (1985), Grundlagen der Mikroökonomie, 2., neubearb. u. erw. Aufl., München.

FELLNER, William (1949), Competition Among the Few. Oligopoly and Similar Market Structures, New York.

FESTINGER, Leon (1957), A Theory of Cognitive Dissonance, Stanford.

FISCHER, Heinz-Dietrich (1985), Publikumszeitschriften - ein Lehr- und Forschungsdefizit. In: ders. (1985; Hrsg.), S. 15-64.

FISCHER, Heinz-Dietrich (1985; Hrsg.), Publikumszeitschriften in der Bundesrepublik Deutschland. Palette-Probleme-Perspektive, Konstanz.

FORSTHOFF, Ernst (1969), Der Verfassungsschutz der Zeitungspresse, Frankfurt a.M.

FRANKE, Jürgen (1985), Grundzüge der Mikroökonomik, 2. Auflage, München.

FRANKENFELD, Alfred (1954), Die Verteidigung der Pressefreiheit gegen wirtschaftliche und politische Gefahren. In: "Wirtschaftsdienst", Vol. 34, S. 560-565.

FREESE, Gunhild (1991), ...und keiner guckt hin. Immer mehr Werbung geht von den Zeitschriften in die privaten Fernsehsender - zum Ärger der Zuschauer. In: "Die Zeit", 6. Dezember 1991, S. 27.

FREESE, Gunhild (1992), Schlacht vor dem Bildschirm. Programmzeitschriften: Mit 'TV neu' versucht der Springer Verlag verlorenes Terrain zurückzugewinnen. In: "Die Zeit", 28. August 1992, S. 24.

FREISINGER, Giesela M. (1991), Kultblatt der Elite. In: "Forbes", Heft 1, S. 76-85.

FRISCH, Ragnar (1933), Monopole-Polypole. La notation de force dans l'économie. In: "Nationalokonomisk Tidsskrift", S. 241-259. Hier zitierte deutsche Übersetzung: Monopol-Polypol - der Begriff der Kraft in der Wirtschaft, in: OTT (1968; Hrsg.), S. 17-32.

FUCHS, Wolfgang; **SCHENK**, Michael (1984), Der Rezipient im lokalen Kommunikationsraum. In: "Media Perspektiven", Heft 3, S. 211-218.

FURUBOTN, Eirik G.; **PEJOVICH**, Svetozar (1972), Property Rights and Economic Theory: A Survey of Recent Literature. In: "Journal of Economic Literature", Vol. 10, S. 1137-1162.

GASSDORF, Heinz (1992), Postzeitungsdienst - bewährtes Vertriebsmodell in Gefahr. In: BDZV (1992; Hrsg.), S. 150-157.

GIETZ, Robert (1992), EG'93 - Perspektiven für den Vertriebs- und Papiermarkt. In: BDZV (1992; Hrsg.), S. 66-77.

GLOTZ, Peter; **LANGENBUCHER**, Wolfgang R. (1968), Monopol und Kommunikation. In: "Publizistik. Vierteljahreshefte für Kommunikationsforschung", Vol. 13, S. 137-179.

GLOTZ, Peter; **LANGENBUCHER**, Wolfgang R. (1969), Der mißachtete Leser. Zur Kritik der deutschen Presse, Köln.

GREIFFENBERG, Horst; **ZOHLNHÖFER**, Werner (1984), Pressewesen. In: Peter Oberender (Hrsg.), Marktstruktur und Wettbewerb in der Bundesrepublik Deutschland, München, S. 577-627.

GRUNER + JAHR (1981; Hrsg.), Mediaplanung. Grundlagen, Prinzipien, Probleme, Techniken, 20 Bände, Hamburg.

GRUNER + JAHR (1985; Hrsg.), Wörterbuch des Vertriebs, Hamburg.

GRUNER + JAHR (1991; Hrsg.), The Media Scene in Europe 3, Hamburg.

GÜNTHER, Eberhard (1960), Relevanter Markt im Recht der Wettbewerbsbeschränkungen, Karlsruhe.

GWA (1989; Hrsg.), Seitenkontakte. Vom Leser pro Ausgabe zum Leser pro Seite, Frankfurt/M.

HAGEMANN, Walter (1950), Die Zeitung als Organismus, Heidelberg.

HAKE, Lothar (1977), Der Aufbau einer Pressestatistik. In: "Wirtschaft und Statistik", Heft 5, S. 291-296.

HAUSER, Gerhard (1955), Die optimale Betriebsgröße eines Tageszeitungsunternehmens und die optimale Auflagenhöhe. Eine Kostenuntersuchung, Diss., Tübingen.

HAYEK, Friedrich A. von (1959), Politischer Liberalismus. In: Erwin von Beckerath et al. (Hrsg.), Handwörterbuch der Sozialwissenschaften, Band 6, Tübingen, S. 591-596.

HAYEK, Friedrich A. von (1979), Liberalismus, Tübingen. Zuvor erschienen auf italienisch, in: Enciclopedia del Novecento, Vol. 3, 1978, und auf englisch, in: ders. (1978), New Studies in Philosophy, Politics, Economics and the History of Ideas, London, S. 119-151.

HEINRICH, Jürgen (1984), Marktzutritt als Systemelement des Wettbewerbs. In: KOPPER (1984; Hrsg.), S. 75-86.

HENSMANN, Jan (1980), Verlagsmarketing. In: "Marketing - Zeitschrift für Forschung und Praxis", Vol. 2, S. 239-249.

HEUSS, Ernst (1965), Allgemeine Marktheorie, Tübingen.

HEYDER, Hans (1991), Wege durch's Dickicht. Orientierungshilfen für eine erfolgreiche Marketing-Kommunikation. In: "Viertel-Jahreshefte für Medien und Werbewirkung", Heft 1, S. 2-9.

HOLTON, Richard H. (1958), The Distinction Between Convenience Goods, Shopping Goods, and Speacilty Goods. In: "Journal of Marketing", Vol. 23, S. 53-56.

HOPPMANN, Erich (1974), Die Abgrenzung des relevanten Marktes im Rahmen der Mißbrauchsaufsicht über marktbeherrschende Unternehmen. Dargestellt am Beispiel der Praxis des Bundeskartellamtes bei Arzneimitteln, Baden-Baden.

HORIZONT (1994), Umverteilung im Anzeigenmarkt, Heft 1/2, S. 34.

HOTELLING, Harold (1929), Stability in Competition. In: "Economic Journal", Vol. 39, S. 41-57. Hier zitierte, wiederabgedruckte Version in: George J. Stigler, Kenneth E. Boulding (1953; Hrsg.), Readings in Price Theory, London, S. 467-484.

HUTH, Rupert (1993), Mediaanalyse und -planung, in: AUTORENTEAM (1993), S. 191-200.

IVW (1993; Hrsg.), Geschäftsbericht 1992/1993, Bonn.

JAKOBS, Hans-Jürgen; **MÜLLER**, Uwe (1990), Augstein, Springer und Co. Deutsche Mediendynastien, Zürich.

JENSEN, Michael C. (1979), Toward a Theory of the Press. In: Karl Brunner (Hrsg.), Economics and Social Institutions, Boston, S. 267-287.

KAISER, Joseph H. (1979), Das Recht des Presse-Grosso, Baden-Baden.

KANTZENBACH, Erhard (1963), Dynamischer Wettbewerb und oligopolistisches Marktverhalten. In: "Jahrbuch für Sozialwissenschaft", Vol. 14, S. 194-205.

KANTZENBACH, Erhard; **GREIFFENBERG**, Horst (1980), Die Übertragbarkeit des Modells des "funktionsfähigen Wettbewerbs" auf die Presse. In: KLAUE/KNOCHE/ZERDICK (1980; Hrsg.), S. 189-202.

KANTZENBACH, Erhard; **KRÜGER**, Reinald (1990), Zur Frage der richtigen Abgrenzung des sachlich relevanten Marktes bei der wettbewerbspolitischen Beurteilung von Unternehmenszusammenschlüssen. In. "Wirtschaft und Wettbewerb", Vol. 40, S. 472-481.

KANTZENBACH, Erhard; **KRUSE**, Jörn (1989), Kollektive Marktbeherrschung, Göttingen.

KAREPIN, Rolf (1993), In Zukunft kommen Infos digital ins Haus. In: "Horizont", 1. Oktober 1993, S. 114.

KAUFER, Erich (1967), Die Bestimmung von Marktmacht. Dargestellt am Problem des relevanten Marktes in der amerikanischen Antitrustpolitik, Diss., Bern.

KAUFER, Erich (1980), Industrieökonomik. Eine Einführung in die Wettbewerbstheorie, München.

KELLER, Dieter (1986), Regionale Tageszeitungsverlage und neue Medien. Elemente einer offensiven Unternehmensstrategie in den achtziger Jahren, Diss., Mannheim.

KG, siehe unten "Gerichtliche Entscheidungen"

KIEFER, Marie-Luise (1981), Massenkommunikation 1964 bis 1980. Trendanalyse zur Mediennutzung und Medienbewertung. In: "Media Perspektiven", Heft 4, S. 261-286.

KIESLICH, Günter (1969), Die Zeitschrift. Begriff. In: DOVIFAT (1969; Hrsg.), Bd. 3, S. 370-383.

KIRCHNER, Hans-Martin (1969), Geschichte der Zeitschrift: Von 1900 bis zur Gegenwart. In: DOVIFAT (1969; Hrsg.), Bd. 3, S. 408-420.

KIRCHNER, Joachim (1969), Geschichte der Zeitschrift: Von den Anfängen bis 1900. In: DOVIFAT (1969; Hrsg.), Bd. 3, S. 384-407.

KIRKLAND, Richard I.; **KINKEAD**, Gwen (1984), Rupert Murdoch's Motley Empire. In: "Fortune", 20. Februar 1984, S. 42-47.

KLAPPER, Joseph T. (1960), The Effects of Mass Communication, Illinois.

KLAUE, Siegfried; **KNOCHE**, Manfred; **ZERDICK**, Axel (1980; Hrsg.), Probleme der Pressekonzentrationsforschung, Baden-Baden.

KLEINALTENKAMP, Michael (1988), Die Abgrenzung des sachlich-relevanten Marktes von Zeitungen und Zeitschriften. Überlegungen auf der Grundlage der "Gruner + Jahr - Zeit"-Entscheidung von Bundeskartellamt, Kammergericht und Bundesgerichtshof. In: "Wirtschaft und Wettbewerb", Vol. 38., S. 732-751.

KNOCHE, Manfred (1980), Die Meßbarkeit publizistischer Vielfalt. In: KLAUE/KNOCHE/ZERDICK (1980; Hrsg.), S. 127-138.

KNOCHE, Manfred; **ZERDICK**, Axel (1991a), Bedeutung des Postzeitungsdienst und Preiserhöhungsakzeptanz in der Bevölkerung, WIK Diskussionsbeitrag Nr. 67, Bad Honnef.

KNOCHE, Manfred; **ZERDICK**, Axel (1991b), Die Wirtschaftlichkeit der Verlage und der Postzeitungsdienst, WIK Diskussionsbeitrag Nr. 68, Bad Honnef.

KNOCHE, Manfred; **ZERDICK**, Axel (1992), Postzeitungsdienst und alternative Zustellformen im Vertriebssystem der Presse, WIK Diskussionsbeitrag Nr. 80, Bad Honnef.

KOCH, Thomas (1993), Forderungen an die Mediaplanung in einer veränderten Medienlandschaft. In: FAEHLING/KOCH (1993), S. 13-32.

KOPPER, Gerd G. (1983), Marktzutritt - Grundlage funktionierenden Wettbewerbs. Schlußfolgerungen aus Expertenmeinungen, Pressestatistik und empirischer Forschung. In: "Media Perspektiven", Heft 3, S. 145-154. Hier zitierte, wiederabgedruckte Version in ders. (1984; Hrsg.), S. 151-169.

KOPPER, Gerd G. (1984; Hrsg.), Marktzutritt bei Tageszeitungen - zur Sicherung von Meinungsvielfalt durch Wettbewerb, München.

KOSCHNICK, Wolfgang J. (1988), Standard-Lexikon für Mediaplanung und Mediaforschung, München.

KOSZYK, Kurt (1966), Deutsche Presse im 19. Jahrhundert. Geschichte der deutschen Presse, Teil I, Berlin.

KOSZYK, Kurt (1969), Die Zeitung. 17. Jahrhundert bis zur Gegenwart. In: DOVIFAT (1969; Hrsg.), Band 3, S. 76-97.

KOSZYK, Kurt (1972), Deutsche Presse 1914-1945. Geschichte der deutschen Presse, Teil III, Berlin.

KOSZYK, Kurt (1986), Pressepolitik für Deutsche 1945-1949. Geschichte der deutschen Presse, Teil IV, Berlin.

KOTLER, Philip (1989), Marketing-Management. Analyse, Planung und Kontrolle, 4., völlig neubearbeitete Auflage, einmalige und limitierte Sonderausgabe, Stuttgart.

KOUTSOYIANNIS, A. (1979), Modern Microeconomics, 2. Aufl. London.

KOUTSOYIANNIS, A. (1982), Non-Price Decisions. The Firm in a Modern Context, New York.

KR (1991), Das Verfahren der körperlosen Remission, herausgegeben in Zusammenarbeit von VDZ, Presse-Grosso und BDZV, 3. Auflage, Bonn und Köln.

KRESS REPORT (1993a), Dramatisch, 9. Dezember 1993, S. 2-3.

KRESS REPORT (1993b), Deckel drauf, 17. Dezember 1993, S. 2-3.

KROEBER-RIEL, Werner; **TROMSDORFF**, Volker (1980), Werbung. In: Willi Albers et al. (1980; Hrsg.), Handwörterbuch der Wirtschaftswissenschaft, Band 8, Stuttgart, S. 637-647.

KÜHNE, Rolf-Michael (1980), Wettbewerbsvorteile der Erstzeitung in Lokalmärkten. In: KLAUE/KNOCHE/ZERDICK (1980; Hrsg.), S. 82-83.

KUK, Alexander von (1991), Der Zuwachs im Werbemarkt ist unbefriedigend. In: "Horizont", Heft 39, S. 46.

KUK, Alexander von (1992a), Postdienst - eine politische Institution. In: "Frankfurter Allgemeine Zeitung", 9. Januar 1992, S. 13.

KUK, Alexander von (1992b), Zur wirtschaftlichen Lage der deutschen Zeitungen. In: BDZV (1992; Hrsg.), S. 80-113.

KVM (1993), Koordiniertes Vertriebsmarketing. Gemeinsamer Leistungsrahmen für Grosso und Verlage, herausgegeben in Zusammenarbeit von VDZ, Presse-Grosso und BDZV, Bonn und Köln.

LANDLER, Mark; **DeGEORGE**, Gail (1991), The Media Get The Message - And It's Grim. In: "Business Week", 23. September 1991, S. 54-55.

LANGE, Bernd-Peter (1979), Wettbewerbswidrige Praktiken und Pressekonzentration: Probleme wettbewerbstheoretischer Erklärung und wettbewerbspolitischer Beeinflussung. In: Heinz-Dietrich Fischer, Barbara Baerns (1979; Hrsg.), Wettbewerbswidrige Praktiken auf dem Pressemarkt, Positionen und Probleme im internationalen Vergleich, Baden-Baden, S. 49-60.

LANZILLOTTI, Robert F. (1957), Competitive Price Leadership - A Critique of Price Leadership Models. In: "Review of Economics and Statistics", Vol. 39, S. 55-64.

LANZRATH, Helmut (1987), Der Wettbewerb der Medien in der Bundesrepublik Deutschland aus der Sicht der Zeitungsverleger. In: RÖPER (1987; Hrsg.), S. 187-197.

LA ROCHE, Walther von (1991), Einführung in den praktischen Journalismus, 12. neubearb. Aufl., München.

LASSWELL, Harold D. (1948), The Structure and Function of Communication in Society. In: Lyman Bryson (Hrsg.), The Communication of Ideas, New York. Hier zitierte, wiederabgedruckte Version in: Wilbur Schramm, Donald F. Roberts (1971; Hrsg.), The Process and Effects of Mass Communication, Revised Edition, Urbana, S. 84-99.

LEIBENSTEIN, H. (1966), Allocative Efficiency vs. 'X-Efficiency'. In: "American Economic Review", Vol. 56, S. 392-415.

LINDEMANN, Margot (1969), Deutsche Presse bis 1815. Geschichte der deutschen Presse, Teil I, Berlin.

LIPPERT, Werner (1993), Lexikon der Werbebegriffe, Düsseldorf.

LÖFFLER, Martin (1962; Hrsg.), Die öffentliche Meinung, München.

LÖFFLER, Martin (1966; Hrsg.), Die Rolle der Massenmedien in der Demokratie, München.

LOVELL, Michael C. (1970), Product Differentiation and Market Structure. In: "Western Economic Journal", Vol. 8, S. 120-143.

MA, siehe AG.MA.

MAASSEN, Ludwig (1986), Die Zeitung. Daten-Deutungen-Portraits. Presse in der Bundesrepublik Deutschland, Heidelberg.

MACHLUP, Fritz (1937), Monopoly and Competition. A Classification of Market Positions. In: "American Economic Review", Vol. 27, S. 445-451. Hier zitierte deutsche Übersetzung: Monopol und Konkurrenz. Eine Klassifikation der Marktformen, in: OTT (1968; Hrsg.), S. 270-279.

MACHLUP, Fritz (1952), The Political Economy of Monopoly. Business, Labor and Government Policies, Baltimore.

MACHLUP, Fritz (1966), Wettbewerb im Verkauf, Göttingen. Deutsche Übersetzung der 2. Aufl. von "The Economics of Sellers' Competition. Model Analysis of Sellers' Conduct", 1956.

MACHLUP, Fritz (1967), Theories of the Firm: Marginalist, Behavioral, Managerial. In: "American Economic Review", Vol. 57, S. 1-33.

MAHLER, Armin (1986a), Zeitschriftenverlage: Keiner wird gewinnen. In: "Manager Magazin", Heft 3, S. 44-50.

MAHLER, Armin (1986b), Zeitschriftenverlage: Die Rache der Riesen. In: "Manager Magazin", Heft 3, S. 52-57.

MAKOWSKY, Arno (1993), Rüsten für den Angriff aufs eigene Flaggschiff. Warum der Hamburger Verlag Gruner + Jahr mit den Plänen für ein Newsmagazin die Stern-Redaktion gegen sich aufbringt. In: "Süddeutsche Zeitung", 20. Dezember 1993, S. 3.

MARKHAM, Jesse W. (1951), The Nature and Significance of Price Leadership. In: "American Economic Review", Vol. 41, S. 891-905.

MARTINI, Bernd-Jürgen (1993), Frühling im Markt der Programmzeitschriften. In: "Werben & Verkaufen", Heft 11, S. 92-95.

MASSON, Robert T.; **MUDAMBI**, Ram; **REYNOLDS**, Robert J. (1990), Oligopoly in Advertising-Supported Media. In: "Quarterly Review of Economics and Business", Vol 30, S. 3-16.

MAUL, Rolf-Dieter (1990), Höhere Qualität bei härterem Wettbewerb. In: W&V (1990a), S. 82-85.

MAY, Klaus (1975), Von der Maximierung zur Optimierung. In: "Der Neue Vertrieb", Heft 2, S. 7-8.

Media-Analyse, siehe AG.MA.

MEFFERT, Heribert (1986), Marketing. Grundlagen der Absatzpolitik, 7., überarbeitete und erweiterte Aufl., Wiesbaden.

MEIER, Marc André (1993), Werbewirkungsfaktoren in Zeitschriften. Eine Bestandsaufnahme vorliegender Untersuchungen, herausgegeben vom Axel Springer Verlag, Hamburg.

MESTMÄCKER, Ernst-Joachim (1978), Medienkonzentration und Meinungsvielfalt. Eine vergleichende wirtschaftsrechtliche Untersuchung im Auftrage des Bundesministers des Innern, Baden-Baden.

MEYN, Hermann (1985), Massenmedien in der Bundesrepublik Deutschland, überarb. Neuauflage, Berlin.

MILL, John Stuart (1859), On Liberty. Hier zitierte vollständige überarbeitete deutsche Übersetzung "Über die Freiheit" von Else Wentscher von 1928, Leipzig 1991.

MISES, Ludwig von (1961), Markt. In: Erwin von Beckerath et al. (Hrsg.), Handwörterbuch der Sozialwissenschaften, Band 7, Stuttgart, S. 131-136.

MÖSTL, Reinhard (1974), Der Absatz von Zeitungen und Zeitschriften als Kommunikationsmittler, Diss., Erlangen.

MONOPOLKOMMISSION (1981), Wettbewerbsprobleme bei der Einführung von privatem Hörfunk und Fernsehen, Sondergutachten Nr. 11, Baden-Baden.

MONOPOLKOMMISSION (1982), Zusammenschluß der IBH Holding AG mit der WIBAU AG. Zusammenschlußvorhaben der Burda Verwaltungs KG mit der Axel Springer GmbH/Axel Springer Gesellschaft für Publizistik GmbH & Co. Sondergutachten Band 10 und 12, Baden-Baden.

MONOPOLKOMMISSION (1984), Ökonomische Kriterien für die Rechtsanwendung, Hauptgutachten 1982/1983 (Nr. 5), Baden-Baden.

MONOPOLKOMMISSION (1986), Gesamtwirtschaftliche Chancen und Risiken wachsender Unternehmensgrößen, Hauptgutachten 1984/1985 (Nr. 6), Baden-Baden.

MONOPOLKOMMISSION (1988), Die Wettbewerbsordnung erweitern. Hauptgutachten 1986/1987 (Nr. 7), Baden-Baden.

MONOPOLKOMMISSION (1990), Wettbewerbspolitik vor neuen Herausforderungen, Hauptgutachten 1988/1989 (Nr. 8), Baden-Baden.

MONOPOLKOMMISSION (1992), Wettbewerbspolitik oder Industriepolitik, Hauptgutachten 1990/1991 (Nr. 9), Baden-Baden

MÜLLER, C. Wolfgang (1966), Der Einfluß von Gruppen auf den Prozeß der Meinungsbildung. In: "Publizistik. Vierteljahreshefte für Kommunikationsforschung", Vol 11, S. 346-354.

MÜLLER, Hans-Dieter (1968), Der Springer-Konzern. Eine kritische Studie, München.

MÜNSTER, Hans A. (1955), Die moderne Presse. Band 1: Die Presse in Deutschland, Bad Kreuznach.

MUNDHENKE, Reinhard (1991), Der Verlagskaufmann. Berufskunde für Kaufleute in Zeitungs-, Zeitschriften- und Buchverlagen, 6., erw. Aufl., Frankfurt a.M.

NELSON, Phillip (1970), Information and Consumer Behavior. In: "Journal of Political Economy", Vol. 78, S. 311-329.

NELSON, Phillip (1974), Advertising as Information. In: "Journal of Political Economy", Vol. 82, S. 729-754.

NICKEL, Volker (1988), Werbung - die Visitenkarte der Marktwirtschaft. In: BRAND/BRAND/SCHULZE (1988; Hrsg.), S. 31-38.

NIESCHLAG, Robert; **DICHTL**, Erwin; **HÖRSCHGEN**, Hans (1991), Marketing, 16., durchges. Aufl., Berlin.

NOELLE-NEUMANN, Elisabeth (1960), Die Wirkung der Massenmedien. In: "Publizistik. Vierteljahreshefte für Kommunikationsforschung", Vol. 5, S. 532-543.

NOELLE-NEUMANN, Elisabeth; **SCHULZ**, Winfried; **WILKE**, Jürgen (1989; Hrsg.), Publizistik - Massenkommunikation, Fischer Lexikon, Frankfurt a.M.

NOLL, Jochen (1977), Die deutsche Tagespresse. Ihre wirtschaftliche und redaktionelle Struktur, Diss., Frankfurt a.M.

NOLL, Roger G. (1991), Communications. In: John Eatwell, Murray Milgate, Peter Newman (Hrsg.), The New Palgrave: A Dictionary of Economics, New York, S. 87-98.

NORTON, Seth W.; **NORTON**, Will Jr. (1986), Economies of Scale and the New Technology of Daily Newspapers: A Survivor Analysis. In: "Quarterly Review of Economics and Business", Vol. 26, S. 66-83.

NUSSBERGER, Ulrich (1953), Kosten und Ertrag im Zeitungsbetrieb. Eine ominöse Quadratur. In: "Zeitschrift für Betriebswirtschaft", Vol. 23, S. 237-245.

NUSSBERGER, Ulrich (1958), Ertragsgesetz und Zeitungsbetrieb. In: "Publizistik. Vierteljahreshefte für Kommunikationsforschung", Vol. 3, S. 86-98.

NUSSBERGER, Ulrich (1960), Der Kapitalbedarf einer neuen Zeitung. In: "Publizistik. Vierteljahreshefte für Kommunikationsforschung", Vol. 5, S. 544-555.

NUSSBERGER, Ulrich (1966a), Probleme des Zeitungs- und Zeitschriftenverlags, Stuttgart.

NUSSBERGER, Ulrich (1966b), Anzeigenpreis-Regression und Konzentrationstendenz. In: "Publizistik. Vierteljahreshefte für Kommunikationsforschung", Vol. 11, S. 371-383.

NUSSBERGER, Ulrich (1971), Die Mechanik der Pressekonzentration, Berlin.

NUSSBERGER, Ulrich (1984), Das Pressewesen zwischen Geist und Kommerz, Konstanz.

OBERENDER, Peter (1975), Zur Problematik der Marktabgrenzung unter besonderer Berücksichtigung des Konzepts des "relevanten Marktes". In: "Wirtschaftswissenschaftliches Studium", Vol. 4, S. 575-579.

OECD (1970), Marktmacht und Recht. Ein Bericht des Expertenausschusses der OECD für wettbewerbsbeschränkende Praktiken, FIW-Dokumentation Heft 2, Köln.

OPPENBERG, Dietrich (1969), Der Zeitungsverlag. In: DOVIFAT (1969; Hrsg.), Band 3, S. 121-140.

OSPEL, Stefan (1988), Ökonomische Aspekte elektronischer Massenmedien, Aarau.

OTT, Alfred E. (1968; Hrsg.), Preistheorie, 3. Aufl., Berlin.

OWEN, Bruce M. (1975), Economics and Freedom of Expression. Media Structure and the First Amendment, Cambridge (Mass.).

PÄTZOLD, Ulrich; **RÖPER**, Horst (1992), Probleme des intermedialen Wettbewerb im Lokalen. In: "Media Perspektiven", Heft 10, S. 641-655.

PESCH, Rudolf (1960), Marktformen und Verhaltensweisen im deutschen Pressewesen, Diss., Köln.

PETERSON, Theodore (1956), The Social Responsibility Theory of the Press. In: SIEBERT/PETERSON/SCHRAMM (1956), S. 73-103.

PFLAUM, Dieter (1993), Organisation der Werbewirtschaft, in: AUTORENTEAM (1993), S. 69-109.

PICARD, Robert G. (1989), Media Economics. Concepts and Issues, Newbury Park (Calif.).

PICARD, Robert G. (1991), Cost Analyses of Predation Involving Free Circulation Subsidiaries of Paid Newspapers. In: "Journal of Media Economics", Vol. 4, S. 19-34.

PICARD, Robert G.; **LACY**, Stephen (1991), Newspaper Economics Bibliography. In: "Journal of Media Economics", Vol. 4, S. 35-59.

PIEPER, Frank (1991), Der Postzeitungsdienst und die Wettbewerbssituation auf dem Zustellmarkt für Presseerzeugnisse, WIK Diskussionsbeitrag Nr. 74, Bad Honnef.

POPPE, Rolf (1973), Das Ziel ist die gewinn-optimale Auflage. In: "Der Neue Vertrieb", Nr. 571, S. 65.

POPPER, Karl R. (1979), Über die sogenannten Quellen der Erkenntnis. In: ders. (1988), Auf der Suche nach einer besseren Welt. Vorträge und Aufsätze aus dreißig Jahren, 3. Aufl., München, S. 53-63.

POPPER, Karl R. (1984), Logik der Forschung, 8., weiter verbesserte und vermehrte Aufl. (1. Aufl. 1935), Tübingen.

POSTDIENST (1991; Hrsg.), Allgemeine Geschäftsbedingungen der Deutschen Bundespost POSTDIENST für den Postzeitungsdienst (AGB PZD), Bonn.

POSTDIENST (1992; Hrsg.), Vierte Änderung der AGB PZD. In: "Amtsblatt der Deutschen Bundespost POSTDIENST sowie des Direktoriums der Deutschen Bundespost", Heft 29 vom 5. Mai 1992.

PRATTEN, Cliff F. (1975), Economies of Scale in Manufacturing Industry, Reprint, Cambridge.

PRESSE-GROSSO (1991), Geschäftsbericht 1991, Köln.

PRESSE-GROSSO (1992), Geschäftsbericht 1992, Köln.

PRESSE-GROSSO (o.J.), Der Presse-Grosso als Garant für Pressefreiheit und Pressevielfalt, o.O.

PRESSESTATISTIK-GESETZ (1975), Gesetz über eine Pressestatistik, vom 01.04.1975, BGBl. I, S. 777.

PRIESMANN, Rolf (1993), Redaktion als Schlüssel zu Anzeigen: Informationsinteresse steuert Beachtung. In: "Werben & Verkaufen", Heft 42, S. 98-99.

QSI (1993), Qualifizierte Special Interest-Zeitschriften im Medieneinsatz 1993/94. Eine Arbeitshilfe für die Mediaplaner, herausgegeben vom Arbeitskreis Qualifizierte Special Interest-Zeitschriften, o.O.

RAUEN, Birgid (1988), Italienische Presse 1978-1988. In: "Media Perspektiven", Heft 11, S. 692-704.

REDDAWAY, W.B. (1963), The Economics of Newspapers. In: "Economic Journal", Vol. 73, S. 201-218.

REGIONALPRESSE (1990), Einkaufs- und Informationsverhalten (West).
Band 1: Basisbericht. Die Medialeistung von Presse, Hörfunk und Fernsehen im Vergleich, Frankfurt/M. 1991.
Band 2: Handelsbericht. Aktuelle Tendenzen im Einkaufs- und Informationsverhalten der Verbraucher in Westdeutschland, Frankfurt/M. 1992.

REIMER, Hauke (1992), Ursachen, Stand und Wettbewerbswirkungen der Konzentration im Pressewesen: Eine Fallstudie zum deutschen Zeitschriftenmarkt, Dortmunder Diskussionsbeiträge zur Wirtschaftspolitik Nr. 51, Dortmund.

RICHTER, Hermann (1989), Pressekonzentration und neue Medien - Der Einfluß neuer Wettbewerbsimpulse auf die Konzentration bei Tageszeitungen, Diss., Göttingen.

RIEHL-HEYSE, Herbert (1992), Machtkämpfe und Gruppenbild mit Sündenböcken. In: "Süddeutsche Zeitung", 10. April 1992, S. 3.

RÖPER, Burkhardt (1987; Hrsg.), Wettbewerb im Medienbereich, Berlin.

RÖPER, Horst (1991a), Die Entwicklung des Tageszeitungsmarktes in Deutschland nach der Wende in der ehemaligen DDR. In: "Media Perspektiven", Heft 7, S. 421-430.

RÖPER, Horst (1991b), Daten zur Konzentration der Tagespresse in der Bundesrepublik Deutschland im I. Quartal 1991. In: "Media Perspektiven", Heft 7, S. 431-444.

RÖPER, Horst (1992), Daten zur Konzentration der Publikumszeitschriften in Deutschland im I. Quartal 1992. In: "Media Perspektiven", Heft 7, S. 416-427.

RÖPKE, Jochen (1970), Wettbewerb, Pressefreiheit und öffentliche Meinung. Eine Analyse der Wirkungen. In: "Schmollers Jahrbuch für Wirtschafts- und Sozialwissenschaften", Vol. 90, S. 171-192.

RONNEBERGER, Franz (1964), Die politischen Funktionen der Massenkommunikationsmittel. In: "Publizistik. Vierteljahreshefte für Kommunikationsforschung", Vol. 9, S. 291-304.

RONNEBERGER, Franz (1980), Massenmedien. In: Willi Albers et al. (Hrsg.), Handwörterbuch der Wirtschaftswissenschaft, Band 5, Stuttgart, S. 189-197.

ROSSE, James N. (1967), Daily Newspapers, Monopolistic Competition, and Economies of Scale. In: "American Economic Review", Vol. 57, S. 522-533.

ROSSE, James N. (1970), Estimating Cost Function Parameters Without Using Cost Data: Illustrated Methodology. In: "Econometrica", Vol. 38, S. 256-275.

ROSSE, James N. (1975), Economic Limits of Press Responsibility, Stanford University, Studies in Industry Economics No. 56, Stanford.

ROSSE, James N. (1978), The Evolution of One Newspaper Cities, Stanford University, Studies in Industry Economics No. 95, Stanford.

ROSSE, James N. (1987), Competition of the Mass-Media in the USA. In: RÖPER (1987; Hrsg.), S. 115-132.

ROTHSCHILD, Kurt W. (1947), Price Theory and Oligopoly. In: "Economic Journal", Vol. 57, S. 299-320. Hier zitierte deutsche Übersetzung: Preistheorie und Oligopol, in: OTT (1968; Hrsg.), S. 354-375.

ROYAL COMMISSION ON THE PRESS (1962), Report 1961-1962, London.

RÜCKEL, Roland (1993), Anzeigen ziehen an. Markt der "local interest"-Blätter wächst weiter. In: "Hamburger Wirtschaft", Vol. 48, Heft 6, S. 32-35.

SCHALLER, Dieter (1993), Handelsunternehmen - die neuen Akteure. In: W&V (1993a), S. 74-77.

SCHEFFLER, Hartmut (1993), Definitions-Defizite erschweren die Planung. In: W&V (1993b), S. 80-81.

SCHENK, Michael; **DONNERSTAG**, Joachim (1989; Hrsg.), Medienökonomie. Einführung in die Ökonomie der Informations- und Mediensysteme, München.

SCHENK, Michael; **DONNERSTAG**, Joachim; **HÖFLICH**, Joachim (1990), Wirkungen der Werbekommunikation, Köln.

SCHERER, Frederic M. (1979), The Welfare Economics of Product Variety: An Application to the Ready-to-Eat Cereals Industry. In: "Journal of Industrial Economics", Vol. 28, S. 113-134.

SCHERER, Frederic M. (1980), Industrial Market Structure and Economic Performance, 2. Aufl., Chicago.

SCHERER, Frederic M.; **ROSS**, David (1990), Industrial Market Structure and Economic Performance, 3. Aufl., Boston.

SCHERER, Helmut (1991), Lokalzeitung und lokaler Hörfunk - Ergänzung oder Ersatz? In: "Media Perspektiven", Heft 9, S. 604-615.

SCHMID, Christoph (1983), Gratisanzeiger und Pressewettbewerb. Verfassungsrechtliche und wettbewerbsrechtliche Betrachtungen zur Gratisverteilung von Presseerzeugnissen, Diss., Bern.

SCHMIDT, Ingo (1965), Relevanter Markt, Marktbeherrschung und Mißbrauch in _ 22 GWB und Art. 86 EWGV. In: "Wirtschaft und Wettbewerb", Vol. 15, S. 453-494.

SCHMIDT, Ingo (1990), Wettbewerbspolitik und Kartellrecht. Eine Einführung, 3. Aufl., Stuttgart.

SCHMIDT, Volker (1992), Hits und Flops. In: "Der Neue Vertrieb", Heft 9, S. 102-107.

SCHMIDT, Wieland (1969), Die Zeitung. Die Anfänge: 15. Jahrhundert und 16. Jahrhundert. In: DOVIFAT (1968/69; Hrsg.), Bd. 3, S. 63-75.

SCHNEIDER, Erich (1972), Einführung in die Wirtschaftstheorie. Teil II: Wirtschaftspläne und wirtschaftliches Gleichgewicht in der Verkehrswirtschaft, 13., rev. u. erw. Aufl. (1. Aufl. 1948), Tübingen.

SCHÖNBACH, Klaus (1976), Umfassende Information kontra 'politische Grundhaltung'. Übereinstimmung mit der redaktionellen Linie als Nachrichtenwert. In: "Publizistik. Vierteljahreshefte für Kommunikationsforschung", Vol. 21, S. 68-87.

SCHÖNBACH, Klaus (1980), Publizistische Vielfalt in Wettbewerbsgebieten. In: KLAUE/KNOCHE/ZERDICK (1980; Hrsg.), S. 145-161.

SCHÜTZ, Walter J. (1971), Pressekonzentration. In: Helmut Arndt (Hrsg.), Die Konzentration in der Wirtschaft, Band 2, 2., völlig neubearb. Aufl., Berlin, S. 667-687.

SCHÜTZ, Walter J. (1976), Publizistische Konzentration der deutschen Tagespresse. Zur Entwicklung der Publizistischen Einheiten seit 1945. In: "Media Perspektiven", Heft 5, S. 189-199.

SCHÜTZ, Walter J. (1978), Zeitungsdichte und Zeitungswettbewerb in der Bundesrepublik Deutschland 1976. In: "Publizistik. Vierteljahreshefte für Kommunikationsforschung", Vol. 23, S. 58-74.

SCHÜTZ, Walter J. (1980), Die Problematik des statistischen Grundmaterials (ohne Regional- und Lokalbezug). In: KLAUE/KNOCHE/ZERDICK (1980; Hrsg.), S. 21-29.

SCHÜTZ, Walter J. (1984), Statistik zum Marktzutritt von Tageszeitungen in der Bundesrepublik Deutschland seit 1954. In: KOPPER (1984; Hrsg.), S. 64-74.

SCHÜTZ, Walter J. (1985), Deutsche Tagespresse 1985. In: "Media Perspektiven", Heft 7, S. 497-520.

SCHÜTZ, Walter J. (1987), Deutsche Tagespresse 1987. In: "Media Perspektiven", Heft 9, S. 574-584.

SCHÜTZ, Walter J. (1989), Pressewirtschaft. In: NOELLE-NEUMANN/SCHULZ/WILKE (1989; Hrsg.), S. 313-330.

SCHÜÜR, Anja (1993), Trotz Flaute weht ein frischer Wind im Blätterwald. In: "Werben & Verkaufen", Heft 42, S. 87-91.

SCHULTE-HILLEN, Gerd (1987), Globalmarketing im Zeitschriftengeschäft. In: "ZV+ZV", Heft 4, S. 3.

SCHULTEN, Friedhelm (1992), Die Zeitungen als Werbeträger im gemeinsamen Binnenmarkt. In: BDZV (1992; Hrsg.), S. 46-63.

SCHULZE, Volker (1982a), Der Zeitungsverlag. In: BRAND/SCHULZE (1982; Hrsg.), S. 58-66.

SCHULZE, Volker (1982b), Der Anzeigenteil. In: BRAND/SCHULZE (1982; Hrsg.), S. 104-107.

SCHULZE, Volker (1982c), Die technische Herstellung der Zeitung. In: BRAND/SCHULZE (1982; Hrsg.), S. 108-122.

SCHUMANN, Jochen (1987), Grundzüge der mikroökonomischen Theorie, 5., revidierte und erweiterte Auflage, Berlin.

SCHWINDT, Peter (1985), Struktur und Organisation des Pressevertriebs. Teil 2: Zeitungen und Zeitschrift im Einzelhandel, München.

SERVATIUS, Bernhard (1990), Entwicklung des europäischen Printmarktes. In: Bernhard Servatius; Bernd Möwes (1990), Die Zukunft der Medien im europäischen Binnenmarkt, Köln, S. 26-44.

SIEBERT, Fred S. (1956), The Libertarian Theory of the Press. In: SIEBERT/PETERSON/SCHRAMM (1956), S. 39-71.

SIEBERT, Fred S.; **PETERSON**, Theodore; **SCHRAMM**, Wilbur (1956), Four Theories of the Press, Urbana (Ill.).

SILBERSTON, Aubrey (1972), Economies of Scale in Theory and Practice. In: "Economic Journal", Vol. 82, Supplement, S. 369-391.

SMITH, Adam (1776), An Inquiry into the Nature and Causes of the Wealth of Nations, edited by Edwin Cannan, 2 Bände, London 1904.

SOHMEN, Egon (1971), Marktwirtschaft, Presse und Werbung, Tübingen.

SOHMEN, Egon (1976), Allokationstheorie und Wirtschaftspolitik, Tübingen.

SPIEGEL (1992), Tumult im Haifischbassin, Heft 36, S. 55-59.

SPIEGEL (1993), Kleinholz im Blitzkrieg, Heft 52, S. 53.

SPRINGEL, Jos van (1963), Aufwands- und Ertragsstruktur von Zeitungen bei wechselndem Anzeigenumfang. In: "Publizistik. Vierteljahreshefte für Kommunikationsforschung", Vol. 8, S. 25-51.

STAMM 1992, Presse- und Medienhandbuch, Leitfaden durch Presse und Werbung, Tarife, 45. Ausgabe, Essen.

STATISTISCHES BUNDESAMT (1992a; Hrsg.), Presse 1990, Fachserie 11, Bildung und Kultur, Reihe 5, Wiesbaden.

STATISTISCHES BUNDESAMT (1992b; Hrsg.), Statistisches Jahrbuch 1992 für die Bundesrepublik Deutschland, Wiesbaden.

STATISTISCHES BUNDESAMT (1993; Hrsg.), Statistisches Jahrbuch 1993 für die Bundesrepublik Deutschland, Wiesbaden.

STEGEMANN, Klaus (1974), Cross Elasticity and the Relevant Market. In: "Zeitschrift für Wirtschafts- und Sozialwissenschaften", Vol. 94, S. 151-165.

STERN (1991; Hrsg.), Publikumszeitschriften und Fernsehen im Vergleich, STERN Bibliothek, Gruner + Jahr, Hamburg.

STERN-RUBARTH, Edgar (1960), Der Konflikt zwischen der Zeitung als moralischer Anstalt und als Wirtschaftsunternehmen. In: Günter Kieslich, Walter J. Schütz (1960; Hrsg.), Publizistik. Festschrift für Emil Dovifat, Bremen, S. 241-250.

STIGLER, George J. (1947), The Kinky Oligopoly Demand Curve and Rigid Prices. In: "Journal of Political Economy", Vol. 55, S. 432-449. Hier zitierte deutsche Übersetzung: Die geknickte Oligopol-Nachfragekurve und starre Preise, in: OTT (1968; Hrsg.), S. 326-353.

STIGLER, George J. (1968), The Organization of Industry, Homewood (Ill.).

STIGLER, George J. (1987), The Theory of Price, Fourth Edition, New York.

STÖCKER, Jochen (1992), Zur Medialeistung des Werbeträgers Zeitung. In: BDZV (1992; Hrsg.), S. 116-127.

STROSCHEIN, Fritz-Reinhard (1970), Zeitungen und Zeitschriften als Streumedien. In: BEHRENS (1970; Hrsg.), S. 641-664.

SWEEZY, Paul M. (1939), Demand Under Conditions of Oligopoly. In: "Journal of Political Economy", Vol. 47, S. 568-573. Hier zitierte deutsche Übersetzung: Die Nachfrage beim Oligopol, in: OTT (1968; Hrsg.), S. 320-325.

TAUBERT, Werner (1984a), Pressestatistik 1982. In: "Wirtschaft und Statistik", Heft 7, S. 614-619.

TAUBERT, Werner (1984b), Anzeigenblätter 1982. Sonderauswertung der Pressestatistik. In: "Wirtschaft und Statistik", Heft 9, S. 789-790.

THARP, Marty; **STANLEY**, Linda R. (1992), A Time Series Analyses of Newspaper Profitability by Circulation Size. In: "Journal of Media Economics", Vol. 5, S. 3-12.

TELSER, Lester G. (1966), Supply and Demand for Advertising Messages. In: "American Economic Review", Vol. 56, Papers and Proceedings, S. 457-466.

THIEDE, Meite (1992), Der Kampf der Programmpresse um die Etats. In: "Süddeutsche Zeitung", 16. Oktober 1992, S. 32.

THOMSON, Lord of the Fleet (1966), Owning, Editing, and Managing Newspapers. In: Ronald S. Edwards, Harry Townsend (Hrsg.), Business Growth, New York, S. 102-114.

THOMPSON, R. S. (1988), Product Differentiation in the Newspaper Industry: A Hedonic Price Approach. In: "Applied Economics", Vol. 20, S. 367-376.

THOMPSON, R. S. (1989), Circulation Versus Advertiser Appeal in the Newspaper Industry: An Empirical Investigation. In: "Journal of Industrial Economics", Vol. 37, S. 259-271.

TURI, Peter (1991), Goliath gegen David. Mit einer neuen Programmzeitschrift will Bauer einen erfolgreichen Newcomer bremsen. In: "Die Zeit", 6. Dezember 1991, S. 31.

UENK, Renate; **LAARMANN**, Susanne (1980), Medium Zeitung. Handbuch für den Werbeträger Zeitung, Frankfurt/M..

UENK, Renate; **LAARMANN**, Susanne (1992), Medium Zeitung. Vergleichende Darstellung und Analyse von Werbeträgern, Frankfurt/M..

URHAUSEN, Heiner (1988), Das Anzeigengeschäft der Zeitungsverlage. In: BRAND/BRAND/SCHULZE (1988; Hrsg.), S. 9-20.

URHAUSEN, Heiner (1993), Weiterhin feste Größe unter den Printmedien. In: W&V (1993a), S. 62-63.

VDLZ (1993), Geschäftsbericht 1992, Düsseldorf.

VDZ (1992; Hrsg.), Zeitschriftenpresse in Zahlen, Bonn.

VDZ (o.J.), Anzeigen in Publikumszeitschriften. Ein Leitfaden für die Praxis, Bonn.

VINER, Jacob (1932), Cost Curves and Supply Curves. In: "Zeitschrift für Nationalökonomie", Vol. 3, S. 23-46. Hier zitierte, wiederabgedruckte Version in: George J. Stigler, Kenneth E. Boulding (1953; Hrsg.), Readings in Price Theory, London, S. 198-226.

VOLDER, Nabor Urbain de (1959), Soziologie der Zeitung, Stuttgart.

VOLDER, Nabor Urbain de (1969), Die Zeitung. Definitionen und Begriffe. In: DOVIFAT (1968/69; Hrsg.), Bd. 3, S. 49-62.

WAGNER, Karin (1981), Newspapers. In: S.J. Prais, Productivity and Industrial Structure, Cambridge, S. 189-203.

WEHRLE, Friedrich (1989), Chancen und Risiken für Fachzeitschriften im europäischen Binnenmarkt. In: BRUHN/WEHRLE (1989; Hrsg.), Europa 1992 - Chancen und Risiken für das Marketing, S. 217-226.

WEISBROD, Joachim (1990), Pressestatistik 1988. In: "Wirtschaft und Statistik", Heft 9, S. 650-658.

WEIZSÄCKER, Carl Christian von (1980), Barriers to Entry. A Theoretical Treatment, Berlin.

WENGER, Klaus (1988), Kommunikation und Medien in der Bundesrepublik Deutschland, München.

WENKE, Hans-Georg (1994), Enztal auf dem Weg zum Silicon Valley. Digitalfarbdruck ist Realität. In: "Horizont", Heft 23, S. 42-43.

WICKMANN, Rolf (1975), Ökonomische Grenzen im Export von Zeitschriften. In: "Der Neue Vertrieb", Heft 10, S. 52-59.

WILDENMANN, Rudolf; **KALTEFLEITER**, Werner (1965), Funktionen der Massenmedien, Frankfurt a.M.

WILLEKE, Rainer J. (1961), Marktformen. In: Erwin von Beckerath et al. (Hrsg.), HdSW, Band 7, Stuttgart, S. 136-147.

WILLIAMSON, Oliver E. (1971), The Vertical Integration of Production: Market Failure Considerations. In: "American Economic Review", Vol. 61, Papers and Proceedings, S. 112-123.

WINTER, Harold M. (1991), The Economics of Newspaper Competition, Diss., Rochester.

WITTE, Eberhard (1984), Zeitungen im Medienmarkt der Zukunft, unter Mitarbeit von Joachim Senn, Stuttgart.

W&V (1990a), Special: Kundenzeitschriften, Heft 46, S. 77-89.

W&V (1990b), Spitzenplatz mit hohen Auflage, Heft 42, S. 70-75.

W&V (1991), Special: Anzeigenblätter, Heft 11, S. 41-64.

W&V (1992a), Special: Fachzeitschriften, Heft 43, S. 113-140.

W&V (1992b), TV-Presse: Für weniger Geld gibt's oft die gleiche Leistung, Heft 43, S. 104-112.

W&V (1992c), Special: Anzeigenblätter, Heft 12, S. 77-103.

W&V (1993a), Special: Anzeigenblätter, Heft 10, S. 55-84.

W&V (1993b), Special: Special Interest, Heft 42, S. 61-86.

W&V (1994), Neue Titel sollen Türen öffnen, Heft 5, S. 73-74.

ZAW (1992; Hrsg.), Werbung in Deutschland 1992, Bonn.

ZELZER, Herbert (1992), In die Redaktion investieren. In: W&V (1992c), S. 102-103.

ZIMMER, Uwe (1991), Wie könnte sonst so ein Blatt überleben? Die Boulevardzeitungen zwischen Geschäft und Verantwortung. In: "Süddeutsche Zeitung", 7. Oktober 1991, S. 41.

ZIMMERMANN, Gebhard (1974), Preistheorie der Mehrproduktunternehmung, Frankfurt/M.

ZIS (1993; Hrsg.), Zeitschriften-Katalog der Fachpresse, Katalog zur 45. Frankfurter Buchmesse, Frankfurt a.M.

ZOHLNHÖFER, Werner (1987), Zur Ökonomie des Pressewesens in der Bundesrepublik Deutschland. In: RÖPER (1987; Hrsg.), S. 45-87. Wiederabgedruckt in: SCHENK/DONNERESTAG (1989; Hrsg.), S. 35-75.

Gerichtliche Entscheidungen

BGH: -Beschluß vom 02.10.1984 - KVR 5/83 ("Gruner + Jahr - Zeit"), BGH 2112-2124. In: "Wirtschaft und Wettbewerb", 1985, Vol. 35, Heft 4, WuW/E, S. 314-326.

-Beschluß vom 22.09.1987 - KVR 5/86 ("Gruner + Jahr - Zeit"), BGH 2433-2441. In: "Wirtschaft und Wettbewerb", 1988, Vol. 38, Heft 3, WuW/E, S. 233-242.

BKartA: -Beschluß vom 09.01.1981 - B6-745100-U-95/100 ("Gruner + Jahr - Zeit"), BKartA 1863-1866. In: "Wirtschaft und Wettbewerb", 1981, Vol. 31, Heft 4, WuW/E, S. 299-302.

-Beschluß vom 23.10.1981 - B6-745100-U-47/81 ("Burda - Springer"), BkartA 1921-1930. In: "Wirtschaft und Wettbewerb", 1982, Vol. 32, Heft 2, WuW/E, S. 153-162.

BVerfG: -Urteil vom 04.04.1967 (1 BvR 414/64). In: s.o., 21. Bd., Tübingen 1967, S. 271-292., zitiert als **BVerfGE 21**, Seitenzahl.

KG: -Beschluß vom 18.02.1969 - Kart. V 34/67 ("Handpreisauszeichner"), OLG 995-1001. In: "Wirtschaft und Wettbewerb", 1969, Vol. 19, Heft 10, WuW/E, S. 623-629.

-Beschluß vom 07.02.1986 - 1 Kart. 17/84 ("Gruner + Jahr - Zeit"), OLG 3807-3818. In: "Wirtschaft und Wettbewerb", 1986, Vol. 36, Heft 12, WuW/E, S. 1015-1026.

medien SKRIPTEN

Beiträge zur Medien- und Kommunikationswissenschaft
Herausgeber:
Prof. Dr. Dr. Michael Schenk

Band 19

Michael Schroeder

Internationale Markt- und Managementstrategien für Print-Medien

Die Internationalisierung der Medien schreitet unaufhaltsam voran. Von dieser Entwicklung sind auch die Print-Medien betroffen. Nationale Marktsättigungstendenzen zwingen Verlagshäuser mehr und mehr dazu, ihre Titel auch im Ausland zu vermarkten.
Das Buch stellt zum ersten Mal umfassende Markt- und Managementstrategien bereits internationalisierter Titel dar. Die in großen Teilen empirische Analyse begnügt sich aber nicht mit einer Bestandsaufnahme. Der Autor leitet Methoden und Erfolgsfaktoren her, die nicht nur für die Optimierung bestehender Strategien, sondern auch für zukünftige Internationalisierungsvorhaben verwendet werden können.
286 Seiten, DM 39.-,
ISBN 3-88927-141-3, 1994

Band 23

Thomas Knieper

Infographiken:
Das visuelle Informationspotential der Tageszeitung

Infographiken sind ein wichtiges Stilmittel visueller Kommunikation. Die Tagespresse hat erkannt, daß Graphiken Themen und Inhalte präsentieren können, die sich nur schwer textlich vermitteln lassen.
Das vorliegende Buch geht auf die Geschichte und die kontinuierliche Entwicklung der Infographik bis in unsere heutige Zeit ein.Ein kommentierter Forschungsüberblick spiegelt den Kenntnisstand der relevanten internationalen Infographikforschung wider. Im Mittelpunkt der Untersuchung stehen Fragen der Akzeptanz und Nutzung von Infographiken bei Blattmachern und Lesern.
420 Seiten, DM 49.-,
ISBN 3-88927-157-X, 1995

Verlag Reinhard Fischer

Weltistr. 34, 81477 München, Tel: 089 / 7918892, Fax: 089 / 7918310

BLM - SCHRIFTENREIHE

BAYERISCHE LANDESZENTRALE FÜR NEUE MEDIEN

Band 30

Digitales Fernsehen

Marktchancen und ordnungspolitischer Regelungsbedarf

Mit dem Start des Digitalen Fernsehens, der noch für 1995 mit der Aufnahme des Sendebetriebs des ASTRA-Satelliten 1E vorgesehen ist, wird der entscheidende technische Schritt ins digitale Fernsehzeitalter in Deutschland und Europa eingeleitet. Infolge der digitalen Fernsehentwicklung wird eine Vielzahl von neuen Fernsehprogrammen, Telediensten bis hin zum interaktiven Fernsehen ermöglicht.

Die **PROGNOS AG** hat im Auftrag der Bayerischen Landeszentrale für neue Medien und der Landesanstalt für Rundfunk in Nordrhein-Westfalen den vorliegenden Bericht erstellt. Er liefert wichtige Grundlagen für die medienpolitische Entscheidungsfindung zur Abgrenzung, Einordnung und Zulassung von neuen Angebotsformen, die im Zuge der digitalen Fernsehentwicklung möglich werden und zeigt auch die Marktchancen dafür auf.

188 Seiten, DM 25.-, ISBN 3-88927-155-3, 1995

Band 31

Hörfunk und Fernsehen als Wirtschaftsfaktor

Gegenstand der Untersuchung waren die im Jahr 1993 in Deutschland ansässigen Hörfunk- und Fernsehveranstalter und ihre unmittelbaren Zulieferbetriebe, die Programmproduzenten, jeweils in ihrer Eigenschaft als Arbeitgeber und Wirtschaftsfaktor.

Neben der Dokumentation von Produktion, Beschäftigung und Umsatz im Rundfunkbereich, enthält die vorliegende Untersuchung eine Vielzahl von Daten zum Standortwettbewerb zwischen den führenden Medienplätzen in Deutschland und deren Bemühungen um Partizipation an den Wachstumschancen des Rundfunkmarktes.

Außerdem gibt die Untersuchung erstmals bundesweit einen Überblick über die Kosten- und Erlössituation des privaten Hörfunks.

144 Seiten, DM 29.- ISBN 3-88927-158-8, 1995

Verlag Reinhard Fischer

Weltistr. 34, 81477 München • Tel.: 089 / 791 88 92, Fax: 089 / 791 83 10

Forschungsprogramm: "Ökonomie und Zukunft der Printmedien"

Peter A. Bruck (Hrsg.) Band 1:

Medienmanager Staat

Von den Versuchen des Staates, Medienvielfalt zu ermöglichen.

Medienpolitik im internationalen Vergleich.

• Wie sehen die medienpolitischen Zielvorstellungen des Staates aus?
• Und was sind die Steuerungsmöglichkeiten zu ihrer Umsetzung innerhalb der Marktordnung?
• Wie können die Ziele, Instrumente und Wirkungen in ihrer Gesamtheit gedacht und analysiert werden?

Das Buch stellt eine Reihe von Untersuchungen vor, welche die Aufgaben, Bedingungen und Möglichkeiten des Staates, Printmedien als Wirtschaftsbranchen zu stützen, analysieren.

656 Seiten, DM 49.- , ÖS 343.-, SFr. 49.-
ISBN 3-88927-134-0, 1994

Peter A. Bruck (Hrsg.) Band 2:

Print unter Druck

Zeitungsverlage auf Innovationskurs.

Verlagsmanagement im internationalen Vergleich.

• Welche Mittel und Strategien wählen Zeitungsverlage im medialen Wettbewerb ?
• Welche Produktinnovationen und Marktstrategien verfolgen Verlagsmanager und Journalisten?
• Wie entwickeln Verlage ihre interne Organisation und Entwicklungsabläufe?

Das Buch stellt eine Reihe von Untersuchungen vor, die die innovativen Strategien von Verlagsunternehmen, Tageszeitungen unter den Marktgegebenheiten der 90er Jahre erfolgreich zu machen, vorstellen und vergleichend analysieren

595 Seiten, DM 49.- , ÖS 343.-, SFr. 49.-
ISBN 3-88927-135-9, 1994

Verlag Reinhard Fischer
Weltistr. 34, 81477 München • Tel: 089 / 7918892 • Fax: 089 / 7918310

Jahrbuch der Landesmedienanstalten

1993/94 (DLM-Jahrbuch)

Privater Rundfunk in Deutschland

Erschienen im Januar 1995

Zum vierten Mal erscheint das von der Direktorenkonferenz der Landesmedienanstalten (DLM) herausgegebene Jahrbuch des privaten Rundfunks. Es beinhaltet auf über 600 Seiten die wichtigsten Branchendaten und Stellungnahmen zu aktuellen rundfunkspezifischen, programmlichen und technischen Fragen.

Aus dem Inhalt:

- Übersichtlich alle Daten und Anschriften der lizenzierten Hörfunksender
- Übersichtlich alle Daten und Anschriften der lizenzierten Fernsehsender
- Die Landesmedienanstalten mit ihren Anschriften, Rechtsgrundlagen, Organisationen, Ressorts, Gremien, Finanzierungsgrundlagen, Arbeitsgemeinschaften der Landesmedienanstalten u.s.w.
- Stellungnahmen und Aufsätze zu aktuellen Themen der Entwicklung Schwerpunkt: DAB-Pilotprojekte (Digitaler Hörfunk)
- Im Teil "Statistik" werden die Entwicklungsdaten, Reichweitenerhebungen und weitere relevante Daten in vierfarbigen Grafiken präsentiert.
- Im Teil "Service" wird die Chronik der Jahre 1993 bis 1994 dargestellt
- Personen- und Sachwortregister

Ein Muß für jeden Medienschaffenden in Hörfunk, Fernsehen, Werbung, Marketing und Produktion.

624 Seiten,
DM 39.-,
ISBN 3-88927-154-5,
Januar 1995

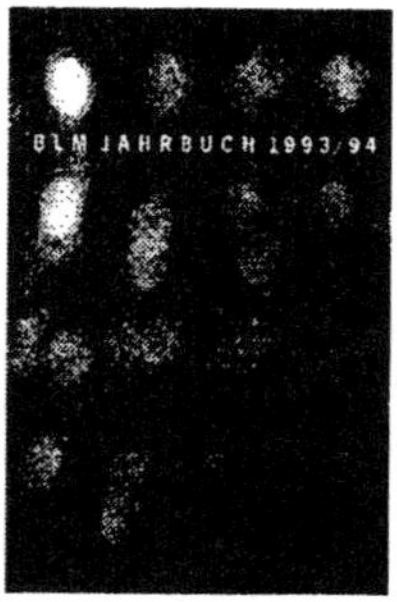

BLM-Jahrbuch 1993/94

Private Rundfunkangebote in Bayern

Das Jahrbuch der Hörfunk- und Fernsehnutzung in Bayern. Herausgegeben von der Bayerischen Landeszentrale für neue Medien (BLM). Eingeleitet wird der Band mit verschiedenen Aufsätzen zu: Jugendschutz und Medienpädagogik, technische Innovationen, Programmentwicklung im Hörfunk und TV, Sicherung der Medienvielfalt.

Teil **Hörfunk:**

Aufgeführt werden alle bayerischen Veranstalter mit ihren Anschriften, Gesellschaften, Empfangsgebieten, Senderstandorten/Frequenzen, Musikfarben/Format usw.

Teil **Fernsehen:**

Aufgeführt werden alle bayerischen lokalen, landes- und bundesweiten Fernsehprogrammanbieter – auch die Redaktionen der in Bayern vertretenen bundesweiten Veranstalter – mit ihren Anschriften, Sendegebieten, Empfangspotentialen, Sendezeiten, Gesellschaftern usw.

In der Dokumentation werden Daten zu der momentanen Entwicklung, Sendestandorte und die Reichweiten, Fernsehnutzung und Akzeptanz, Entwicklung lokaler und regionaler Fernseh-Fensterprogramme dargestellt.

518 Seiten,
DM 29.-,
ISBN 3-88927-150-2

Verlag Reinhard Fischer

Weltistr. 34, 81477 München, Telefon 089 / 7918892, Fax 089 / 7918310